高职高专"十三五"规划教材

口语表达与交际沟通

The Second Edition
第二版

陈向平 编
陈炳和 审

化学工业出版社
·北京·

《口语表达与交际沟通》教材，贴近现实生活与学生就业生存发展的需要，强调实用性与可操作性，以理论教学为先导、学生项目训练为主线，突出学生公众场合下的讲话能力培养与锻炼。课程采用项目化教学，通过三个单元、八个分项项目与综合项目的训练，从易到难、从少到多，使学生通过参与项目活动，逐步熟悉与掌握面试、交际沟通和演讲等公众场合下讲话的基本要素、语体表达方式和技巧，解决长期困扰学生的"能写不能说、想说不敢说、想说不会说、能说说不好"的苦恼。

本教材主要作为经济管理类市场营销、国际贸易、文秘类等专业的专业基础课程，也可作为通用能力、职业核心能力的培训教材。

图书在版编目（CIP）数据

口语表达与交际沟通/陈向平编．—2版．—北京：化学工业出版社，2016.7（2022.2重印）
高职高专"十三五"规划教材
ISBN 978-7-122-26851-8

Ⅰ.①口… Ⅱ.①陈… Ⅲ.①口语-语言表达-高等职业教育-教材②心理交往-高等职业教育-教材 Ⅳ.①H0②C912.1

中国版本图书馆CIP数据核字（2016）第082345号

责任编辑：于 卉 王 可　　　　　　　　装帧设计：王晓宇
责任校对：吴 静

出版发行：化学工业出版社（北京市东城区青年湖南街13号　邮政编码100011）
印　　装：涿州市般润文化传播有限公司
787mm×1092mm　1/16　印张12　字数298千字　2022年2月北京第2版第5次印刷

购书咨询：010-64518888　　　　　　　　售后服务：010-64518899
网　　址：http://www.cip.com.cn
凡购买本书，如有缺损质量问题，本社销售中心负责调换。

定　价：28.00元　　　　　　　　　　　　　　　　　　　　版权所有　违者必究

前言 FOREWORD

口才是个人社会生活和活动能力的标志,是人才的基本素质和首要条件。一个人办事能力的高低、为人处世怎么样,以及由此留给周围人的印象,大多是通过口才体现出来的。大家天天都在说话,但这并不代表你会说话。有些人说一句话,能办成事,能打动人,能让你的事业走向成功,有些人则不能。可见,口才是一门大学问,足以立身,足以成事。古人言:"一人之辩,重于九鼎之宝;三寸之舌,强于百万之师。"古今中外,凡成就大业者,必对说话的能力与力量倍加推崇。现实与经验也都告诉我们:越是会说话,办事越容易;把话说得越好听,做事成功率就越高。口才是人生必须修炼的大智慧,是做人成事不可缺少的本领与技巧,是开启事业成功之门的金钥匙。

练好口才闯天下。开发口语表达与交际沟通训练课程,旨在通过真实的人际交往语境、循序渐进的口语表达训练项目,着力提升当代大学生的语言表达能力与人际交往能力。教会学生踏踏实实地从现实生活中真实的倾听表达与应对交际做起,把说话和与人交际当回事,强调情境性与互动性,学会各种场合、各种局面下的说话交际技巧,实现"敢说、能说、会说"的说话目标,获得好的口才,打造和谐人际关系,创设积极的发展空间,打通事业成功之路。

口语表达与交际沟通课程,贴近现实生活与学生就业生存发展的需要,强调实用性与可操作性,以理论教学为先导、学生项目训练为主线,突出学生公众场合下的讲话能力培养与锻炼。课程采用项目化教学,通过一系列分项项目与综合项目的训练,以学生为中心,从易到难、从少到多,使学生在参与项目活动中,逐步熟悉与掌握公众场合下讲话的基本特征、语体表达方式和讲话的艺术技巧,解决长期困扰学生的能写不能说、想说不敢说、想说不会说、能说说不好的苦恼。

本次教材修订,着重对项目化教学实践中学生喜欢的八个项目进行了调整与优化。第一单元为面试应聘技巧单元,主要由"三分钟自我介绍""一分钟口才才艺展示""答考官提问"三个项目组成;第二单元为交际沟通技巧单元,主要由"专题研讨会""竞标辩论会"两个项目组成;第三单元为演讲与口才技巧单元,由"演讲稿的写作""三分钟命题演讲""一分钟即兴演讲"三个项目组成。这些学习型训练项目都来自平常的工作生活实际,看似容易,但实际操作并不简单,练一遍胜过讲千遍,口才能力的提升立竿见影,显而易见,让练习者的信心倍增。比如"一分钟口才才艺展示"这个项目,现在由"规定项目""自选项目""考试项目"三个小项目连接组成一个组合提升套路,训练环环相扣,难度步步升级。规定项目要求学生人人演练,统一要求、统一评分。设计这个规定项目,实际上为学生提供了一个口才才艺展示训练的样本,让学生从教材案例中、项目指导中获得帮助与指导,真正地实施"做中学"。通过教材提供的项目训练素材,练习者抽签获取所要训练的规定项目,有快读、朗诵、脱口秀、天气预报等,抽到什么,就练什么,人人都不同,但有着共同的目标,就是练心态、练胆量,让我们的学生觉得口才能力的培养并不是一件高不可攀的难事,人人都可以做,人人都可以拥有口才才艺。规定项目不难,但每个小组成员训练的项目各不相同,使得每个学生参与度、对项目的重视度都很高。紧接着又设计了一个自选项目,由学生自己表演一个拿手的才艺项目,通过个人口才才艺展示,让学生的学习兴趣与自信心有更大的提升。最后为巩固训练成果,设计了一个"一分钟口才才艺脱口秀"的考试项目。这个项目有一定难度,又是考试项目,学生的紧张度更高,通过给个开头、给个主题,让学生人人过关参与项目考试,展示才艺风采,考试训练环境倒逼学生积极应对心理素质的培养与提升,让每一个学生都能真切地感觉到自身口才能力的提升。

"一分耕耘,一分收获"。口才虽说是一门上天入地的大学问,一门能够翻开事业生活成功篇章的大艺术,但我们也没必要妄自菲薄,把口才能力看得高不可攀,实际上,口才水平完全可以通过后天的修炼达到你自己都想象不到的高度。"纸上得来终觉浅,绝知此事要躬行"。本教材的项目练习非常实用,而且行之有效。只要我们认真对待,积极实践,日积月累,相信每一个人的演讲水平都会获得提高。以"做项目"的形式进行教学,有一个最大好处,就是练的机会比较多。口语课人人上台,先是敢讲、再是能讲,最后自然就是会讲,且讲得精彩。一个个练下来,循序渐进,要不了多久,你就会发现自己已经逐渐拥有了口才这种神奇的能力,如此下去,成功离你不再遥远。

学习口语表达与交际沟通课程,在锻炼与提高学生口头语言表达能力的同时,亦将有效促进学生阅读与写作能力的提高,促进学生思想道德、职业能力、人文科学素养及身心健康等方面综合素质全面协调提升。

本教材由陈向平编写,陈炳和审,对于书中不妥之处,欢迎大家指正。

编　者

2016 年 4 月

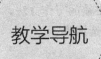

教学导航

我们的学生走向社会的第一关，就是要找一份满意的工作。而在找工作的过程中，一个人的说话表达能力与交往沟通能力首先经受考验。可以说，识别一个人办事能力的高低，为人处世怎样，以及由此留给周围人的印象，大多是通过口才来体现的。能言善辩的社交高手，做人如鱼得水，做事机变如神。而一个人说话水平的高低，也在一定程度上体现其综合素质的水准。因此，用人单位选拔人才主要是通过面试来对人才进行综合素质的考评。我们的学生能在一轮又一轮面试过程中，因时因地、因人因事地凭借自己的知识与阅历、自信和睿智，准确地表达自己的态度、思想和情感，能够迅速地赢得信任与支持。

为了能让学生的口语表达能力与人际交往沟通能力有个循序渐进的锻炼过程，展示良好的职业核心能力，本课程设计了一个贯穿始终的能力训练项目："××外汽销售服务公司营销经理公开招聘"。这个项目通过综合面试中初试、复试与入职试聘三个阶段中口语表达能力训练项目任务的学习训练，使学生能够准确、清楚、生动、有效地表达自己的思想感情，锻炼坚定自信的心理素质，掌握口语表达的基本规律和技巧，提高口语表达的能力和水平。其中初试项目训练任务重在锻炼学生的心理素质与语言面貌设计能力，最终获得勇气，达到敢讲的能力目标。复试项目训练任务重在解决说什么的问题，锻炼学生因人因事在不同的社交场合的交际沟通能力，达到能说的能力目标。入职试聘项目训练任务重在解决怎么说，并且说得精彩的问题，达到会说的训练目标。

会说话有先天的因素，但更多的是靠后天的勤奋锻炼。既然我们知道说话沟通如此重要，就下点工夫，按照设计的训练项目练练看，在特定的项目化环境下，我们的学生也能成为说话高手。

一、训练目标设计

1. 总体目标

通过创设较为真实的口语交际训练场景，让学生具备"敢说、能说、会说"的应对表达能力，"自信、大方、亲和"的与人交往沟通能力。以能力训练为主线，学生实践活动为平台，促进学生思想道德、职业核心能力、人文科学素养及身心健康等方面综合素质全面协调提升。

2. 能力目标

（1）能大胆地在公众场合连贯地说一段话，时间为三分钟。能做到正视观众，大声响亮，吐字清楚，姿态自然，举止大方，语音准确，语流连续，中间停顿不超过三秒。

（2）能运用态势语言有感情地复述、朗诵、表演文学艺术作品。会用叙述、描写、议论、抒情与说明、解释等表达方式表情达意，能灵活地运用语言特长真切地创设良好的现场气氛。

（3）能运用口才学的知识与技巧，掌握演讲稿的写作方法，完成即时命题演讲稿的写作。

（4）能运用演讲技巧，脱稿完成三分钟竞选演说。

（5）能结合现场情景，完成即兴演讲。

（6）能即时、即景、即兴完成现场问答，表现出良好的即兴应变能力。

（7）能听明白任务组织者安排的多项任务指令，并清楚地将任务分条列项表达明确，具备现场任务倾听、协调与语言表达能力。

（8）能独立策划组织一项重大活动，并担任活动的主持人，在现场完成活动的主持与组织协调工作。

（9）能运用多种沟通手段，完成与上级、下级、同级、团队之间的沟通任务。

（10）能运用辩论的知识与技巧，开展攻防交锋，讲理讲度讲德，完成以说服别人为目标的辩论任务。

（11）能运用介绍与谈话技巧，参与一次商务谈判，完成预期签约任务。

（12）能完成面试中包括语言表达能力、应变能力、综合与分析能力、逻辑思维能力、实际业务与操作能力、创造能力、记忆能力、听写能力、组织管理能力、人际合作能力、自学能力、计算能力、调研能力、接受能力、注意分配能力、独创见解能力等分项项目的答题测试，顺利通过面试。

3. 知识目标

（1）了解现代"口才与演讲""交际与沟通"等口才学方面的知识，明确当代青年学生学习演讲与交际的重要性及必须具备的基本素质。

（2）掌握叙述、描写、议论、抒情、说明、解释等语言表达的基本方式。

（3）掌握演讲稿写作的基本方法，把握演讲演练的基本要求，熟悉语言表达艺术的特点。

（4）了解沟通艺术的基本概念，把握交际沟通的基本原则。

（5）掌握"沟通与交际"的适用范围，学习倾听与交谈艺术、沟通与谈判技巧等交际学常识，了解与掌握在人际交往、社会生活及职场工作中的说话技巧与表达艺术。

（6）熟悉现代职场职业职位的基本素质与实际工作要求，了解应对工作要求与特殊需要的公关交际活动的基本方法与实际工作能力。

（7）掌握应聘面试的基本程式及个人简历、求职应聘材料的准备知识，能够运用面试技巧知识应对面试问题。

4. 综合素质目标

（1）具备高尚的思想道德素养。做到自尊自爱，一身正气，言行一致，要求别人做到的自己首先要做到。不能台上你讲，台下让别人讲你。

（2）具备丰富的文化知识素养。既要有自然科学方面的知识积累，又要有人文社会科学知识方面的修养。做到广泛阅读，不断积累，让政治、经济、军事、天文、地理、民情、风俗等方方面面的知识事例来日益丰富你的语言。

（3）具备积极进取的心理素养。做到自信勇敢，虚心好学，不自卑、不自负。

（4）具备良好的临场应变能力素养。做到善于体察，设身处地，不死板教条。

（5）具备精彩的口语表达艺术素养。要有朗诵的激情、戏剧的表演、报告的条理、谈话的亲切、小品的幽默。

（6）具备端庄潇洒的仪表风度素养。做到态度诚恳、服饰得体、举止大方。

二、课程内容模块设计

学习内容模块	建议学时
一、面试应聘技巧	10
面试的准备与应对	2
倾听与答问技巧	2
面试综合实训及注意事项	6
二、交际沟通技巧	10
交际与沟通技巧	2
策划与主持技巧	2
辩论实战技巧	6
三、演讲与口语表达技巧	18
演讲与演讲者的修养	2
口语表达技巧	6
演讲稿的准备	2
演讲与即兴演讲实战技巧	8
总　　　计	38

三、课程教学方法设计

　　本课程学习采用项目教学法，以学生实训为主，突出情境性与互动性，强调团队建设与沟通，将现代演讲学与口才学方面的理论知识、经验积累，穿插到各个项目训练任务中学习完成，要求做到练中学，学、做、练一体化。学习重点以各个层面学生情感态度与语言习惯的培养为主。在情感态度方面，要求能够达到"认真听，主动说，有自信"的训练目标。培养学生表达自信、态度大方、与人交际能够尊重理解对方的亲和沟通能力。在语言习惯方面，要求达到说话彬彬有礼、文明得体的训练目标，由简单地说，到讲得清楚、说得明白，说得好，表达自然流畅、交际应对自如。让学生在边学边练过程中不断地体会到学习本课程的意义。

四、能力训练项目设计

项目名称	××外汽销售服务公司营销经理公开招聘		
子项目名称	训练任务（课内完成）	训练任务（课外完成）	能力目标
招聘面试一：初试	1. 三分钟自我介绍	学生自我口语表达能力评价分析报告	敢说
	2. 一分钟口才才艺展示	"秀出你的风采"才艺展示表演会	
	3. 综合素质面试（回答考官提问）	面试应聘能力分析报告	
招聘面试二：复试	1. 无领导小组专题研讨会	主持班级主题班会	能说
	2. 企划方案竞标辩论会	1. 参加大学生"道德杯"辩论赛 2. 完成交际谈判能力自我测试分析总结报告 3. 做一次新产品现场营销推介	

续表

项目名称	××外汽销售服务公司营销经理公开招聘		
子项目名称	训练任务（课内完成）	训练任务（课外完成）	能力目标
招聘面试三：竞聘与入职试聘	1. 竞聘演说稿的写作及试讲准备	试讲3～5遍	会说 说得精彩
	2. 竞聘演讲	参加大学生演讲比赛	
	3. 就职演说	参加大学生招聘现场会	

五、考核方案设计

口语表达与交际沟通是一门极具实用价值的能力素质训练课程，项目训练采用学生开口说为主、教师适当点评为辅的学习方法，通过一系列课堂分项训练项目，从低到高、从易到难、从少到多的真实性的能力训练实践活动，达到"敢说、能说、会说"的能力训练目标，达到能够"认真听，主动说，有自信"的情感态度训练目标及在此基础上形成说话彬彬有礼、文明得体的良好语言习惯。因此课程的考核注重平时，突出训练过程。主要考核学生在每一次能力训练项目中所表现出的行为反应信息，包括自觉发出的和不自觉发出的、语言和非语言的行为反应，教师根据学生面对口语能力训练任务中的行为表现进行素质评分。

这门课程的考核成绩分为五个部分。

（一）平时综合素质评价

平时综合素质成绩评定，主要由四部分组成，即出勤表现、团队活动表现评价；个人书面作业评价；个人口语训练单项项目评价；小组团队训练项目评价。这些评分成绩将作为学生平时成绩记入学生课程考核成绩之中，占该课程成绩总评的30%。

（二）第一阶段竞聘初试：一分钟口才才艺展示评价

依据一分钟口才才艺展示考试项目的现场综合表现评分，评定成绩按10%计入总评成绩。

（三）第一阶段综合面试：一分钟答考官提问

在综合面试题库中选择语言表达能力、应变能力、综合分析能力、实际业务知识与操作能力、人格素质能力等分项项目对学生进行综合面试，依据学生对测评指令所作出的行为反应，即作答情况给予综合评分，评定成绩按20%计入总评成绩。

（四）第二阶段竞聘复试：专题研讨会交际沟通能力展示评价

依据小组讨论中学生个人语言、非语言、个性特征等方面的综合表现评分，评定成绩按20%计入总评成绩。

（五）第三阶段竞聘综合测试：一分钟即兴演讲考核评价

依据竞聘即兴演讲现场表现综合评分，评定成绩按20%计入总评成绩。

目 录 CONTENTS

第一单元　面试应聘技巧　001

　　项目一　自我介绍　/001
　　项目二　口才才艺展示　/010
　　项目三　答考官提问　/043

第二单元　交际沟通技巧　066

　　项目一　无领导小组讨论　/066
　　项目二　赛场辩论　/078

第三单元　演讲与口语表达技巧　106

　　项目一　演讲稿的写作　/106
　　项目二　命题演讲　/130
　　项目三　即兴演讲　/162

参考文献　182

第一单元 面试应聘技巧

项目一 自我介绍

[教学目标]

通过本单元学习,培养人胆敢讲的自信心与敢于大声说话、大胆正视公众的良好心态。掌握如何应对应聘面试的口语表达技巧,熟悉公众场合下语言面貌设计与个人形象设计的基本要求。

[能力目标]

"敢说"。

1. 能在公众场合自信大胆地连贯说一段话,时间为三分钟,中间停顿不允许超过三秒。要求语流顺畅,表达清楚。

2. 能够展示较好的语言表达面貌与公众形象面貌。

[知识目标]

1. 掌握口语表达的基本要求:说普通话,表达准确,清楚明白,条理分明。

2. 了解现代口才与演讲学方面的基本知识,明确当代青年学生学习演讲与交际的重要性及必须具备的基本素质。

3. 了解面试应聘在准备、礼仪、细节方面的基本要求。

[素质目标]

1. 培养积极进取的心理素质。做到自信勇敢,虚心好学,不自卑、不自负、有勇气。

2. 培养认真刻苦的学习精神。对待工作任务一丝不苟,尽心尽职,有毅力,有恒心,不骄不妥。

项目描述 求职初试——三分钟自我介绍

××外汽销售服务公司营销经理公开招聘,一共有30个职位。招聘条件:①大专以上学历;②具有营销专业相关的学历或经历;③口才好,交际沟通能力强;④形象好,组织管理能力强。

招聘初试:请应聘者作一自我介绍,介绍时间不超过三分钟。

项目准备 如何应对面试任务

选择职业,就是选择未来。我们迈向职场的第一关,就是必须应对招聘面试的竞争。为此,我们每一位考生都要认真把握好机遇,争取迈好这关键的第一步。俗话说"不打无把握之仗",面试之前做一些认真的准备是非常必要的。那么请大家讨论一下,在面试之前我们该做哪些准备呢?

一心态要积极。一定要有充足的勇气,相信我能行。在战场上具有决定意义的两样东西就是武器和勇气。有先进的武器,而没有战胜敌人的勇气,是不能打赢战争的。同样,在应对面试过程中,除了我们必须具备的基本知识、基本素质外,关键就看你的心理素质。在面试前,积极地做好心理准备,消除影响面试的恐慌、焦虑、胆怯、混乱,调整好心态,是非常重要的。

其实,每一位面试考官都希望每位考生都能抱有一颗平常心。有些同学在学校时基础不错,对自己的评价甚高,在面试时表现出一副咄咄逼人、非我莫属的模样。殊不知,急功近利、洋洋得意的人会引起评委考官的反感。因为面试时首先要体现出对评委考官的尊重,坦然面对的平常心很重要。正确的应试心理应该是:热情、积极、自信、平静和谨慎。面对面试任务,在心态上首先要积极响应,充满热情地投入到准备工作中去,并相信自己经过努力一定会赢得竞争的胜利。这时你应感觉到一个难得的机会正向你一步步地靠近,你可以有机会充分展现你的才华,用自己的知识能力把握自己的命运,这是多么令人兴奋的事啊!其次,在兴奋激动之余,你还需要冷静地审视自己,考虑怎样才能发挥出自己的优势,弥补自己的不足,并为此作一些细致耐心的努力。最后,你理所应当地以一种平静心态迎接挑战,因为你毕竟还是你自己,你不可能几小时、几天时间内超凡入圣或成为一个理想中的人物,你会感到,只要自己尽了心尽了力,就不再为自己不能把握的事担忧紧张了。

二准备要仔细。俗话说,"知己知彼,百战不殆"。知识结构、能力结构的准备是面试考生最重要的准备,也是考生参加面试、稳操胜券的基础。所谓知识结构,是指一个人所掌握的知识类别,各类知识相互影响而形成的知识框架以及各类知识的比重。知识结构可以从以下几个方面进行分析:一是自然科学知识和社会科学知识的比重;二是普通知识和特殊知识的比重;三是基础知识和专业知识的比重;四是传统知识和现代知识的比重,等等。能力结构包括基础能力、专业能力、综合能力。能力的类型多种多样,包括记忆能力、理解能力、分析能力、口头表达能力、文字表达能力、逻辑推理能力、机械工作能力、环境适应能力、反应能力与应变能力、人际关系能力、组织管理能力、想象能力、创新能力、判断能力等。每个人的知识结构与能力结构各不相同,需要长期的学习与积累。首先,在面试之前,面对一些对专业水平要求比较高的岗位,考生必须做好充分的知识准备与能力准备。如果自己的专业基础不扎实,那要尽快弥补不足,使自己的现有知识结构、能力结构得到改变,以尽快适应职业岗位的要求。其次,在面试之前,考生要尽可能多地获取应聘单位和目标职位的各种信息,熟悉前去应征单位的有关材料,如了解清楚招聘单位的背景、性质、规模、特色、组织结构、发展前景等情况。准确把握应聘单位的主要职能也是很重要的。同时还要了解应聘的职位是干什么的?主要职责是什么?该职位需要什么类型的人员,对人员素质有什么样的需求?这个职位主要应用的专业知识和专业技能是什么?若事先对这些信息一无所知或知之甚少,那在面试时易处于被动境地,也易使用人单位形成"你不关心该单位"的印象,从而影响面试结果。如果可能的话,可以了解一些用人部门的领导信息,尽可能记住各主管领导的姓名与头衔,了解其可能的教育背景、工作作风以及兴趣爱好等。这些信息会帮助你对照职位的要求和领导的工作喜好,寻找自己的优势和需要进一步提高的地方,在面试之前做好充分的准备,使你在面试时易守易攻,自始至终立于不败之地。而且这些信息不仅对你的面试有帮助,也为你日后更好更快地适应新环境的工作做好了心理上的准备。

三 服饰、礼仪要讲究。要注意着装与举止，注意礼节与风度。从心理学上讲，在与人沟通前留给人的第一印象就是最初的 20 秒，而最初的 20 秒印象往往是由你的外在形象决定的。俗话也说"马靠鞍装，人靠衣装"，服饰能够反映出一个人的文化水平、修养与气质，它是一种重要的体态语言。在面试应聘活动中，恰当的穿着本身就是一种很好的礼仪，雅致和整洁的服饰具有一种无形的魅力，它能让你在对方的第一印象中留下深刻的记忆，而实践证明面试应聘时起决定作用的因素百分之七十源于第一印象，即考生的精神面貌与衣着打扮。

面试是正式场合，着装应符合这一场合的气氛。考生应着式样较为正统、符合大众潮流的服装，千万不可穿着式样十分奇特、图案过于零乱、色彩较为艳丽的服装。一般来说，男士最好选择西装，颜色以深色为宜。双排扣的西装纽扣最好要全扣上，单排扣的须扣上一个，两粒扣的应扣上不扣下，三粒扣的应扣中间一粒。领带的长度最好以到达皮带扣处为宜，颜色应同西服外套的颜色相配。领带夹的位置放在衬衫从上往下数的第四粒纽扣处，西装上衣系上扣子后，领带夹应看不见。在西装的衣袋、裤袋里也不要放东西。袜子的颜色应是黑色或深灰颜色。从专业的角度看，男士穿西装要遵循"三色原则"（外套、衬衣、领带、腰带、鞋袜一般不应超过三种颜色）和"三一定律"（皮鞋、皮带、皮包应基本一色）。同时要格外注意，西装袖口的商标千万要摘除，穿夹克不能戴领带。女士在面试时应穿得整洁、正式，给人以稳重大方的感觉。面试时最好不要戴叮当作响的珠宝首饰，喷较浓的香水，套装和裙装是比较正式的礼服，过短的裙子、暴露的上衣会给人没有修养的感觉，甚至会立即招致反感。头发最好不要五颜六色，或是其他什么时尚发型，束起来较为清爽整洁。披肩发有些考官也不能接受。化妆要尽量的淡，浓妆艳抹只适合于舞台。总的来说，面试的服饰着装要正式，与现场气氛自然协调。给人的感觉应是衣着规整得体，修饰自然有度，在协调中显示出你的气质与风度，稳重中透露出你的可信赖程度，独特中表现出你的个性魅力。在举止上考生要注意不能出现以下的姿态动作：双手总是不老实，不是玩弄领带、挖鼻孔，就是摸头发，或者玩手机、名片、钥匙等；有些人不住地晃脚，姿态东摇西摆，这会使人觉得你底气不足，缺乏涵养，甚至晃得别人心烦意乱，给人以马虎随便之感，极不礼貌；有些人眼光总是游离不定，或惊慌失措，或躲躲闪闪，给人缺乏自信或者隐藏着不可告人的秘密的印象，这些极易使考官反感。有些人面部表情呆滞死板，或者冷漠毫无生气，这些也难赢得好的印象。有些人手足无措，慌里慌张，明显缺乏自信，有些人反应迟钝，不知所措，不仅会自贬身价，而且考官也会看扁你。举止与礼仪是应聘者的思想、品德、修养的外在表现，是风度和形象构成的重要因素，所以在参加面试时，应聘者一定要注意自己的举止行为。

四 细节要认真。面试是一种正式场合，你的外表要给人好印象。面试的整个过程中你的举手投足及细枝末节都要落落大方，得体自然。如准时到达，特别注意礼貌，放亮眼睛注意观察，表现适度且有分寸，自始至终表现出热忱的态度，事先准备好你想说的话、你想强调的事，以微笑的表情和考官打招呼，自始至终让面试在和谐的双向沟通中进行。不羞于请求给予一个表现的机会等，这些都是你面试准备中的有力武器。有些细节一定要做到：不抽烟，不喝酒、喝饮料；不把自信和自满搞混；不攀龙附凤、左顾右盼找熟人；不开玩笑，不嚼口香糖；不带着熟人一起去面试；不与别人发生争辩；除了公事包与手提包，不再带其他与面试无关的东西；不做小动作；不说考官评委听不懂的方言、行话及太过夸张的用语。

项目练习　三分钟自我介绍

（1）学生代表示范演练，教师选择部分学生当考官，要求考官按照项目练习考核评分表给示范者评分，并以客观公正的态度对示范者的表现逐一给予点评。

（2）集体讨论：假如由我来做怎么样？你认为三分钟自我介绍难在哪里？

（3）评议小结：做"三分钟自我介绍"主要的困难归结起来有以下几个方面。

① 没话讲，不知道自我介绍的内容。
② 记不住讲话的内容，语流不能连续。
③ 手势、姿态、表情等态势语言不自然。
④ 情绪紧张，就怕出错，结果是越急越错，头绪混乱。
⑤ 不能控制好时间，要么很短，要么不知道如何收尾。
⑥ 不自信不大方，眼睛不敢看评委考官。

案例学习　自我介绍说些什么？

一、竞聘教师岗位自我介绍例文

我叫×××，今年27岁。1997年7月我从××师范学校艺师美术专业计划内自费毕业。由于从1997年起国家不再对自费生包分配，我与"太阳底下最光辉的职业"失之交臂。幸好，当时河西马厂完小师资不足，经人介绍，我在该完小担任了一年的临时代课教师。回想起那段时光真是既甜蜜又美好，虽然代课工资很低，但听着同学们围在身旁"老师"、"老师"地叫个不停，看着那一双双充满信任的眼睛、那一张张稚气的小脸，生活中的所有不快都顿时烟消云散了。我原想，即使不能转正，只要学校需要，就是当一辈子代课教师我也心甘情愿。不料，1998年起国家开始清退临时工和代课教师，接到了学校的口头通知后，我怀着恋恋不舍的心情，悄悄地离开了学校。

今天，我想通过此次考试重新走上讲坛的愿望是那样迫切！我家共有三姊妹，两个姐姐在外打工，为了照顾已上了年纪的父母，我一直留在他们身边。我曾开过铺子，先是经营工艺品，后又经营服装。但不论生意做得如何得心应手，当一名光荣的人民教师始终是我心向往之并愿倾尽毕生心血去追求的事业。我曾多次参加考试，但都由于各种原因而未能实现梦想，但我暗下决心，只要有机会，我就一直考下去，直到理想实现为止。

如今的我，历经生活的考验，比起我的竞争对手在年龄上我已不再有优势，但是我比他们更多了一份对孩子的爱心、耐心和责任心，更多了一份成熟和自信。教师这个职业是神圣而伟大的，他要求教师不仅要有丰富的知识，还要有高尚的情操。因此，在读师范时，我就十分注重自身的全面发展，广泛地培养自己的兴趣爱好，并学有专长，做到除擅长绘画和书法外，还能会唱、会说、会讲。"学高仅能为师，身正方能为范"，在注重知识学习的同时我还注意培养自己高尚的道德情操，自觉遵纪守法，遵守社会公德，没有不良嗜好和行为。我想这些都是一名教育工作者应该具备的最起码的素养。

假如，我通过了面试，成为众多教师队伍中的成员，我将不断努力学习，努力工作，为家乡的教育事业贡献自己的力量，决不辜负"人类灵魂的工程师"这个光荣的称号。

——选自中国人才指南网

二、公务员面试自我介绍例文

各位尊敬的考官，早上好。今天能在这里参加面试，有机会向各位考官请教和学习，我感到十分的荣幸，同时通过这次面试也可以把我展现给大家，希望大家都能记住我。我叫李××，今年28岁，汉族，大专文化。平时我喜欢看书和上网浏览信息，性格活泼开朗，能关心身边的人和事，和亲人朋友融洽相处，能做到理解和原谅，我对生活始终充满信心。我曾经在××技术开发公司工作，在公司里先后在不同的岗位工作过，开始我从事办公室工作，随后因公司需要到对外合作部，有一定的社会实践经验，在工作上也取得了一些成绩，同时也得到公司的认可。几年的工作让我学到了很多知识，同时还培养了我坚忍不拔的意志和顽强拼搏的精神，使我能够在工作中不断地克服困难、积极进取。加入公务员的行列是我多年以来的一个强烈愿望，同时我认识到人和工作的关系是建立在自我认知的基础上，而我感觉到我的工作热情一直没有被激发到最高，我热爱我的工作，但每个人都是在不断地寻求取得更好的成绩，我的自我认知让我觉得公务员是一个正确的选择，这些都坚定了我报考公务员的信心和决心。所以我参加了这次公务员考试并报考了贵部的对外联络部门，如果这次能考上，我相信自己能够在对外联络部中得到锻炼、获得发展的机会。公务员是一个神圣而高尚的职业，它追求的是公共利益的最大化，所以要求公务员要为人民、为国家服务，雷锋曾这样说过：人的生命是有限的，可为人民服务是无限的，我要把有限的生命投入到无限的为人民服务中去，这就是我对公务员认知的最好诠释。所以，这个职位能让我充分实现我的社会理想，体现自身的价值。俗话说：航船不能没有方向，人生不能没有理想。我愿成为贵部的一名优秀国家公务员，认真践行"三个代表"重要思想，以科学发展观为指导，全心全意地为人民服务。

——选自《面试方略》公务员录用考试教材

三、带教老师项目演练示范例文

各位考官、评委，下午好：（称呼：简洁自然）

我是陈××，今年45岁，江苏××人，1987年毕业于××师范大学中文系汉语言文学专业，同年分配到××学校语文教研室担任语文教师，到今天已从教20多年。现在我在××学院××部门担任××职务。（个人自然状态信息。包括：姓名、年龄、籍贯、身份学历、综合素质面貌等）

今天我来竞聘营销经理一职，可能大家会觉得奇怪，像我这样年纪这样职位的人为什么要和年轻人来抢饭碗？我认为理由只有一个，那就是我看好××外企辉煌的发展前景，看好公司这块风水宝地，一定会让我的聪明才智有个更好的用武之地。（应聘原因）

我自信，我能胜任这个职位。20年的从教经历，不仅让我积淀了丰富的工作经验，更让我的道德人品得到了锤炼。20年的教书育人，为人师表，不仅让我学会了教书，更让我学会了做人。我比别人更加懂得敬业爱岗、尽职奉献的意义，懂得奋斗是一种快乐，爱拼才会赢的道理。简历中的工作业绩可以证明我的竞争实力。（竞聘的基本条件）

我爱好广泛，个性活泼。为人光明磊落，处事正派大方。我喜欢挑战，富有创新精神。我个性急、讲话急、做事急，急是我最大的优点，也是我最大的缺点。

我干脆利落，作风干练泼辣，当日事当日毕，工作出成绩，管理出效益，要做就要做出点名堂来是我最大的目标与追求。我善于表达，擅长沟通交际。俗话说，三年胳膊五年腿，十年练成一张嘴。20年吃开口饭的经历，让我练就了一张能说会道的嘴。（我的特

长与优势）

假如公司给我一个发展的机会，我定当让机遇再一次记住我的名字，我是陈××，相信我没错的。谢谢大家！（让别人住你）

一般来说，自我介绍通常包括的内容有：(1) 个人自然状态信息。包括姓名、年龄、籍贯、身份学历、综合素质面貌等。(2) 应聘的原因。(3) 兴趣爱好特长。(4) 为人处世方式。(5) 简要介绍自己的优点与缺点，适度推销自己。(6) 投其所好，介绍与用人单位的要求相关的业绩、荣誉等。(7) 让别人记住你的妙招。

项目辅导 怎样自我介绍才能让别人记住你

首先一定要记住报出自己的姓名和身份。可能我们考生在与面试考官打招呼时，已经将此信息告诉了对方，而且考官们完全可以从你的报名表、简历等材料中了解这些情况，但仍请你主动提及。这是礼貌的需要，也可以加深考官对你的印象。

其次，可以简单地介绍一下你的学历、工作经历等基本个人情况。这些信息要真实完整。如学历、工作经历、家庭概况、兴趣爱好、理想与抱负等。这部分的陈述要简明扼要、抓住要点。例如介绍自己的学历，一般只需谈本专科以上的学历。工作单位如果多，选几个有代表性的或者你认为重要的介绍就可以了，但这些内容一定要和面试及应考职位有关系。要保证叙述的线索清晰，一个结构混乱、内容过长的开场白，会给考官们留下杂乱无章、个性不清晰的印象，并且让考官倦怠，削弱对继续进行的面试的兴趣和注意力。

应试者还要注意这部分内容应与个人简历、报名材料上的有关内容相一致，不要有出入。在介绍这些内容时，应避免书面语言的严整与拘束，而使用灵活的口头语进行组织。这些个人基本情况的介绍没有对或错的问题——都属于中性问题，但如果因此而大意就不妥了。

接下来由这部分个人基本情况，自然地过渡到一两个自己本科或工作期间圆满完成的事件，以这一两个例子来形象地、明晰地说明自己的经验与能力，例如：在学校担任学生干部时成功组织的活动；或者如何投入到社会实践中，利用自己的专长为社会公众服务；或者自己在专业上取得的重要成绩以及出色的学术成就。

接下来要着重结合你的职业理想说明你应考这个职位的原因，这一点相当重要。你可以谈你对应考单位或职务的认识了解，说明你选择这个单位或职务的强烈愿望。原先有工作单位的应试者应解释清楚自己放弃原来的工作而做出新的职业选择的原因。你还可以谈如果你被录取，那么你将怎样尽职尽责地工作，并不断根据需要完善和发展自己。当然这些都应密切联系你的价值观与职业观。不过，如果你将自己描述为不食人间烟火的、不计较个人利益的"圣人"，那么考官们对你的求职动机的信任，就要大打折扣了。

让别人记得住你，自我介绍的条理一定要清晰。为了保证结构明确、有条有理，你可以多用短句子以便于口语表述，并且在段与段之间使用过渡句子，口语也要注意思路、叙述语言的流畅，尽量避免颠三倒四，同一句话反复说几遍，同时不要用过于随便的表述。自我介绍的时间应该是三～五分钟较适宜。时间分配上，可根据情况灵活掌握。一般地，第一部分可以用约两分钟，第二部分可以用约一分钟，第三部分用一～两分钟。好的时间分配能突出重点，让人印象深刻，而这就取决于你面试准备工作做得好坏了。如果你事先分析了自我介绍的主要内容，并分配了所需时间，抓住这三、五分钟，你就能中肯、得体地表达出你自己。有些应试者不了解自我介绍的重要性，只是简短地介绍一下自己的姓名、身份，其后补充一些有关自己的学历、工作经历等情况，大约半分钟左右就结束了自我介绍，然后望着考官，等待下面的提问。但也有的应试者想把面试的全部内容都压缩在这几分钟里。要知道面试考官会在下面的面试中间向你提有关问题的，你应该给自己也给他人留下这个机会。

自我介绍也是一种说服的手段与艺术，聪明的应试者会以职位考录的要求与测试重点组织自我介绍的内容，你不仅仅要告诉考官们你是多么优秀的人，你更要告诉考官，你如何地适合这个工作岗位。而与面试无关的内容，即使是你引以为荣的优点和长处，你也要忍痛舍弃，以突出重点。

自我介绍要有充分的信心。要想让考官们欣赏你，你必须明确地告诉考官们你具有应考职位必需的能力与素质，而只有你对此有信心并表现出这种信心后，你才证明了自己。所以应试者谈自己的优点的一个明智的办法是：在谈到自己的优点时，保持低调。也就是轻描淡写、语气平静，只谈事实，别用自己的主观评论。同时也要注意适可而止，重要的、关键的要谈，与面试无关的特长最好别谈。另外，谈过自己的优点后，也要谈自己的缺点，但一定要强调自己克服这些缺点的愿望和努力。特别指出的是，不要夸大自己。一方面从应试者的综合素养表现，考官能够大体估计应试者的能力；另一方面，面试中应试者的自我介绍，可以让考官观察到简历等书面材料以外的内容，如你对自己的描述与概括能力，你对自己的综合评价以及你的精神风貌等。自信、为人等是其中的重要的潜台词，应试者务必注意。

另外，因为面试的竞争者很多，所以应试者要精心设计一下你的标识性广告词，如"世有伯乐，然后有千里马，假如我是一匹千里马，现在在等待伯乐慧眼相中"。让别人记住你的方法很多，诸如可以用一些喜闻乐见的名人名言、俚语俗语、能在现场引起听众共鸣的语言等。因为自我介绍是口语表达，所以讲述要注意口语特点，要有鲜明的目的性，强烈的鼓动性，丰富的艺术性，恰当的临场性、适用性与时间性。概括起来，以下要点可以帮助你留下深刻印象。

（1）句子要短。语言表达简明扼要，紧扣主题不夸夸其谈。
（2）内容分点。内容表达条理清楚，分条列项不会忘稿。
（3）说话要白。运用语言通俗易懂、生动活泼。要突出口语特点。
（4）心态要诚。态度真诚、仪表大方。
（5）胆子要大。要有豁出去的勇气，举止自然，表达流畅。

实际行动 招聘初试——自我介绍

第一步：任务准备：请大家设计一下自己的自我介绍。

我的自我介绍

（1）我的自然状态信息：

（2）我的应聘原因：

（3）我的竞聘条件：

（4）我的特长与优势：

（5）我为自己设计的广告语：

第二步：调整情绪与心态，记住自我介绍的内容与结构。可以分小组布置试讲演练任务，并下发口语训练测试评分表。

第三步：人人上台演练，并安排倒计时提示。学生按小组交叉互当考官评分，并撰写点评建议。

第四步：集体讲评：同学当考官互评，教师集中意见综合评议。

评议问题概述：（1）胆怯与勇气的问题。应试者应充分利用各种个人资源，克服胆怯心理。除了前面提到的面带微笑、目光交流、坐姿端正等表情、身体语言外，请以沉稳平静的声音、中等语速、清晰的吐字发音、开朗响亮的声调给考官以愉悦的听觉享受，声音小而模糊、吞吞吐吐的人，一定是胆怯、紧张、不自信和缺乏活力与感染力的。

（2）情绪也是一个需要控制的重要方面。情绪，作为个人的重要素养，如果在自我介绍中起伏波动，就会产生负面影响。例如在介绍自己的基本情况时面无表情、语调生硬；在谈及自己的优点时眉飞色舞、兴奋不已；而在谈论自己的缺点时又无精打采、萎靡不振。

（3）过分自信与自负的问题。有的应试者谈及自己的兴趣爱好时，说自己喜欢唱歌，便自作主张，一展歌喉，直到被考官客气地打断后，才反应过来行为有些出格。有些应试者谈及家乡或与老师、考官的关系时，喜欢哗众取宠，夸夸其谈，背离主题大讲客套话与寒暄话，喧宾夺主，效果也会适得其反。

（4）内容没有重点，讲得叫人"发晕"的问题。有的应试者描述自己喜欢这样、爱好那样，如：文学、艺术、旅游、摄影等，夸夸其谈，抓不住要点。说到其拍摄的优秀作品，却又说她喜欢别人给她拍照，还说家里的几本影集都已经满了，条理很乱，叫人摸不着头脑。

（5）条理混乱，缺乏逻辑的问题。有的应试者对要表达的内容没有很好地梳理，一二三四五颠来倒去，条理很乱，重复很多。想到哪里说到哪里，停顿的情况较多，给人感觉生硬不连贯。

（6）表达的语言"不讨人喜欢"的问题。有的应试者在介绍家庭关系时，似乎"漫不经心"地告诉考官们，自己的某位远房亲戚是应考单位的上司单位的某领导，期许给考官以压力。有的应试者表示将来踏上工作岗位，"一定要……""绝对……"诸如此类的保证，似乎在做就职演讲。空话、套话、虚话、大话太多，会给人"失真"、"不诚实"、"吹牛"的感觉。

出现这些问题的例子很多，同学们的练习中也有些反映。可见，画蛇添足的自我介绍不但不会为你的形象增添色彩，反而会"越抹越黑"，适得其反，必须引起注意。

分享与交流　自我介绍的应用与注意事项

（1）应用范围：面试、竞选、社交交际、参加会议等。

（2）注意事项：

① 要围绕主旨内容，学会分条列项，理清思路，以免忘稿。

② 语流要连续，中间停顿不能超过三秒。

③ 眼睛要正视听众与观众，视线落点要在最后一排观众的头顶上方，视线要慢慢地从左移到右，从右移到左，但不能太快，也可以适度采用点视法，与特殊听众作一心领神会的视线交流。

④ 姿态要正，两手自然下垂，稍息式，重心落点在一只脚上，不要左右摇晃，不要左顾右盼。

⑤ 手势不要多，要多用单手手势，基本不用复式手势。

⑥ 微笑表情，不可做小动作怪动作。

⑦ 语流要连续不断，中间停顿不能超过三秒钟，忘稿要大胆地跳过去，想说什么就大胆地说，说不下去，诚恳道歉，迅即下台，不要浪费别人的时间。

⑧ 声音洪亮，说普通话，大胆自信，敢说敢讲，不怕失败。

布置作业　一分钟口才才艺展示

（1）依据每一位面试考生手中的评分表，自我评价公众场合下的表达能力，完成自我评价分析报告。

（2）准备面试第二关训练任务：一分钟口才才艺展示。让同学们自己挖掘自己的优势与才能，准备一首诗，或一个故事，或一段五分钟的情景小品……

附表

口语训练测试评分表

项目得分\姓名	仪表态度 10%	声音响亮 10%	自然大方 10%	语言面貌 70%						总计得分	备注（纠错）
				语音缺陷	语速	停顿	态势语言	内容表达	主题	综合效果		

项目二
口才才艺展示

[教学目标]

通过本项目练习，巩固大胆敢讲的自信心与敢于大声说话、大胆正视公众的良好心态，训练朗读、朗诵、复述、表演等基本口语表达能力，掌握口语表达中控制时间节奏的技巧，锻炼竞争环境中应对压力与挫折的能力。

[能力目标]

"敢讲、敢演"。

1. 能在公众场合下自信大胆地展示口语能力与良好的个人气质与精神面貌。
2. 能以较好的口语技巧与表演技巧赢得观众与听众，能切合情境创造良好的现场气氛。
3. 能应对竞争环境下的压力、恐慌、焦虑、胆怯、混乱、挫败，积极调整心态，获得较好的表演效果。
4. 能正确理解表演作品的主题与内涵，利用自身优势充分演绎好艺术作品。

[知识目标]

1. 熟悉朗读、朗诵、复述、表演等口语表达艺术的基本特征。
2. 了解口语表达心态准备与形象准备的基本要求。

[素质目标]

1. 克服自卑心理，牢固树立自信心。
2. 看轻成败，不求完美。
3. 克服焦虑，保持平和。
4. 积极面对压力与竞争，遇事不慌，临场不乱，处事镇静大方。

项目描述 一分钟口才才艺展示

　　选择朗诵一首诗歌、讲述一个故事、表演一个小品、说一段相声，或表演一段顺口溜、一段影视剧配音对白……充分展示一分钟口语表达方面的才艺特长。

项目准备 几种常见的口头语言表演艺术

一、朗读

　　朗读是一种有声语言艺术，就是运用清晰的普通话语音，有感情、有技巧地读书，把视觉形象（文字）变成听觉形象（语音），准确、鲜明、生动地再现书面语言所表达的思想感情。它的特点是口语化、艺术化和有针对性。朗读以口头语言为基础，读起来要上口，听起来要顺耳，这就是所谓的明白如话。但朗读要口语化，并不等于日常说话，因为朗读还要艺术地运用语言技巧，用有声语言再创造书面语言中的艺术形象，使听众得到艺术享受或更加明晰的信息。朗读还要有针对性，不同的目的、不同的对象、不同的场合、不同的体裁、不同的效果，就要求有不同的朗读。

　　朗读训练是普通话语音训练的继续、巩固和提高，又是口语表达各项基本技能训练的基础。练习朗读可以有效地提高有声言语的表现力，有助于形象思维与逻辑思维的锻炼，可以帮助我们学习和储存大量优美的词汇和句式。朗读所反映的内容、所使用的语言等要体现规范性，在朗读的职能和使用效果上要体现教育性，在朗读的表现形式上体现着平易性。

　　朗读要求把文章清晰响亮地读出来。清晰和响亮是朗读的基本要求。具体说来，好的朗读不但要读准每一个字，而且不能读破句，同时还要求一定的语调和语速。所谓轻重缓急、抑扬顿挫，就是要求朗读者根据文义灵活地对语音、语调和语速加以变化、处理，从而使朗读富有一定的感染力。广播电台里的播音一般情况下都是朗读文稿，我们经常可以听到，播音员对不同内容的文稿其朗读的处理方式是不一样的，如播送有关节日欢庆内容的稿件，就显得热烈、跳跃，语调也较明快；而播送讣告、悼词之类的文稿，就显得低沉、凝重，语调也变得较为缓慢。因此，练习朗读不仅要做到清晰响亮，还要讲究语音、语调、语速的变化处理。

　　朗读是训练口语表达能力的第一步。试想，一个连读别人的文章都不能做到清晰与响亮的人，怎能清晰响亮地表达自己的思想感情呢？大凡不善表达的学生，其朗读能力都很欠缺，声音细小、结结巴巴是最常见的表现。所以，朗读对于口语表达的意义首先在于培养说话者声音响亮、吐字清晰、语句流畅等最基本的口语表达素质。没有这样的基础，高层次的口语训练目标只能是空中楼阁。而且朗读作为一种教育形式，在用普通话表达作品的思想内容的同时，也在对听众和表演者进行思想教育和知识教育，不仅锻炼口语表达能力和书面表达能力，而且有很大的实用价值和宣传作用，对提高我们的文学水平、丰富文学素养、培养认识能力和思维能力也大有裨益。

　　朗读训练有以下几点需要特别注意。

　　（1）准确理解作品。理解作品是朗读的先行条件和基础，只有理解了作者的写作意图，理解了作者创作的作品所要表达的思想感情，将作者欣然命笔、奋笔疾书的创作冲动化做朗读者自己热切倾诉的愿望，朗读才能表达得深刻传神。

　　（2）字音正确清晰。汉字结构复杂，一字多音，朗读时尤其要注意分辨。对多音多义字,要按义定音。形声字不能轻易读半边。遇到不认识的字,要勤查字典,还要注意不吃字。把每个字都读得标准清楚,才能为正确地表情达意奠定良好的基础。

(3) 语句流畅。朗读时,要把语句读得明明白白,干净利落。不能任意添字、掉字、颠倒、重复、中断;也不能像平时说话那样,用词随便,不讲究节奏,任意破坏作品语言的完整性。如果读得拖泥带水,结结巴巴,就会破坏文章的表现力,还会造成语意的费解或误解。

(4) 运用朗读技巧。理解,需要知识修养;表达,需要朗读技巧;善于运用语调抑扬顿挫的变化,会读得津津有味,有声有色;否则会读得平淡单调,呆滞死板,选择和运用朗读技巧,必须从语言实际出发,注意表现形式和表达内容的自然结合,情动于中而形于外,做到自然朴实,以声传情,不可矫揉造作。

二、朗诵

朗诵是在朗读的基础上,着重地运用各种技巧将文稿所蕴藏的内在感情诵读出来,换句话说,朗诵就是有表情地朗读。我们常在广播电视中听到的诗朗诵、配乐散文、评书等都是朗诵。与朗读相比,朗诵对音色、音调、语速的要求更高,其技巧性要求朗诵者具有相当的表演天赋和才能。它要求不看作品,面对观众,除运用声音外,还要借助眼神、手势等体态语帮助表达作品感情,引起听众共鸣。这对于绝大多数初学朗诵的人来说,无疑是极为苛刻的。我们之所以把朗诵作为口语表达训练的一个必要的步骤,首先是因为任何类型任何情境中的口语表达的目的都是为了表达自己的思想感情,喜怒哀乐,这一点和朗诵的要求是完全一致的。通过朗诵训练,我们要学会把握他人文章思想感情的脉络,准确地表达他人文章思想感情的内涵。这对于我们在日常交往中,准确地把握并表达自己的思想感情是会有所帮助和借鉴的。其次,朗诵者不但要有一定的技巧,更要有当众表演的心理素质,朗诵训练可以帮助朗诵者训练当众表演的胆量,有效地克服害羞、怯场等不良心态,从而为在公共场合下进行口语表达打下强有力的心理基础。

朗诵训练时以下几点需要特别注意。

(1) 发音正确,吐字清楚。用标准的普通话朗诵,特别要注意多音多义字,古诗文中特别要注意按意定音。不添字不少字不读破句,朗读清晰完整。特别要注意前后鼻音的区分练习和平翘舌音的读准练习。

(2) 语速适当,用心感受。要抓住文章特点,使节奏流利和谐,缓急结合。

(3) 语调生动,轻重适宜。根据需要,分出轻重缓急,分清抑扬顿挫,表达出文章的思想感情。

(4) 注意停顿与重音的处理。停顿除为了休息换气外,更是为了充分表达朗读者的思想情感。停顿包括语法停顿和语意停顿。语法停顿包括自然段落,标点符号的停顿,要显示得条理分明。句子中也要注意逻辑停顿,语断气连就是表示逻辑停顿的一个方法。重音是在词和语句中读得比较重,扩大音域或延长声音可突出文章的重点,表达自己的感情,重音可分为语句重音和思想重音。

(5) 注意气息的控制。朗诵的内容千变万化,可以采用不同的用气方法来处理感情的变化。补气和换气是一种朗诵技巧。补气的方式有偷气、抢气、就气。可读短小精悍的诗歌、绕口令、散文之类进行反复训练。

(6) 充分发挥声音的魅力。美妙的声音来自正确的呼吸,气息短,做姿不正确会造成紧张。应该坐如钟,头背一线,双脚自然垂直,深呼吸时要深,不要耸肩。要用丹田呼吸,将两肋打开，小腹收紧，肚皮始终是硬的，这就是气息支撑。不管身体条件多么困难，都要把气沉下去，胸腔共鸣才能产生磁性的声音。朗诵主要是要抒发一种情怀，一种心情，将自己揉入文章中，不要理会其他，不要玩嗓子、为自己而诵读，要能引起听众的共鸣。

（7）朗诵常常伴随有手势、姿态等体态语，但朗诵时的姿态或手势不能过多、过火。毕竟，朗诵不同于演戏，演戏时，演员不直接和观众交流，他扮演剧中人物，模仿剧中人物的语言、动作，他只和同台的演员进行交流，而朗诵者直接交流的对象是听众，他主要是通过声音把感情传达给听众，引起听众共鸣，手势、姿态等只不过是帮助表达感情的辅助性工具，不宜过多、过火。

三、复述

复述就是把文稿的内容用自己的话说出来。这是口语表达训练中常用的一种练习方法，旨在锻炼你的理解能力、记忆能力、概括能力和想象能力等。在日常口语表达中，我们常常会向别人介绍一部自己刚刚看过的新影片、刚读过的一本好书，以阐述自己的看法或引起别人的兴趣，这种介绍就是一种复述。即把影片或书籍的主要内容概括地讲出来。复述的总体要求是准确与生动，如果不能把握住原来文稿的本质内容，复述就会变样，甚至歪曲了原文的意思，复述如果枯燥乏味，别人就不爱听，那么在口语表达中也就达不到介绍所应有的引起别人兴趣和注意的目的。与朗诵相比，复述带有较大的个人创造性。即在理解文稿内容的基础上，对文稿进行适度的重新组合加工，并用自己的语言将原文的内容表达出来。因此，复述不但要具备朗诵所有的素质技巧，更要具备相当的驾驭语言的表达能力。口语表达训练中的复述训练就是要锻炼这种对现成表达材料的语言驾驭能力。如果你对现成的表达材料能够表达自如的话，在这个基础上锻炼对自己思想感情的表达能力就较为容易了。

复述训练以下几点需要特别注意。

（1）具备一定的阅读能力是做好复述的前提。复述是在充分理解材料内容基础上的再加工，如果对材料理解不透，把握不准，在复述过程中难免会出现偏颇与歧义。因此复述首先要阅读理解。尤其要重点理解关键性的词语和句子。这实际上是你通过自己的大脑对语言材料进行有效的筛选。

（2）理解、消化所阅读的内容，将所获得的信息在头脑中重新组合与灵活调整。复述必须要将所获得的材料或信息进行分解和分类、归纳和综合、重新排列，你可以依据自身的经验或知识积累，在材料之间形成新的逻辑关系或线索，将其纳入自己原有的思想知识结构。在复述或者转述时，对材料进行重新排列组合，不仅可以帮助理解记忆，而且对你的创造能力培养也是很好的锻炼。

（3）将原作内容进行扩展与深化，使原作语言变成自己的语言。复述要把作者的语言变成自己的语言，把作品的思想内容变成自己的理解与认识，在把握原作内容的基础上，进行联系、类推，以至鉴赏、评价，对原作中抽象的内容进行阐发或解释。以原作为出发点，又越出原作内容的范围，向着不同的方向进行发散性思考。因每个人的经历、知识、思想、心理状态不同，就会产生不同的复述效果。

复述常见的训练方式有以下几种。

（1）口头详述。要求尽量接近原文。原文中的精彩片断，语言生动、传神的对话，都最好不走样地述说出来，必要时可引用原文中的一些语句，但不能背诵。这种复述的作用是加深对课文的理解、丰富词汇和句式、增强语感，为今后作文的生动形象作语言示范。

（2）口头简述。即对原有材料进行筛选和概括，转化为自己的语言表达出来。它要求抓住材料的中心和结构,但不能改变原来的体裁和逻辑顺序,也不必加入个人的感想和评议。这种训练的作用是提高学生的概括力和宏观把握文章结构的水平,如长文简说,实际上是让学生罗列文章的结构提纲,这对学生今后表达的准确与简练有深远的影响。

(3) 口头摘述。即在较长材料或一组材料中摘出其中一部分进行详述或简述。它要求快速而准确地从材料中摘取所需要的内容,再用自己的话进行表述。口头摘述的形式有说梗概、说片断、说人物、说场景、说特征等。这种训练的功能除了兼具"口头详述"和"口头简述"这两种方式的作用外,主要训练学生说话的针对性、准确性和专题性。摘述什么,摘述多少,是问题的关键。

(4) 创造性复述。即在原材料的主要思想和主要情节的基础上,加以想象和创造,予以合理的补充和发挥。它更接近于口头作文,因此要求深入领会原材料的内容及其实质,并能灵活地变换表达角度和表达方式,如变换体裁、变换人称、变换结构等,这是复述的最高层次,可以说它是口头作文的扩写或改写。

四、相声表演

相声是广大人民群众喜闻乐见的一种文艺形式,它以幽默、通俗的语言风格,将一些抽象、深奥的道理,形象直观地表达出来,使人们在开怀大笑中得到启迪,寓庄于谐,寓教于笑,具有独特的艺术魅力。学习相声表演可以提升驾驭语言材料的基本能力,通过幽默风趣的语言吸引听众,引起共鸣,产生艺术效果。学习相声表演,还能锻炼出良好的心理素质。

任何一段相声,都有一个故事,或者叙述一个事件、阐明一种观点。故事或事件中又涉及各种人物和问题,这些人物和问题都需要演员去表现。这就需要演员有一人表演多种角色的本领。要"说"故事情节,"学"人物特点,"演"角色的神态。时而"男",时而"女",时而"老",时而"小",一个人演千军万马、一个人连音乐带舞蹈。所以需要表演者有多方面的知识,掌握各种表演技巧。

一般来说,相声艺术的技巧主要有"说、学、逗、唱"。说:主要指的是嘴皮子功夫。相声演员一定要有比较好的"说功"。要嘴皮子利索,字眼儿清楚,不塌音,不倒字,要说一口流利的普通话,掌握好尖、团字,咬字真切,要有喷口,要真正做到字斟句酌。同时,相声演员的语言要口语化,不能用舞台腔,也不同于平常两人对话、谈天。相声有相声的语言,有相声的调子,要脆快、洪亮、甜润,使人听着亲切。说,是相声演员的基本功。不论是一头沉、倒口、贯口,都要用语言来表达。因此,相声演员一定要练好说这一功。比如,相声演员都会说绕口令,学相声练基本功,绕口令是重要的一项。相声段子里,常会有绕嘴的字眼儿,你若嘴里没功夫,舌头拌蒜,那就说不了,还容易出笑话。比如说"慈池寺里有四十四棵大柿子树,青柿子肉厚又涩。"这几句话,若嘴不利索就说不上来,需要练几天才能说清楚,说连贯。练口才功夫,不妨找一些绕嘴的绕口令,这对练就伶牙俐嘴很有帮助。

学:包括学各地方言、各种声音、各样动作,也包括学唱。我们的国家幅员辽阔,各地有各地的方言。当一个段子里出现了某一个人物时,用当地的方言,表演就十分逼真。一个段子中,除了各种人物外,还会遇到各种动物、各种物体,在故事情节中还要有各种声响。相声中又没有道具、布景、效果,这些问题又是表达主题和讲述故事内容不可缺少的。那就要靠相声演员学习掌握口技,用它来帮助丰富情节。我们常遇到的有汽车、火车、轮船、摩托的声音,猪、狗、牛、羊、鸡、鸭、猫以及各种鸟的鸣叫,刮风、下雨、打雷、电铃、电话、马达、劈柴、走路、打人、枪声、大炮、拉锯、倒水、哭声、笑声以及各种乐器的声音等。学习模仿各种声音,也是相声演员不可缺少的技巧。还有就是模拟人物,除了要掌握人物的语言特点外，还要模拟人物的表情、神态、动作，使人物形象栩栩如生。在模拟人物时，还要分清男女老少，像大姑娘、小伙子、老头、老太太、成人、小孩；分清人物身份，如工人、农民、知识分子等。相声演员能表演各种人物，还能模拟各种动作，像走路、手势，其他像骑马、骑车、坐船、坐轿、古典戏曲动作、各种舞蹈动作等。如段子需要，还能学各种动物的动作，各种物体的姿态、样式。

逗：是指相声演员组织和运用"包袱"的技巧。"包袱"是相声取得艺术效果和表达思想内容的手段，由语言、事件、情节的不协调而产生。构成"包袱"的手法又是多种多样的。这就要求演员熟悉各种类型"包袱"的特点，掌握不同"包袱"的构成规律，从而取得良好的艺术效果。

唱：唱也是相声艺术的一大特点，主要是唱太平歌词与戏曲小调。唱太平歌词视为相声演员的本门唱，相声艺人通过唱太平歌词与戏曲小调练习演唱技巧。至于流行歌曲、京剧、评戏、梆子等因为有专业的戏曲人表演，现大都归入"学"的行列。

相声的幽默风趣，是在认真严肃的表演中产生的。要求表演者具有多方面的修养、丰富的生活和较深的艺术造诣。不仅要求对作品吃得透，拿得准，而且要有很高的口语表达技巧。声调的轻重高低，语气的运用，都要恰到好处。手势的运用，位置的变化以及眼神、面部表情的变化都要准确生动。捧逗之间的配合也很重要。何时"搭桥儿"，何时"垫砖"，怎样"递肩膀儿"，都要分寸适宜。迟、急、顿、挫的运用更要火候得当。相声艺术的语言和丰富的表现功能，在口语训练方面有显著特点和优越性。相声表演讲究字正腔圆，讲究风趣幽默，讲究表演生动，这对练口才练心态很有帮助。拿到一个相声的脚本，一定要熟悉台词，一定要读得顺溜，不能吃"螺蛳"，要做到不错字、不添字、不掉字、不破句、不重复，正确流利地将脚本内容表达清楚。相声表演在吐字上有着严格要求，它要求发音吐字时，一定要紧咬一个字，说准每一个字，要求表演者能够连贯地说一大段结构形式相似、节奏相似的话语，而且要字字清晰，不能出现断档和重复。做到"快而不乱，慢而不断"。

相声表演训练时以下几点需要特别注意。

（1）通俗易懂。对相声表演来说，通俗易懂是首要的。不论是对口相声还是单口相声，都采取聊天、话家常的表现形式。因此相声表演必须口语化，才会有亲切感和幽默感。相声语言口语化的特色，单口相声表现得特别突出。通俗易懂归根结底还是语言问题。句子简洁干净，绝少拖泥带水的附加成分，充分反映了相声语言口语化的特色。

（2）生动明快。语言生动的精髓在于形象化，不能抽象笼统。无论刻画人物还是表现事物，要善于精心选择富于形象的细节，并通过确切的语言表现出来。语言的生动与细节的精巧密切相关。语言明快，就是痛快淋漓，常常运用高度夸张的手法。但夸张要扣紧人物性格，给人以明快犀利之感。

（3）朴实含蓄。相声表演追求言外之意，弦外之音，于平淡中显神奇。皮厚的"包袱"内涵较为深邃，表现形式又较为曲折，曲径通幽，渐入佳境，讲究余音与回味。

（4）灵活多样。相声语言灵活多样有着多方面的表现，诸如同音谐音、同义近义、语义对立、一词多义等汉语语言现象的运用，对方言、土语、外国话的运用以及对其他曲艺形式和文学形式语言的运用等。抓哏取笑这种艺术手法很有典型意义，对丰富表演技巧与锻炼良好心态很有好处。

五、小品表演

小品，一般指短小的表演动作作品，种类有很多，如舞台小品、影视小品、表演小品等。有的小品专为观众欣赏而编排,如电视晚会上的小品;有的小品则为训练演员、提高演技、帮助把握人物的表演,如电影学院、表演学院的教学小品等。由于目的不同,小品的具体组织、表演也各不相同。我们这里介绍的小品表演,主要是为了培养表演者良好的心理素质和身临其境的临场表演能力。

小品表演突出人物塑造,要塑造出性格饱满、个性色彩浓郁的小品人物需要通过大量实践学习才能达到。你可以选择短小精悍的表演作品入手,从较简单、相对较自由的表演练习开始,学习表演的基本技巧基础,能够当众完成人物的行为,达到解放天性、恢复本能的目的。

表演者不用给自己提出过高的要求,也不要一开始就选择难度较大的小品去演,应该脚踏实地、循序渐进地往前走。演员的四大素质是:信念、理解力、想象力、激情,这之中信念又是首中之首,每一个初学表演者都应通过表演小品建立起自己强大的信念,敢于当众大胆的表演,完成人物的行动,以至于敢于展现自己的激情,这是表演者应明确的小品表演练习阶段要达到的首要目标,即解放自身的天性。锻炼口才实际上就是练胆量,多数人怕上台,心理素质十分脆弱,这就需要通过大胆表演积累成功的经验与体会。

要表演好一个小品,需要选择一个好的小品剧本。这跟演大的影视是一样的道理,表演者要努力培养自己的艺术感觉,要有对自己的正确的认识,能够对小品进行加工提炼,鉴别出好的小品以及自己的水平能力所能胜任的小品。在这一阶段你可以选择组织自己的小品并邀请其他同学与自己一起演,表演者可以多选择自己平时较熟的合作者,毕竟表演是众人配合的艺术,彼此之间较熟悉的一拨人合作由于互相比较了解,不容易紧张,配合也比较有默契,容易获得成功。另外接到别人的邀请应该仔细考虑自己的情况,分析对方的小品本子,看本子好不好,自己能否胜任,是否感兴趣,自己的时间是否允许等,表演者不可贪多,应该选择好本子、选择自己感兴趣的本子,然后去深入钻研、排练。另外接了别人的本子后,就应该与大家真诚合作,在排练过程中要勇于提出自己的想法跟大家讨论。表演者只有学会跟大家很好的配合才能演好小品,找到几个好搭档是很有益处的。

小品表演训练时以下几点需要特别注意。

(1) 探索克服自己紧张心理、恢复本能的方法。紧张、不自信是初学者的头号大敌。表演者在表演中应该努力找到克服自己紧张心理、恢复本能并建立起信念感的方法,这可以通过各种途径,如用"恢复童心"做引路,在小品表演中减少自我批判、增强游戏感,再如练习注意力的集中、练习摆脱杂念、组织一系列行动、利用热身法等,方法就是要在实践中去不断摸索,不同的人需要不同的方法去实现。克服紧张害羞,是表演小品最重要的前提。只有解放了自身的素质才能去演活生生的人。在你特别紧张时,必须努力强制自己将注意力放在对规定情境的感受上,对对手的感受上。

(2) 学会如何组织行动。表演是行动的艺术,学习表演就是要学习如何组织行动。表演者在小品阶段要起码学会组织简单的行动,行动来自对规定情境的细致分析,来自对自己所扮演的角色性格的分析。严格按照行动的三要素——做什么、为什么做、怎么做去组织行动,以角色的思维、逻辑对规定情境进行充分感受之后去行动,对规定情境缺乏足够的理解、没能按行动的三要素去详细分析就会出现错误的组织行动,让人不相信,这是初学者易犯的毛病。另外表演初学者还常会犯表演结果、表演情绪的错误,如还没看到远方来的朋友就已经打起了招呼,好多演员"未卜先知",就是因为没能按照行动的链条去行动,表演的重点是展现过程,在感觉—判断—行动这个链条中,初学者往往抛弃了感觉和判断,只奔结果,要有意识地锻炼自己按照行动的链条去行动,真听真看真感觉到,在头脑里进行思索判断后,由意志交给肌体去执行动作,可以适当地拉长行动的链条进行训练。

(3) 注意力集中在对手身上。小品表演经常是两个人或两个以上的人在搭戏,表演者不能一直想自己的调度和台词,好多初学者易犯不跟对手交流的毛病,只是一味自己演自己的,以至于有时对手临时台词说错了或调度错了,有的演员仍然按以前的去行动,招来观众的哄堂大笑和不理解,还有的演员就呆立在舞台上手足无措。表演者应该牢记自己的戏在对手身上,任何时候都要按照对手的戏去行动,那些比如生气故意不理对方自己一味行动的戏其实也是给对手的反应。表演时,应时刻把注意力集中在对手身上,这才是真正的表演,这样也可以使表演者不费力气就背下台词和调度,搭档之间才能真正搭上戏,实现交流。对手由于某些原因临时改戏是初学者经常会遇到的情况,要灵活去应对,让观众看不出痕迹,甚至比以前效果更好,这才是好的表演。

(4) 多练习、多上台。纸上得来终觉浅,绝知此事要躬行。小品表演是实践的艺术,好多没有上过专门艺术院校的人也能成为优秀的小品演员固然有天赋的原因,但一定与大量的实践分不开。每一个人只有通过大量的小品表演练习和表演体验,才能学会表演好小品。

六、话剧表演与影视台词道白表演

话剧是一种以对话为主的戏剧形式。它虽然可以使用少量音乐、歌唱等,但主要叙述手段为演员在台上无伴奏的对白或独白。话剧也是一门综合性艺术,剧作、导演、表演、舞美、灯光、评论缺一不可。学习话剧表演,不仅可以领略社会生活的真善美,丰富审美感受,也是锻炼嘴巴功夫、提升口语表达能力的重要途径。归结起来,话剧艺术具有如下几个基本特点。

第一,舞台性。古今中外的话剧演出都是借助于舞台完成的,舞台有各种样式,目的有二:一利于演员表演剧情,二利于观众从各个角度欣赏。

第二,直观性。话剧首先是以演员的姿态、动作、对话、独白等表演,直接作用于观众的视觉和听觉;并用化妆、服饰等手段进行人物造型,使观众能直接观赏到剧中人物形象的外貌特征。

第三,综合性。话剧是一种综合性的艺术,其特点是与在舞台塑造具体艺术形象、向观众直接展现社会生活情景的需要相适应的。

第四,对话性。话剧区别于其他剧种的特点是通过大量的舞台对话展现剧情、塑造人物和表达主题。其中有人物独白,有观众对话,在特定的时、空内完成戏剧内容。

话剧表演训练时以下几点需要特别注意。

(1) 说好台词,充分展现声音台词的表现力。台词是剧作家刻画人物的基本手段,也是演员塑造人物形象的重要依据。演员对角色台词的处理,就是要把剧作家写在纸上的死的文字,通过演员自己在声音色彩、气息运用、语调语势、速度节奏的处理,变成舞台上活的、富有性格化的语言。声音台词是话剧语言魅力的体现,需要很扎实的基本功。比如:声音洪亮。声音太轻别说表现力,连听都听不见。有些人因为在舞台上拉不下面子,不敢放开声音。可以用行为主义疗法,说同一段话,让声音不断放大,然后在不同地方都渐进做这样的练习,会在短期内收到较好的效果。又如口齿清晰。要说清楚第一个字,说好每一个句子。不一定要大珠小珠落玉盘,至少要让别人听清楚你说的是什么。这两点是非常基本的要求。

(2) 不要一个语音语调,要注意语音语调的丰富变化。从单个句子到具体人物性格刻画,都和语音语调有关系。演员要表达人物的情感,塑造人物形象,关键就在于把握好语音语调。语音语调包含声音的各种变化,它的变化有声音的高低、快慢和强弱等。有人会想,我说这句话要符合人物形象。事实上,人物的形象不是一个概念。而是靠每一个字、每一句话组合而成的。练习时,首先要善于表现单句。诸如说几十遍"我爱你"的练习。在不同的情形下,可以说出不同的语气、语音、语调。可以练习一些经典的词汇,如"哦"、"啊"这种词汇可以练上十遍百遍,感受一下语音语调的变化。有意识地练一下句读与节奏。体会一下哪里重音,哪里停顿,哪里一泻千里,哪里一字一顿。现在有的人在表演时只用一个语音语调来表现角色,特别是面对一些并不太好的剧本,更容易出现这种情况。角色是一个活着的人,在不同人面前,不同的时间,会有不同的感情,会有不同的形象,那就需要用不同的语音语调来表现。一个角色在整整一两个小时里面都采用一种语音语调,这样的角色一定是失败的,一定会让观众感到疲劳。所以在学习话剧表演时,一定要把角色丰富起来,要让角色的每句话都有生命力。可以随便找一段散文或者小说,学会让这段话的每一句都用不同的语音语调。

(3)认真揣摩研究剧本,演好角色,提高舞台语言的表现力。剧本乃一剧之本,认真揣摩研究剧本,对上台表演有很大帮助。演员要扮演不同年龄阶段和不同经历的人物,要把人物形象塑造完美,就要学习音色。音色是声音的特色,每个人由于发音器官的生理条件不同而具有独特的音色。"闻其声如见其人"说的就是音色。音色也是表演者传递剧情、塑造人物的重要因素。练习表演,不只是单纯的背台词、找表情,一个剧本里的角色形态各异,只有吃透了剧本,才能了解角色,把角色演活了,这样才能更好的进入剧情,推动故事情节的发展。否则,将会给人生硬的感觉,不仅影响个人还会使整个话剧的质量下降,减色不少。

(4)表演话剧是一个合作性很强的工作,练习时要注意集体的团结。一个剧本蕴含的是一个集体的力量,每个角色都不是孤立的。因此,在排练的时候,不能只顾自己埋头背台词,还要多和大家商量,多讨论对剧本的理解,这样有助于提高自己的演技,同时也帮了别人,更提高了话剧的质量。

影视表演是由话剧表演脱胎演变而来,其中对白的演练对锻炼口才也是很有帮助的。总之,无论是传统戏曲中的道白也好,话剧中的台词也好,或者说影视作品中的对白也好,语言作为表演的基本手段,其作用是相当重要的,其难度也是相当高的。过去有"千斤白,四两唱"之说,在古代"念、唱、做、打'四个功法中,念功被认为最难掌握。学习这些语言训练项目,可以让你学会正确的表情达意,掌握语言交际的一些特殊技巧,让你的语言丰富起来,生动起来。

项目练习　一分钟口才才艺分级过关训练

第一步:一分钟口才才艺规定项目过关训练

以小组为单位,集体上台表演诗朗诵《面朝大海,春暖花开》第一小节。

面朝大海,春暖花开(节选)

海子

从明天起,做一个幸福的人

喂马、劈柴,周游世界

从明天起,关心粮食和蔬菜

我有一所房子,面朝大海,春暖花开

要求脱稿，不打一个嗝顿、连贯流畅地朗诵。有表情、手势、姿态等辅助性的态势语言。小组集体上台，面向观众排成一排，要有上场表演的亮相姿态与表情，依次按照项目要求朗诵。讲完一个下场一个，讲错了或者有重复打嗝顿的、没有手势表情的，排到队尾重新讲，直到讲到符合要求为止。

第二步：一分钟口才才艺自选项目展示演练

（1）该活动项目采取才艺表演比赛的形式，小组各成员可在学习案例中、或者根据自己特长爱好与兴趣，任意选取一种口才才艺形式，比如选择朗诵一首诗歌、讲述一个故事、表演一个小品、说一段相声，或表演一段顺口溜、说一段快板、做一段影视剧配音……要求能把握所表演艺术作品的思想感情，能充分展示一分钟口语表达方面的才艺特长。要求具有才艺展示的临场演出效果，声音宏亮，感情饱满，绘声绘色，能正确处理好语音、语调、语速的对比变化，能充分展示语言艺术的动人魅力。要求表演时间为一分钟，同一小组成员展示的才艺项目不能重复。两人或两人以上表演才艺项目，可按人数计算表演时间，大体上每人表演一分钟。

（2）自选才艺展示比赛，各小组成员交叉按附表中的评分标准评分。各小组表现优秀的选手可以给予一定的加分奖励，并代表小组发表获奖感悟，评议小组项目演练中的成绩与不足。

（3）各小组选派评委代表点评：归结两轮一分钟口才才艺过演练情况。

归纳小结成功经验：勇气很重要。大胆勇敢才能放松情绪，才能平静心情、全神贯注地进入情景，自信自如地完成表演任务。

主要困难包括三个方面：①放不开，拘谨紧张；②小动作多，态势语言不规范；③对表演作品的理解不到位。

解决方法：①设置压力环境，反复实战演练，锻炼竞争环境下的平和心态；②反复揣摩研究艺术作品，充分理解表演作品的主题与内涵；③加强态势语言训练，先行设计语调节奏，设计动作表情等态势语言，反复训练，达到烂熟于心，心领神会。

案例学习　口才才艺的表演技巧

一、大声朗读

例文一

假如给我三天光明（节选）

[美] 海伦·凯勒

我们谁都知道自己难免一死。但是这一天的到来，似乎遥遥无期。当然人们要是健康无恙，谁又会想到它，谁又会整日惦记着它。于是便饱食终日，无所事事。

有时我想，要是人们把活着的每一天都看作是生命的最后一天该有多好呀！这就能更显出生命的价值。如果认为岁月还相当漫长，我们的每一天就不会过得那样有意义，有朝气，我们对生活就不会总是充满热情。

我们对待生命如此怠倦，在对待自己的各种天赋及使用自己的器官上又何尝不是如此？只有那些瞎了的人才更加珍惜光明。那些成年后失明、失聪的人更是如此。然而，那些耳聪目明的正常人却从不好好地利用他们的这些天赋。人们视而不见，充耳不闻，无任何鉴赏之心。事情往往就是这样，一旦失去了的东西，人们才会留恋它，人得了病才会想到健康的幸福。

我有过这样的想法，如果让每一个人在他成年后的某个阶段瞎上几天、聋上几天该有多好，黑暗将使他们更加珍惜光明，寂寞将教会他们真正领略喧哗的欢乐。

最近一位朋友来看我，他刚从林中散步回来。我问他看到些什么，他说没什么特别的东西。要不是我早就习惯了这样的回答，我真会大吃一惊，我终于领会到了这样一个道理，明眼人往往熟视无睹。

我多么渴望看看这世界上的一切，如果说我凭我的触觉能得到如此大的乐趣，那么能让我亲眼目睹一下该有多好。奇怪的是明眼人对这一切却如此淡漠！那点缀世界的五彩缤纷和千姿百态在他们看来是那么的平庸。也许人就是这样，有了的东西不知道欣赏，没有的东西又一味地追求。在明眼人的世上，视力这种天赋不过增添一点方便罢了，并没有赋予他们的生活更多的意义。

假如我是一位大学校长，我要设一门必修课程，"如何使用你的眼睛"。教授应该让他的学生知道，看清他们面前一闪而过的东西会给他们的生活带来多大的乐趣，从而唤醒人们那麻木、呆滞的心灵。

请你思考一下这个问题：假如你只有三天的光明，你将如何使用你的眼睛？想到三天以后，太阳再也不会在你的眼前升起，你又将如何度过那宝贵的三日？你又会让你的眼睛停留在何处？

——节选自［美］海伦.凯勒.假如给我三天光明.孙笑语译.北京：中国画报出版社，2011

例文二

白杨礼赞（节选）

茅盾

那是力争上游的一种树，笔直的干，笔直的枝。它的干呢，通常是丈把高，像是加以人工似的，一丈以内，绝无旁枝；它所有的丫枝呢，一律向上，而且紧紧靠拢，也像是加以人工似的，成为一束，绝无横斜逸出；它的宽大的叶子也是片片向上，几乎没有斜生的，更不用说倒垂了；它的皮，光滑而有银色的晕圈，微微泛出淡青色。这是虽在北方的风雪的压迫下却保持着倔强挺立的一种树！哪怕只有碗来粗细罢，它却努力向上发展，高到丈许，二丈，参天耸立，不折不挠，对抗着西北风。

这就是白杨树，西北极普通的一种树，然而绝不是平凡的树！

它没有婆娑的姿态，没有屈曲盘旋的虬枝，也许你要说它不美丽，——如果美是专指"婆娑"或"横斜逸出"之类而言，那么白杨树算不得树中的好女子；但是它却是伟岸，正直，朴质，严肃，也不缺乏温和，更不用提它的坚强不屈与挺拔，它是树中的伟丈夫！当你在积雪初融的高原上走过，看见平坦的大地上傲然挺立这么一株或一排白杨树，难道你觉得树只是树，难道你就不想到它的朴质，严肃，坚强不屈，至少也象征了北方的农民；难道你竟一点也不联想到，在敌后的广大土地上，到处有坚强不屈，就像这白杨树一样傲然挺立地守卫他们家乡的哨兵！难道你又不更远一点想到这样枝枝叶叶靠紧团结，力求上进的白杨树，宛然象征了今天在华北平原纵横决荡用血写出新中国历史的那种精神和意志。

——节选自（苏教版）初中语文教材八年级下册．南京：江苏教育出版社，2004．

二、快速朗读

 例文

明湖居听书（节选）

刘鹗

　　正在热闹哄哄的时节，只见那后台里，又出来了一位姑娘，年纪约十八九岁，装束与前一个毫无分别，瓜子脸儿，白净面皮，相貌不过中人以上之姿，只觉得秀而不媚，清而不寒，半低着头出来，立在半桌后面，把梨花简了当了几声，煞是奇怪：只是两片顽铁，到她手里，便有了五音十二律似的。又将鼓槌子轻轻地点了两下，方抬起头来，向台下一盼。那双眼睛，如秋水，如寒星，如宝珠，如白水银里头养着两丸黑水银，左右一顾一看，连那坐在远远墙角子里的人，都觉得王小玉看见我了；那坐得近的，更不必说。就这一眼，满园子里便鸦雀无声，比皇帝出来还要静悄得多呢，连一根针跌在地下都听得见响！

　　王小玉便启朱唇，发皓齿，唱了几句书儿。声音初不甚大，只觉入耳有说不出来的妙境：五脏六腑里，像熨斗熨过，无一处不伏贴；三万六千个毛孔，像吃了人参果，无一个毛孔不畅快。唱了十数句之后，渐渐的越唱越高，忽然拔了一个尖儿，像一线钢丝抛入天际，不禁暗暗叫绝。哪知她于那极高的地方，尚能回环转折。几啭之后，又高一层，接连有三四叠，节节高起。恍如由傲来峰西面攀登泰山的景象：初看傲来峰削壁千仞，以为上与天通；及至翻到傲来峰顶，才见扇子崖更在傲来峰上；及至翻到扇子崖，又见南天门更在扇子崖上。愈翻愈险，愈险愈奇。那王小玉唱到极高的三四叠后，陡然一落，又极力骋其千回百折的精神，如一条飞蛇在黄山三十六峰半中腰里盘旋穿插。顷刻之间，周匝数遍。从此以后，愈唱愈低，愈低愈细，那声音渐渐地就听不见了。满园子的人都屏气凝神，不敢少动。约有两三分钟之久，仿佛有一点声音从地底下发出。这一出之后，忽又扬起，像放那东洋烟火，一个弹子上天，随化作千百道五色火光，纵横散乱。这一声飞起，即有无限声音俱来并发。那弹弦子的亦全用轮指，忽大忽小，同她那声音相和相合，有如花坞春晓，好鸟乱鸣。耳朵忙不过来，不晓得听那一声的为是。正在撩乱之际，忽听霍然一声，人弦俱寂。这时台下叫好之声，轰然雷动。

——节选自（苏教版）中职语文教材第二册

三、绕口令练习

六十六头牛

六十六岁的陆老头,盖了六十六间楼,买了六十六篓油,养了六十六头牛,栽了六十六棵垂杨柳。六十六篓油,堆在六十六间楼。六十六头牛,拴在六十六棵垂杨柳。忽然一阵狂风起,吹倒了六十六间楼,翻倒了六十六篓油,折断了六十六棵垂杨柳,砸死了六十六头牛,急煞了六十六岁的陆老头。

——节选自百度百科.民间语言游戏：绕口令

说日

夏日无日日亦热,冬日有日日亦寒,春日日出天渐暖,晒衣晒被晒褥单,秋日天高复云淡,遥看红日迫西山。

——节选自百度百科.民间语言游戏：绕口令

小猪

小猪扛锄头,吭哧吭哧走。小鸟唱枝头,小猪扭头瞅,锄头撞石头,石头砸猪头,小猪怨锄头,锄头怨猪头。

——节选自百度百科.民间语言游戏：绕口令

小牛赔油

小牛放学去打球,踢倒老刘一瓶油,小牛回家取来油,向老刘道歉又赔油,老刘不要小牛还油,小牛硬要把油还给老刘,老刘夸小牛,小牛直摇头,你猜老刘让小牛还油,还是不让小牛还油。

——节选自百度百科.民间语言游戏：绕口令

四、有表情地朗诵

 例文一

海燕

[苏] 高尔基

在苍茫的大海上,狂风卷集着乌云。在乌云和大海之间,海燕像黑色的闪电,在高傲地飞翔。

一会儿翅膀碰着波浪,一会儿箭一般地直冲向乌云,它叫喊着,就在这鸟儿勇敢的叫喊声里,乌云听出了欢乐。

在这叫喊声里充满着对暴风雨的渴望!在这叫喊声里,乌云听出了愤怒的力量,热情的火焰和胜利的信心。

海鸥在暴风雨来临之前呻吟着,呻吟着,它们在大海上飞窜,想把自己对暴风雨的恐惧,掩藏到大海深处。

海鸭也在呻吟着,它们这些海鸭啊,享受不了生活的战斗的欢乐:轰隆隆的雷声就把它们吓坏了。

蠢笨的企鹅,胆怯地把肥胖的身体躲藏在悬崖底下……只有那高傲的海燕,勇敢地,自由自在地,在泛起白沫的大海上飞翔!

乌云越来越暗,越来越低,向海面直压下来,而波浪一边唱歌,一边冲向高空,去迎接那雷声。

雷声轰响。波浪在愤怒的飞沫中呼叫,跟狂风争鸣。看吧,狂风紧紧抱起一层层巨浪,恶狠狠地将它们甩到悬崖上,把这些大块的翡翠摔成尘雾和碎末。

看吧,它飞舞着,像个精灵,高傲的、黑色的暴风雨的精灵,它在大笑,它又在号叫……它笑那些乌云,它因为欢乐而号叫!

这个敏感的精灵,它从雷声的震怒里,早就听出了困乏,它深信,乌云遮不住太阳,——是的,遮不住的!

狂风吼叫……雷声轰响……

一堆堆乌云,像青色的火焰,在无底的大海上燃烧。大海抓住闪电的箭光,把它们熄灭在自己的深渊里。这些闪电的影子,活像一条条火蛇,在大海里蜿蜒游动,一晃就消失了。

暴风雨!暴风雨就要来啦!

这是勇敢的海燕,在怒吼的大海上,在闪电中间,高傲地飞翔;这是胜利的预言家在叫喊:

让暴风雨来得更猛烈些吧!

——节选自(苏教版)初中语文教材八年级下册.南京:江苏教育出版社,2004.

例文二

面朝大海,春暖花开

海子

从明天起,做一个幸福的人
喂马、劈柴,周游世界
从明天起,关心粮食和蔬菜
我有一所房子,面朝大海,春暖花开

从明天起,和每一个亲人通信
告诉他们我的幸福
那幸福的闪电告诉我的
我将告诉每一个人

给每一条河每一座山
取一个温暖的名字

> 陌生人，我也为你祝福
> 愿你有一个灿烂的前程
> 愿你有情人终成眷属
> 愿你在尘世获得幸福
> 我只愿面朝大海，春暖花开
>
> ——节选自（人教版）高中语文教材第一册

五、绘声绘色地讲故事

三个犯人

有三个人要被关进监狱三年，监狱长给他们三个人一人一个要求。美国人爱抽雪茄，要了三箱雪茄。法国人最浪漫，要一个美丽女子相伴。而犹太人说，他要一部与外界沟通的电话。三年过后，第一个冲出来的是美国人，嘴里鼻孔里塞满了雪茄，大喊道："给我火，给我火！"原来他忘了要火了。接着出来的是法国人。只见他手里抱着一个小孩子，美丽女子手里牵着一个小孩子，肚子里怀着第三个。最后出来的是犹太人，他紧紧握着监狱长的手说："这三年来我每天与外界联系，我的生意不但没有停顿，反而增长了200%，为了表示感谢，我送你一辆劳斯莱斯！"

——节选自科教新报（教育科研），2010，（08）.

和尚与庙

去过庙的人都知道，一进庙门，首先是弥勒佛，笑脸迎客，而在他的北面，则是黑口黑脸的韦陀。但相传在很久以前，他们并不在同一个庙里，而是分别掌管不同的庙。

弥勒佛热情快乐，所以来的人非常多，但他什么都不在乎，丢三落四，没有好好地管理账务，所以依然入不敷出。而韦陀虽然管账是一把好手，但成天阴着脸，太过严肃，搞得人越来越少，最后香火断绝。佛祖在查香火的时候发现了这个问题，就将他们俩放在同一个庙里，由弥勒佛负责公关，笑迎八方来客，于是香火大旺。而韦陀铁面无私，锱铢必较，则让他负责财务，严格把关。在两人的分工合作下，庙里呈现出一派欣欣向荣景象。

——节选自百度百科.六十八个超级经典小故事

六、复述

（1）准确生动地复述《聪明的农夫》。
（2）以"一个孤苦的老人"为题，对杜甫的《登高》一诗进行扩展性复述。

例文一

聪明的农夫

从前，有个皇帝，他向全国宣布说："如果有人能说一件十分荒唐的事，使我说出这是谎话，就把我的江山分给他一半。"

不久,来了一个官员,对皇帝说:"万岁,我有一把剑,只要向天空一指,天上的星星就会落下来。"皇帝听了说:"这不稀奇,我祖父有个烟斗,一头衔在嘴里,一头能和太阳对火。"官员听了,搔搔头皮,走了。

过了几天,又来了一个地主,他对皇帝说:"万岁,请你原谅我,我本想早一点来,但因昨天下了雨,闪电把天撕破了。"皇帝说:"我急忙叫了一个裁缝补,补得不牢,今天早晨又下了小雨。"地主什么也没得到,便走了。

最后来了一个农民,挟着一个斗。皇帝奇怪地问道:"你拿斗来干什么?"农民说:"万岁欠我一斗金子,我是来要金子的。"皇帝吃惊地说:"一斗金子?我什么时候欠的?这是撒谎。"农民说:"既然是谎话,那就给我一半江山吧!"皇帝急忙改口说:"不,不,这是真话。"农民又说:"如果是真话,那就还我一斗金子吧!"

——节选自百度文库.读者十年精华之九

例文二

登高

杜甫

风急天高猿啸哀,渚清沙白鸟飞回
无边落木萧萧下,不尽长江滚滚来
万里悲秋长作客,百年多病独登台
艰难苦恨繁霜鬓,潦倒新停浊酒杯。

——节选自国家教委八五规划中职教材语文第四册.北京:高等教育出版社,1994.

七、相声表演

例文

讲礼貌

马:这个,现在提倡呀讲礼貌。
唐:讲礼貌反映了一个人的修养,反映了一个民族的文明。
马:对人呢要用尊称。
唐:嗯。
马:说话呢要讲文明。
唐:这样才和咱们这个文明国家相称。
马:比如说我见着您了。
唐:你见着我了。
马:我得跟您这么说话。
唐:怎么说呀?
马:哎,同志劳驾,我跟您打听点事。

唐：你瞧这多客气呀。有什么事，你就说吧。
马：我跟您问一个人。
唐：你要问谁呀？
马：我问的这个同志呀。
唐：嗯。
马：长的是高大魁梧、浓眉大眼。
唐：哦。
马：听说他是一位相声演员。
唐：哦，你说的这个人叫什么名字呀？
马：他叫唐杰忠同志。在您这单位吗？
唐：哦，在在在。
马：啊！
唐：在在在。
马：您给我请出来，我跟他见见面。谢谢您呀。
唐：别谢了，我就是。
马：哎呦，您就是唐杰忠同志。
唐：哎。
马：哎呦，太抱歉了。
唐：嗯？
马：这么半天没看出来你。对不起呀！
唐：这有什么呀。
马：你听这话你心里？
唐：我听着舒服呀。这多谦虚多客气呀。
马：你看看，抱歉、对不起、谢谢、您、请。
唐：客气话。
马：这不是客气话。
唐：嗯？
马：这表示了对对方的尊重。
唐：哦。
马：自己的谦虚、自己的讲礼貌。
唐：是呀。
马：哎，都得这样说话。
唐：哦哦。
马：你要换一种方法，没有这些客气话。你听这你心里不是滋味。
唐：那怎么说呢？
马：就这么说呀。
唐：嗯。
马：嘿！我说。
唐：这叫什么称呼呀。
马：我跟你打听个人。

唐：你要问谁呀？

马：这个人呀。

唐：嗯。

马：长的比武大郎高一点，脑袋跟茶盘子是的，听说是个说相声的。叫什么名字，大伙叫唐稀松呀。

唐：嗨，你干吗叫外号呀。

马：啊？

唐：我就是，有什么事吗？

马：你就是！

唐：嗯。

马：别逗了。

唐：什么叫，别逗呀。我就是唐杰忠，有什么事吗？

马：有事呀，没事能找你来吗？

唐：有事你就说吧。

马：说呀，别说了，两头都不乐意。说什么呀？

唐：你干吗来了？

马：我说你，别瞪眼，别瞪眼。一瞪眼比鬼还难看。

唐：喝！

马：你看，这模样干吗呀，别，不至于这样。别介，行不行，干吗呀这样。你看看，回头你一生气你回头得病，一病回头哏屁着凉了，麻烦了吧，你不愿意告诉我，我找别人打听，别介，傻老爷们。

——节选自 618jyw.com 教育网

八、小品表演

不差钱

赵本山：到了。

毛毛：到了。

赵本山：这就是铁岭最贵的一家饭店。

赵本山：（这不）苏格兰……调情。

毛毛：爷，你念反了。那苏格兰情调。

赵本山：啊，情调哈，那就搁这吃。

毛毛：爷这家老贵了吧。

赵本山：贵～咱带钱了，带三（sán）万多呢，那（nèi）包呢？

毛毛：我没（mèi）拿包啊。

赵本山：装钱那包，黄包！

毛毛：完……完了，让（yàng）我落（là）炕上了。

赵本山：你说你这孩子还能办点事不？你说给你办事……落炕上了还，兜还（hài）有钱没？

毛毛：我……兜……还多（duó）钱呢还？才七十多块钱儿。

赵本山：我还有四百……行了……够了。

毛毛：那也不能够啊。

赵本山：哎呀够不够就这样吧。

赵本山：服务员！

小沈阳：对不起大爷，我们这是高档酒店，不收农副产品。

赵本山：不是，我们是吃饭的。

小沈阳：哎妈呀，吃饭的呀。

赵本山：不像啊？呵呵！

小沈阳：不太像。

赵本山：我说姑娘啊，这（zhèi）顿饭非常重要。

小沈阳：哎呀妈呀，你管谁（shéi）叫姑娘呢？人家是纯（chún）爷们儿。

赵本山：这咋还这么个打扮呢？这咋还……穿个裙子呢？

小沈阳：这是按我们苏格兰风格来包装的。再说也不是裙子啊，这不七分裤么？没看？这有腿儿的么呵？

小沈阳：妈呀，着急穿跑偏了。哎呀妈呀，我说走道咋没有裆儿呢。

赵本山：你把那条腿留明儿个穿。哈哈哈哈。哎呀小伙子我跟你说啊，今天我要请一位重要客人吃饭。

小沈阳：是吗？

赵本山：你一定要招待好噢。

小沈阳：噢那没问题。

赵本山：来来来，我问问你。这个……你们这个酒店。如果要急（jí）头掰脸吃一顿得多（duó）少钱？

小沈阳：这咋还吃急眼了呢？

赵本山：不是，我意思就是……最贵的都点上。

小沈阳：得（děi）一两万吧。

赵本山：一……一两万？（爷）啊……那啥……那个有没有那种情况：今儿个吃完了，明儿个来结账来？

小沈阳：打……打白条啊？

赵本山：不是……我这……不是打白条，不差钱，有钱！（掏出100给小沈阳）给。

小沈阳：啥意思啊？

赵本山：小费。

小沈阳：哎呀妈呀，大爷你真敞亮。你太帅了。嘿嘿。

赵本山：给一百快钱还帅了，这给一百快钱不白给噢。一会儿客人到了，你一定要给足我面子明白么？我到点菜的时候呢你得替我兜着点。

小沈阳：咋兜啊？

赵本山：既把面子又给了。但是呢……又不能……花的太狠。就是我要点贵菜……

小沈阳：我就说……没有呗？

赵本山：哎呀妈呀，你太厉害了！来来来……再拿点。再给你三十，来。

小沈阳：我给你兜明白儿的噢～

赵本山：好谢谢你噢。

小沈阳：你放心吧。

毛毛：爷，我有点儿饿了。

赵本山：饿了？来碗面条。

小沈阳：额，七十八一碗。

赵本山：啥面呢？这么贵啊？

小沈阳：苏格兰打卤面。

赵本山：那个是不是卤子贵啊？

小沈阳：卤不要钱。

赵本山：噢那你来碗卤子先尝尝咸淡。噢～去吧快去～快去快去～

小沈阳：妈呀没那（nèn）上过呀。

赵本山：那是我没来。我要来了你早就这么上了。去吧去吧快去。

小沈阳：妈呀这老爷子。我要说面条不要钱要面条了呢还。

赵本山：来，站起来。跟你说噢。一会星光大道那毕老师来了你一定要给我争点脸好不？这是人生最好的一次机会。知道吗？爷爷培养你都已经四十多年了。

毛毛：爷～我才多大啊？

赵本山：我还培养你爸三十多年呢！是不？你爸那是个半成品，我都给培养成文化站站长了。你一定要超过他，有决心没？

毛毛：有！

赵本山：表一下决心。

毛毛：我指定红湖水浪打浪，长江后浪推前浪！一浪更比一浪强，把我爹拍在沙滩上。

赵本山：有志向！

小沈阳：哎。来了。

赵本山：来，先把这卤子喝了。孩子饿了。

毛毛：哎呀，爷～有点咸了。

赵本山：没事。咸～那整碗水去（qiè）。

小沈阳：免费的水呗。是哈？

赵本山：就白开水就行。

小沈阳：行，那你等着，我给你整水去。

赵本山：这么抠呢。（哎呀天那）

小沈阳：哎……哎……停停停。你别动……哎呀！你不那谁嘛？

毕福剑：谁？

小沈阳：你是那个。懵住了噢。别（biè）吵吵别吵吵。朱军儿！不是朱军儿，不是。白岩松？不是。老毕！你是毕老师么？？

毕福剑：我姓毕。

小沈阳：哎呀我的妈呀！毕老师来啦～你咋出来了呢？哎呀我的妈呀，快来人那！快点儿哒～一会儿该跑了～

赵本山：嗨嗨嗨～

小沈阳：毕老师！～～～～

赵本山：干啥玩意儿？吵吵八火的。让狼撑了咋的这是？

小沈阳：毕老师！

赵本山：我知（zhí）道。这就是我……要请的客人。

小沈阳：哎呀我的妈呀，毕老师你跟我照个相呗～
赵本山：行行，先等一会噢。刚到是不？
毕福剑：刚到刚到。
赵本山：哎呀我的妈我在这等半天了。
毕福剑：噢，您好您好。请问您是？
赵本山：你找谁？
毕福剑：我找～莲花乡文化站站长赵铁柱。
赵本山：找对了，这就是赵铁柱的爹。我是……
毛毛：不是。赵铁柱是我爹。
赵本山：我是赵铁柱的爹。你不找爹么？不是～找着对了。
毕福剑：爹呀。不是，那个～我找您儿子。
赵本山：他在乡里等你呢。哎呀乡里布置老隆重了。乡长书记都在那排队等你呢。布一个大厅，完事弄一个大房间，给你弄一个大照片挂中间了，周围全是花啊。
毕福剑：老哥，那～那花都是什么颜色的？
赵本山：白的黄的都有啊。
毕福剑：噢。
赵本山：可漂亮了真的。老百姓啊都拿笔等着，给那都哭了……等你呢。
毕福剑：哭什么？
赵本山：不激动吗？你去了。来吧，进屋先吃饭。
毕福剑：噢～～～那不不不。那咱还去乡里吧。
赵本山：别（四声）的。乡里布置我……说是先搁铁岭吃一顿，完事再上那……你看吧。
毕福剑：我～在……在这吃饭？
赵本山：这铁岭最贵的。你来吧。
毕福剑：别别别别。
赵本山：没事。
毕福剑：我～我，大爷。我～不是。老哥……我在飞机上吃了。
赵本山：客随主便好不好？给你怎么安排你就听话。来来来来。
小沈阳：毕老师你跟我照个相呗，毕老师。我……照……
毕福剑：你是男服务员是吧。长得挺委婉的这……是哇？
赵本山：我跟你说，我刚开始来都误会了你说哪有这打扮的？哎呀妈呀。快坐下，刚到是吧？
毕福剑：刚到刚到。
赵本山：咱是老乡。
毕福剑：是么？
赵本山：你不大连人么？
毕福剑：对对，大连人啊！
赵本山：你住哪？
毕福剑：我住……大连老鳖湾。
赵本山：哎呀妈呀，有亲戚。
毕福剑：和您？

赵本山：孩子他姥爷也在老鳖湾，也姓毕。

毛毛：嗯。

毕福剑：哦噢你姥爷叫毕什么？

毛毛：毕门庭。

毕福剑：你姥爷打麻将肯定是高手，是不？

赵本山：怎的勒？

毕福剑：闭门听嘛。

赵本山：正好你叫闭门炮嘛。说那干啥。

毕福剑：我叫毕福剑。

赵本山：哎呀啊嘿～你看小崔似的，没准都有……实在……哎呀妈呀这一笑多（duó）像你姥爷临走那张照片。

毛毛：哎～爷……你快看快看，不笑更像。

毕福剑：我觉着躲不开了啊。

赵本山：孩子这一辈子……跟爷爷不行就跟姥爷亲。姥爷临走把她哭完了。快认姥爷。

毛毛：哎……姥爷好～

毕福剑：哎嗨……别别别别！！起起起起！大过年的，你要来这个我还得给你压岁钱呢。

赵本山：啊不用。不用不用不用，哎呀妈呀哎呀。这家伙，来。

小沈阳：毕老师，你跟我照个相呗～

赵本山：哎呀这还没吃饭呢。你先给那玩意揣起来。来，来点菜。快点。

小沈阳：照完再点呗～

赵本山：快点，点完再照。

小沈阳：跑了呢？

赵本山：谁跑啊？这都低调来的。你别跟这个那个说。他姥爷啊……这都实在亲戚，你就点吧。

毕福剑：不不不，咱随便吃点饭就可以了。您来您来。

赵本山：现在咱家都富了，农民生活跟过去不一样了。你就卯劲吃。你能吃……说是你吃能吃多钱呢？我点～

毕福剑：随便来点儿。

赵本山：澳洲鲍鱼四只。

小沈阳：对不起，没有。

毕福剑：别点那么贵的……你往下来。

赵本山：四斤的龙虾一只。

小沈阳：对不起，没那么大的。

赵本山：有～多大的？

小沈阳：有……有一斤多的儿啊。

赵本山：一斤多的……有……有么？？

小沈阳：有……还是……没有啊？

赵本山：这个……我跟你说哈……有没有……你……这是你开的店……你还不明白么？这不差钱。

小沈阳：啊……那没有。

赵本山：没有……

毕福剑：下面我看看……鱼~鱼翅就更不要点了。

赵本山：鱼刺有也别吃了，我吃鱼刺有一回就卡（qiǎ）住了嘛。后来用馒头噎用醋泡都不好使。到医院，让镊子拿出来了。不吃那玩意儿。

毕福剑：他也没有。

赵本山：不~你这酒店怎么要啥啥没有呢……干什么玩意儿这是？这~这人能容易来一趟么？你把你老板找来。

小沈阳：没有。

赵本山：不是……你就记住一个没有了是不？老板！

小沈阳：啊老板那。啊老板出去了。

赵本山：上哪儿去了？

小沈阳：我不道啊！不道。

赵本山：这啥玩意啊你说。这吃啥啊？啊~

毕福剑：来点家常便饭，民间的。

赵本山：民间的是不？来民间的吧。噢！你这样……孩子……来个小野鸡儿炖蘑菇。

小沈阳：没有。

赵本山：这个可以有。

小沈阳：这个……真没有。

赵本山：这样吧……那个……我给你带来了噢……咱有来丫蛋~把这拿来，哎呀多亏带了。

毕福剑：老哥。

赵本山：我是给你往北京带的。现在你拿不走了，咱就得搁这吃了。

毕福剑：野山鸡不能吃。

赵本山：这是家养的……都野蘑菇。把这炖了噢~搁高压锅噢…时间长点…来~好了，这有一个菜了噢。来~笨蛋~

小沈阳：说谁笨蛋呢？

赵本山：啊？不是，我说……再点个笨鸡蛋。

小沈阳：没有。

赵本山：来我有……来~来，你这样。

毕福剑：老哥。

赵本山：这个鸡蛋割大葱一炒。

毕福剑：你~你怎么下一趟饭店……你材料都自己备啊？

赵本山：不是……他没有啊问题是。这他没有。给他钱他都没处找去~这几个菜了？俩了……这样吧。给你们点机会。这毕老师来一回，你们饭店……表示不？

小沈阳：赠送一个呗？哎呀我的妈呀……大爷你咋这么抠捏？你说你一个没点，完了我们还得搭一个是吧？

赵本山：我说小伙子。你这样……咱们不是一个没点。我点完之后……鲍鱼龙虾你都没有。

小沈阳：那有没有你心还没数么？

赵本山：我有啥数，你不说没有么？

小沈阳：别说话了……一会儿万一要有咋整啊？

赵本山：不是。你到底有没有？这差钱还是咋的？

小沈阳：我知道大爷不差钱。我那意思毕老师好容易来一回，咱吃喝不能在乎钱大爷。你看我今年岁数小，但我总结了，人这一生其实可短暂了。有时一想跟睡觉是一样一样的：眼睛一闭一睁，一天过去了哈～眼睛一闭不睁，这辈子就过去了哈～

毕福剑：小伙子，精辟！

赵本山：精辟啥啊？他是屁精～

小沈阳：大爷我没别的意思。

赵本山：你啥意思？

小沈阳：我那意思吧就人不能把钱看得太重了，钱乃身外之物。人生最痛苦的事情你知道是什么吗？

赵本山：啥啊？

小沈阳：人死了，钱没花了。

赵本山：人这一生最最痛苦的事儿你知道什么吗？

小沈阳：啥呀？

赵本山：是人活着呢，钱没了。不差钱，放心吧噢，把这好好炖了。

小沈阳：哎好勒～

赵本山：这孩子你说是。

小沈阳：这一天……他也太抠了。

赵本山：来，他姥爷噢。这菜呢得做一会。你看看丫蛋来了。你……这孩子，从小啊就是一身的艺术细菌哪。

毕福剑：艺……艺术细胞。

赵本山：是。你给看看，能不能上你的大道？

毕福剑：啊……呵～呵，她……

赵本山：那……才艺了不得。

毕福剑：这……老哥我弄明白了。噢！你今天截我到这来，就是为了让您孙女上我们《星光大道》。

赵本山：可不是嘛。还有这么个关系。

毕福剑：噢～噢。那她都……会点什么？

赵本山：来吧。给姥爷表示表示。那什么……服务员！来拿麦克。你……卡拉OK那麦克你给我们拿来。站好了（转过去）。

毕福剑：那就这样吧。照我们的规矩来。

赵本山：来，你啥规矩？

毕福剑：自报家门。

赵本山：瞅前边就行了，别紧张。就搁哪来的……就说。

毛毛：我……我是来自大城市～铁岭～莲花～赤水沟子的。我……我名字叫丫蛋儿。今……今天我心情……非常的冲动。（激动）今……今夜阳光明媚。今夜多云转晴。

小沈阳：哎妈呀。报天气预报呢呵～

赵本山：你别跟着说噢。她说的心情。别着急来，继续。

毕福剑：让她继续。

毛毛：我心情……从多云……就转晴了。额～这……这是为什么捏？就是……我找着我姥爷了！我姥爷太好了，他能带～带我上那个……溜光大道去～

毕福剑：星……星光大道。

毛毛：上《星光大道》，我非常感谢我姥爷你能给我这次机会。我太感谢你了。如果你要真能把我领上道勒～我……我就感谢你八辈儿祖宗。（不是），我……我代表八辈儿祖宗都感谢你。忘不了你对我的大恩大德，我这辈子也不会忘记你，我做鬼都不会放过你滴。

毕福剑：那个……姥爷……不是不是，他爷。我怎么越听这话我越瘆（shèn）得慌。

赵本山：不是。这孩子……就是啥意思？就是想报复你。

毕福剑：报复？

赵本山：不是。报……报……报恩。报～报销嘛把你，不是。报答！

毕福剑：噢。

赵本山：知恩图报啊。出息了就不能忘了姥爷。唱吧。

毕福剑：能唱歌？

赵本山：哎呀哈。唱李谷一那个青藏高原。

毛毛：那个是李娜的。

赵本山：李娜的。爱谁谁的。你唱吧唱吧。

毛毛：是谁带来～～～远古的呼唤～是谁留下千年的期～盼～～

赵本山：中间不用唱了。最后那个……啊～～～～～那个！

毛毛：那就是青藏高～～～～～～～原～～～

毕福剑：年龄不大呀，嗓门真高啊～

赵本山：来来来。再涨一调！来～

毛毛：那

赵本山：那～那就是～

毛毛：不是……爷，卤子有点吃咸了。

毕福剑：好好好。

赵本山：那啥。还有呢……还有呢，那后边连哭带唱的那个。

毕福剑：等一下等一下。

毕福剑：老哥

赵本山：连哭带说。

毕福剑：我问一下，连哭带说是什么节目？

赵本山：就是后边拉，我……怎么回事，我家里怎么困难怎么不容易，就那段～

毕福剑：不不不，那叫获奖感言。星光大道那都是真人真事。你～你这还没上北京，没参加星光大道你～你就获奖感言你就？

赵本山：不是。你那～这关系。另外这条件不获奖能行么？他姥爷在这我还没底么？来来来。哭～哭，这孩子可厉害了。查仨数，马上就哭。一二三哭～

毛毛：哭？

赵本山：哭丫蛋呀这完蛋，搁家哭那么快呢。这完蛋。快，来～

毛毛：冷丁那也哭不出来啊。

赵本山：这不跟姥爷有感情嘛。来。看姥爷，看姥爷照片在这呢。

毛毛：嗯～哼哼哼～咳咳咳～～哼哼哼。呵呵呵～哎呀妈呀。

赵本山：哎呀这完蛋玩意儿！笑什么？到底儿哭是笑呢？

毛毛：太有意思了，哪照片啊这是？

毕福剑：不说不说了来。才艺很不错。唱的也很不错。

小沈阳：呀这还不错呢。哎呀妈呀，那这要能上的话……我也能上。

赵本山：你往哪上啊？你上菜去～
小沈阳：我上《星光大道》呗！
赵本山：你上啥大道啊？你上炕都费劲呢。上～上菜。
小沈阳：毕老师好容易来一回，让我展示一下我也会唱～
赵本山：哪有时间啊？听啊？知道么？这都艺术圈的事，你一个服务员唱啥唱啊？
小沈阳：你让我唱一个呗～
赵本山：不让你唱！
小沈阳：你不让我唱我就不给你上菜！
赵本山：你不给我上菜我找你老板去！
小沈阳：你找我老板去我把你交代给我那事我给你说出来！
赵本山：我交代你那事你要说的话……你要说……你要说他指定比唱的好。
毕福剑：小伙子你这样，你还是说……还是自报家门。
小沈阳：其实，毕老师，我的命运跟她是一样的，我也有一个姓毕的姥爷。
赵本山：你可拉倒吧！用不着，别套了。你该唱唱你的。
毕福剑：别打断别打断，来小伙子……你……会点儿什么呢？
小沈阳：嗯~~我会模仿秀。
毕福剑：嗯～模仿谁啊？
小沈阳：模仿刘欢老师。
毕福剑：刘欢老师～哪一出？
小沈阳：《我和你》
赵本山：你个人唱。这刚下飞机累这样，跟你唱？
毕福剑：不是他和我唱。
赵本山：跟我我更不跟他唱。
毕福剑：老哥跟你解释一下，这是一首歌的名儿，叫《我和你》～
小沈阳：嗯歌名，（来吧）那我给毕老师唱一个。嗯哼哼哼～～我和你～心连心～同住地球～哎呀妈呀我唱《神话》上了……好像……
赵本山：你拉倒吧！你这唱跑偏了，你裤子也穿跑偏了。你瞅你，你就跑偏的人。别唱了。快去上菜去～
小沈阳：哎我激动啦。
赵本山：你上菜去吧
小沈阳：我再我再重唱一个。毕老师我再重唱一个行不？
赵本山：唱啥啊？
小沈阳：我唱个刀郎的吧～
赵本山：拉倒吧。你唱个屎壳郎的吧。
毕福剑：老哥，刀郎他不是一个昆虫的名字，他是一个人名，叫刀郎～歌手的名字，刀郎。
小沈阳：刀郎的声音是沧桑的感觉。二零零二年的第一场雪，比以往时候来得更晚一些。
毕福剑：你的再来一个，你还会唱谁的？
小沈阳：我还会唱星光大道走出那个……阿宝。
毕福剑：阿宝的嗓门高啊。

小沈阳：啊，接下来我（ě）给毕老师唱个陕北民歌……《山丹丹开花红艳艳》。
小沈阳：山丹丹的那个开花哟～～～红个艳艳个鲜～毛主席呀哈领导咱们打～江～山。毛主席呀领导咱～～～安～～。起高了～
毕福剑：沉着点～
小沈阳：打～江～山～～
毕福剑：你……叫什么名字？
小沈阳：我的中文名字叫小沈阳。
毕福剑：你还有外国名字？
小沈阳：英文名字叫小～沈～阳～
毕福剑：他叫什么？
赵本山：没听明白吗，英文名字叫小损样～
毕福剑：小伙子你是哪儿人呢？
小沈阳：莲花乡的。
毕福剑：是莲花乡的？
小沈阳：对啊。
毕福剑：老哥～
赵本山：啊？
毕福剑：您儿子让我找的那个小沈阳就是他！
小沈阳：是我么？
毕福剑：（小伙子）你明天跟我一起去趟北京，上《星光大道》好么？
小沈阳：哎呀妈呀谢谢毕老师！～哎呀妈呀太激动了。
赵本山：哎哎哎～他姥爷！
毕福剑：啊？
赵本山：你说这孩子……你看你……这都实在亲戚～另外我那些东西都给你炖了问题是～你说这孩子～你就不给我面子也得给她姥爷面子。
毕福剑：好好好好。
赵本山：再不让她姥爷亲自跟你说说？
毕福剑：哎呀不不！我想知道她的……她有名么？
赵本山：她不是有名没名她就……你这样，我不是推荐她，她挺有名气的。你上搜狐网上，你看看新闻。点击率老高了！哇哇的，都二年多了。（丫蛋）叫丫蛋儿。
毕福剑：噢～噢噢，搜狐网上说的丫蛋儿就是她？
赵本山：就是她嘛。
毕福剑：哎呀太好了太好了。你这样吧。来你马上上菜。今天这顿饭我包了，我请客噢。丫蛋儿，你……你明天跟着大哥哥一起去北京，上《星光大道》，你们搞一个组合，就叫《不差钱》。
毛毛：啊？我……我也能去了？
毕福剑：可以啊。
毛毛：那谢谢姥爷！
小沈阳：谢谢姥爷！
赵本山：呵呵，这样吧。我跟你说毕老师，你们星光大道不是百姓舞台么？谁都可以参与吗？

毕福剑：没错没错。
赵本山：他俩都要了，把我也接收得了呗～
毕福剑：搜狐网上也有您的名字？
赵本山：你点一下试试呗～另外我有个重要秘密没跟你透露。
毕福剑：什么秘密？
赵本山：其实我姥爷也姓毕～

——选自 fanwen.zxxk.com 中学范文网

九、话剧表演

雷雨（节选）

周朴园　那么我给你一件东西看。
周朴园在桌上找电报，仆人递给他；此时周冲偷偷由左书房进，在旁谛听。
周朴园（给大海电报）这是昨天从矿上来的电报。
鲁大海（拿过去读）什么？他们又上工了。（放下电报）不会。
周朴园　矿上的工人已经在昨天早上复工，你当代表的反而不知道么？
鲁大海（怒）怎么矿上警察开枪打死三十个工人就白打了么？（笑起来）哼，这是假的。你们自己假作的电报来离间我们的。你们这种卑鄙无赖的行为！
周　萍（忍不住）你是谁？敢在这儿胡说？
周朴园　没有你的话！（现大海）你就这样相信你那同来的几个代表么？
鲁大海　你不用多说，我明白你这些话的用意。
周朴园　好，那我把那复工的合同给你瞧瞧。
鲁大海（笑）你不要骗小孩子，复工的合同没有我们代表的签字是不生效力的。
周朴园　合同！
仆人进书房把合同拿给周朴园。
周朴园　你看，这是他们三个人签字的合同。
鲁大海（看合同）什么？（慢慢地）他们三个人签字？
（伸手去拿，想仔细看一看）他们不告诉我，自己就签了字了？
周朴园（顺手抽过来，交给仆人）对了，傻小子，没有经验只会胡喊是不成的。
鲁大海　那三个代表呢？
周朴园　昨天晚车就回去了。
鲁大海（如梦初醒）这三个没有骨头的东西！他们就把矿上的工人们卖了！哼，你们这些不要脸的董事长，你们的钱这次又灵了。
周　萍（怒）你混账！
周朴园　不许多说话。（回头向大海）鲁大海，你现在没有资格跟我说话——矿上已经把你开除了。
鲁大海　开除了!?
周　冲　爸爸，这是不公平的。
周朴园（向周冲）你少多嘴，出去！
周冲愤然由中门下。
鲁大海　好，好。（切齿）你的手段我早明白，只要你能弄钱，你什么都做得出来。你叫警察杀了矿上许多工人，你还——

周朴园　你胡说！

鲁侍萍　（至大海前）走吧，别说了。

鲁大海　哼，你的来历我都知道，你从前在哈尔滨包修江桥，故意叫江堤出险，——

周朴园　（厉声）下去。

仆人们　（拉大海）走！走！

鲁大海　你故意淹死了两千二百个小工，每一个小工的性命你扣三百块钱！姓周的，你发的是绝子绝孙的昧心财！你现在还——

周　萍　（冲向大海，打了他两个嘴巴）你这种混账东西！

大海还手，被仆人们拉住。

周　萍　打他！

鲁大海　（向周萍）你！

仆人们一齐打大海。大海流了血。

周朴园　（厉声）不要打人！

仆人们住手，仍拉住大海。

鲁大海　（挣扎）放开我，你们这一群强盗！

周　萍　（向仆人）把他拉下去！

鲁侍萍　（大哭）这真是一群强盗！（走至周萍面前）你是萍，……凭——凭什么打我的儿子？

周　萍　你是谁？

鲁侍萍　我是你的——你打的这个人的妈。

鲁大海　妈，别理这东西，小心吃了他们的亏。

鲁侍萍　（呆呆地望着周萍的脸，又哭起来）大海，走吧，我们走吧！

——节选自《曹禺选集》（人民文学出版社1978年版）《雷雨》第二幕

十、经典台词对白表演

简·爱

罗切斯特：……你越来越依恋桑菲尔德？

简：在这儿过得很快活。

罗切斯特：你舍得离开这儿吗？

简：离开这儿？

罗切斯特：结婚后，我不想住在这儿了。

简：当然，阿黛尔可以去上学，我可以另找个工作。我得进去了，先生。我冷。

罗切斯特：简。

简：让我走吧。

罗切斯特：等等。

简：让我走。

罗切斯特：简。

简：您为什么对我讲这些？您和她（英格拉姆小姐）跟我有什么关系？您以为我穷，不好看，就没有感情吗？告诉你吧，如果上帝赐予我财富和美貌，我会让您难以离开我，就想我现在难以离开您。可上帝没有这样做，但我的灵魂能够同您的灵魂说话，仿佛我们都经过了坟墓，平等地站在上帝面前。

罗切斯特：简。

简：让我走，先生。

罗切斯特：我爱你。我爱你！

简：别，别让我让我干傻事。

罗切斯特：傻事？我需要你，布兰奇（英格拉姆小姐）有什么？我知道我对她意味着什么，是使她父亲的土地变得肥沃的金钱。嫁给我，简。说你嫁给我。

简：你是说真的？

罗切斯特：你的怀疑折磨着我，答应吧，答应吧。（他把她搂在怀里，吻她）上帝饶恕我，别让任何人干涉我，她是我的，是我的。

——节选自www.xwhb.com 新文化网

东京爱情故事（节选）

莉香：如果我在喜马拉雅山顶打电话给你要你来接我呢？

完治：会去接。

莉香：如果要你带热腾腾的黑轮来呢？

完治：（比了个大手势）我会带一大堆。

莉香：如果我要在家里开Beatles的演唱会呢？

完治：我会去请他们来。

莉香：那John（Lennon）呢？

完治：我会替他唱。

莉香：如果我要你施魔法使天空中马上出现彩虹呢？

完治：这个——大概就没办法了。

莉香：那么……就不行了。

完治：不过，我可以施魔法。

莉香：怎么样的？（完治靠了过去，深深地吻了莉香。）

——节选自www.xwhb.com 新文化网

最后的玫瑰

初六晚上11点，情人节就要过去了。今年又是我独自一人过的，正在郁闷时，门铃响了，我慢吞吞地去开门，没想到在门口的是我心仪已久的邻家大哥哥，他又高又帅，待人又和蔼，最重要的是，他今天手里捧了一大束玫瑰！

我立刻心潮澎湃，激动不已。只模糊地听他温柔地说了句："这个送你吧！"我无措地接了过来，不知该说些什么，眼中泛着泪花。他又接着说："我今天特倒霉，这么一大把花都没卖出去，便宜你了，小鬼……"

——节选自xiaohuawang.org 笑话大全. 经典笑话

项目辅导 如何放松情绪，进入平和自然的表演状态

（1）有意识地创设轻松自然的练习环境，抓住机会讲话，锻炼你的自信心。可以每天给亲人、同学、朋友讲述故事或者笑话一至两遍，重复讲述你所要表演的艺术作品一至两遍，找到你非常轻松自然的感觉。每天花至少10分钟时间，想象自己在公众场合成功地表演，想象自己成功时的样子；每天至少花10分钟时间在镜前学习微笑，展示自己的手势及形态。每天做10分钟时间的深呼吸训练。每天至少与5个人有意识地交流思想感情。每天至少花10分钟时间大声讲话或大声朗诵，使自己能对自己的临场能力有个正确评估，树立必胜信心，使自己始终处于自信而不自满、自尊而不自负的心理状态。

（2）克服紧张情绪。学会情绪放松。放松的方法很重要的一个就是幽默，要富有幽默感，幽默特别能够减轻精神的压力、心理的压力。比赛前可适当地看些漫画笑话书，让自己说说笑笑，将压力尽快释放。进场比赛前，如仍处于紧张状态，可以做几次深呼吸、做两节广播操、哼几句流行歌曲，想点与比赛无关使自己高兴的事，积极参与同学间谈笑来转移注意力，冲淡紧张情绪。紧张对临场发挥没有好处，而克服紧张情绪的主要方法就是设定正确的目标，做好恰当的自我安慰，要乐观地看待即将进行的比赛或者考试。可以做深呼吸运动，长长地吸进一口气，然后慢慢地呼出来，如此做下去，直到心平气和、脉搏跳动正常、手心温度正常。

（3）避免急躁情绪，营造积极的情绪环境。要锻炼与培养自己的忍性，循序渐进设定目标，目标要适当，不要一口吃成一个胖子，要张弛有度，沉着冷静，学会冷处理。讲话前可以先深吸一口气，平静心情，面带微笑，与听众眼神交流一遍之后再行开讲。在你勇敢地讲出第一句话时，声音可以大一点，速度则要慢一点，尽量说短句子，将自己的注意力快速地转向讲述的内容。开讲时千万不能急，尽量不要让语句停顿打结。如果因为紧张卡壳，可以停下来有意识地深吸一口气，然后随着吐气将话讲出来。如果表现不好，要自我安慰："刚才怎么又紧张了，没关系，继续平稳地讲。"同时，用感觉和行动上的自信战胜恐惧。如若紧张的发抖时，可以做放松练习，深呼吸，或尽力握紧拳头，再迅速放松，直到情绪平稳。心态平和对情绪放松很有帮助，将注意力集中在表演的作品之中，沉醉其中，就会忘记周围繁杂的环境；就能使自己聚精会神，达到忘我忘物的境界。

（4）摆脱消极情绪，培养自己的积极情绪。要乐观豁达，善于自找乐趣，这是情商的重要方面，也是良好心理素质的重要因素。乐观的心态，会使自己周围的环境有利于自己的发展，会让你对未来充满希望，会激发你的进取心。所以乐观会反败为胜，悲观可能反胜为败。可以每天放声大笑10次以上，培养自己乐观的积极心态，放松紧张情绪。可以大胆训练自己接受他人的视线、目光，培养自己的自信力和细致的察言观色的能力，可以培养自己微笑的习惯，每天让自己笑得灿烂，笑得真诚，以此锻炼自己的亲和力。

（5）合理的宣泄，化压力为动力。紧张会直接影响到能力水平的发挥，直接影响到临场表现。在压力太大的情况下，要学会适当的宣泄。总的说来，正

面的感受减少，负面的感受就会增加；积极有效的行为减少，消极的自我挫败的行为就会增加。可见态度决定一切，以什么样的态度对待比赛或者是考试，对进入状态关系很大。以积极的态度去对待，就有助于进入状态，就能把压力转化为动力。所以不妨把练习看成是一种挑战，这样会激发自己进入状态；把挑战看成是一种机会，就会以一种珍惜的心情对待。千万不能把上场看成是如临大敌，看成是倒霉的事。以积极的思维方式和行为方式对待压力，就会让压力得到缓解，心神安定下来，有助于自己轻装上阵，取得好的比赛效果。

实际行动 一分钟口才才艺考试项目表演比赛

（1）以小组为单位，抽签考题，按照考题要求，小组成员轮流完成表演任务。

（2）小组成员按表演序列交叉组别相互评分。组长小结点评比赛小组情况，评比参赛小组最佳选手。

（3）比赛考题示例

第一组："环保主题"。请你以"如果我是一片叶子，我会……"为开头，连贯地围绕环保主题说一段完整的话。时间为一分钟。后面的同学不允许重复，可以说"如果我是一朵花/如果我是一滴水/如果我是一粒沙子……"依次类推。要求主题明确，通顺流利，停顿不允许超过三秒。

第二组："奉献主题"。请你以"如果我是一个医生，我会……"为开头，连贯地围绕奉献主题说一段完整的话。时间为一分钟。后面的同学不允许重复，可以说"如果我是一个老师/如果我是一个富商/如果我是一个孩子……"依次类推。要求主题明确，通顺流利，停顿不允许超过三秒。

第三组："成功主题"。请你以"如果我是一棵草，我会……"为开头，连贯地围绕成功主题说一段完整的话。时间为一分钟。后面的同学不允许重复，可以说"如果我是一块砖/如果我是一片瓦/如果我是一阵风……"依次类推。要求主题明确，通顺流利，停顿不允许超过三秒。

第四组："奋斗主题"。请你以"如果我是愚公，我会……"为开头，连贯地围绕奋斗主题说一段完整的话。时间为一分钟。后面的同学不允许重复，可以说"如果我是林黛玉/如果我是一只笨鸟/如果我是运气甚好的黑马……"依次类推。要求主题明确，通顺流利，停顿不允许超过三秒。

第五组："爱心主题"。请你以"如果我是一座山，我会……"为开头，连贯地围绕"爱心"主题说一段完整的话。时间为一分钟。后面的同学不允许重复，可以说"如果我是一条河/如果我是一片森林/如果我是一望无际的大海……"依次类推。要求主题明确，通顺流利，停顿不允许超过三秒。

（4）评分标准

印象分（10分）：包括个人形象、服装、化妆、发型、礼仪、走姿、站姿，富有亲和力、气质幽雅，衣着得体，举止大方，表达自然，对观众、评委有礼貌。

语言表达（30分）：

① 口齿伶俐、吐字清晰、表达清楚、语言流利；

② 普通话标准；

③ 语言具有感染力，感情表达恰如其分。

现场表现（30分）：

① 能围绕主题快速组织表达内容，内容健康向上，具有感召力；能依据表达内容充分展示口才才艺，姿态、表情、手势等态势语言应用自如，起到良好的辅助表达作用。

② 熟练程度流畅自然，脱稿、熟练，无不恰当停顿或错误。

③ 时间掌握恰到好处，在规定的一分钟时间左右完成，时间不足或超时都要相应扣分。

④ 应变能力敏捷灵活。包括临场发挥，即兴表演都能与现场情景搭配，有较好的现场表现与现场气氛。

整体效果（30分）：表演不拘于形式，音色优美，态势语及动作表演得体，内涵把握准确，感情充沛，有艺术感染力和吸引力。

分享与交流　如何展示你的口才才艺

口才才艺展示是评价一个人口语表达能力和个人综合素质的重要评价手段，现在在人才招聘、大型活动比赛、选秀节目等活动中应用十分广泛。其实才艺展示也是自我介绍的一种方式，一定要在才艺展示上下工夫，不然很可能落榜，特别是口才方面，说话一定要注意不要口吃和卡带，不要重复说一句话，平时一定要多练习语音朗读，多读报纸，要做到随便拿一张报纸的新闻就能流利阅读，做好临场发挥的准备，初试的时候注意放松心情，这是很关键的，不然就发挥不好。在公众场合下展示你的口才才艺，以下几点应特别注意。

① 要正视听众，要大声响亮。

② 要注意流畅，不要死背稿子。

③ 表情姿态等态势语言要自然大方。

④ 不要有话头、低头等习惯性的小动作。

⑤ 不要总是激昂，要注意语音语调的变化。要注意与听众的共鸣与交流。

⑥ 要自信勇敢、不怕失败。

⑦ 要一气呵成，注意节奏与时间。

当然，要提高口语表达能力必须勤学苦练才行。以下语言表达的基本功训练也是必不可少。

① 有声语言技巧：发声技巧、吐字技巧、语气技巧、语调技巧、语速技巧。

② 态势语言技巧：眼神、表情、姿态、手势。

③ 个人形象技巧：服饰、发型、道具、态度、风格。

布置作业　回答考官提问

1. 下周××外汽销售服务公司将举行招聘营销经理的面试会，请每个小组按照测试逻辑思维能力、语言表达能力、工作计划能力、经营决策能力、组织协调能力、人际沟通能力、创新能力、综合应变能力、招聘单位需要的特殊能力、考生的个性特质等十个方面为观察重点，设计十个问题，这些问题将编号组成面试考题，由各小组长现场抽签决定面试考题序号，但出题小组不能抽取自己小组出的考题，抽签时应组织协调好各小组相互交叉。同一小组成员回答抽取的同一套考题，由出题小组成员当考官，依据小组长（主考官）事先的分工轮流向考生提问，并按照标准化面试考核评分表，对每位考生的言语和行为表现、相关能力和个性特征作出评价。

2. 每个面试考生的面试时间相同，一般为10分钟左右。

附表

竞聘初试"口才才艺展示项目"考核评分表

考生姓名：　　　　　　　　　　　　　　　　　　　　　　　　　　　　　得分：

测评要素	好	分数	中	分数	差	分数
仪表	端庄整洁	5	一般	3	不整	0
语言表达能力	清楚明了	20	基本表达清楚	15	含糊不清	0
应变能力	敏捷灵活	20	一般	10	迟钝	0
综合表现能力	细致周全	10	一般	5	较差	0
上进心	强烈	10	一般	5	欠缺	0
态度	诚恳	10	一般	5	随便	0
稳定性	稳重	10	一般	5	轻浮	0
基础、经验	丰富	15	有一定经验	10	不足	0

考官签名：

项目三
答考官提问

[教学目标]

通过本项目训练，学习与掌握倾听与沟通技术。通过与考官的答问，把握倾听与沟通的基本要求，能在各种沟通交际场合，有效地跨越心理障碍、语言障碍、人际障碍、环境障碍、文化障碍，达到沟通交际目的，取得良好的沟通效果，展示个人口语表达能力与交际沟通能力。

[能力目标]

1. 能有效地通过倾听，快速处理听到的信息材料，并能准确地记忆与理解沟通对象表达的信息，能够心领神会，即准确会意、达意。

2. 在听明白考官提问的基础上，能迅速整理回答问题的思路，快速回答考官提问，回答有针对性，内容集中精炼，回答顺畅完整。

3. 能够有效地克服与人直面交锋时的胆怯障碍，包括心理障碍、语言障碍、人际障碍、环境障碍、文化障碍，树立自信、大方、平和、积极的沟通交往意识，展示良好的交际能力与个人风格魅力。

[知识目标]

1. 了解倾听与沟通艺术，掌握沟通技巧，克服沟通障碍。

2. 了解面试的基本方式与方法，做好面试准备。

3. 掌握常规面试的基本策略，学会如何回答问题，如何面对考官的基本技巧。

[素质目标]
1. 拥有较好的文化素养、敏捷的思维、良好的心理素质。
2. 具备较强的语言表达技巧与沟通交际能力。
3. 具备较为丰富的社会阅历与个人人格魅力。

项目描述 求职初试——回答考官提问

1. ××外汽销售服务公司营销经理公开招聘面试，实质上是一种综合能力测试。按照作业布置的准备任务与相关规定，由抽签决定考题编号，同一组成员使用相同的考题进行提问，由该编号出题小组成员当考官，并按事先的分工依次进行提问，考生的行为将依据事先下发的面试评分表进行评定。每次面试一人，每个考生的面试时间控制在10分钟左右。

2. 面试开始前，同组担任考官的成员应再次集体熟悉面试题目，统一评分标准，协调好提问分工，控制好面试过程，把握好面试时间。考官提问要简洁明了，发音清楚，语速适中，把握好面试进程，不得与考生在一些陈述不清的问题上长时间纠缠。

3. 考生回答问题是面试的关键阶段，考官们将依据考生的阐述及其行为表现，来判断考生对此问题的掌握程度，判断其能力素质水平，决定其面试成绩。所以考生回答问题时，考官不可以通过任何方式表达自己的观点，或对考生的回答作表示同意、反对之类的暗示，不可以随意追问，考官在提问之后的主要任务是集中注意力，边听、边观察、边分析，考虑给考生的表现打分。在考生回答问题的过程中，同组其他考官之间不宜交头接耳，不能在表情上作出满意与否的表示，更不能显示出漫不经心的态度。

项目准备 如何在面试中取得成功

一、了解面试的基本内涵和特点

面试也可以称之为口试，是一种在特定场景下，经过精心设计，通过考官与考生双方面对面地观察、交谈等双向沟通方式，了解考生素质特征、能力状况及求职动机等的人员甄选方式。面试是考官与考生的直接交流，根据拟任职位的工作性质、职责任务、难易程度、责任大小对人员的要求，面试内容分为若干测评要素，主要包括综合分析能力、语言表达能力、应变能力、计划组织协调能力、人际交往的意识与技巧、自我情绪控制、求职动机与拟任职位的匹配性、举止仪表和专业能力。必要时，根据职位要求，面试内容可以增加其他测评要素。面试是用人单位了解应试人员基本素质和实际工作能力的重要途径，在人才选拔的过程中应用十分普遍，现在社会上的公务员录用考试程序中，面试是必须经过的程序。绝大多数用人单位在招聘用人时也都采用面试这种甄选方式。与其他考试形式相比，面试具有以下几个方面的特点。

（1）面试是一种综合、全面的考试形式，能够达到对考生全方位的考察和了解。面试依据考生现场的全部表现，对其素质状况作出评定。它不仅分析考生的回答是否正确，更重要的是看考生回答问题的灵活性、逻辑性、应变性。通过考生的语言表达能力，主要考查考生表达是否清晰、明确、简洁，是否富有逻辑性；通过考生的应变能力，主要考查考生在有压力的情景中反应是否灵活、敏捷、快速；通过考生的综合分析能力，主要考查考生的逻辑思维是否有条理，是否善于分析、判断和概括问题；通过考生的仪表、风度、举止，主要考查考生的言行举止是否端庄、稳重、得体，是否有充沛的精力；通过考生的有关实际工作能力，主要考查考生是否具备与工作相关的能力；通过考生的个性特征，主要考查考生是否具备与工作相关的个性特征。可见，通过面试这样的综合测试，是可以真正选拔到有真才实学的人才的。

（2）面试是考官与考生之间的双向交流。在面试过程中，作为被考者的考生并不是完全处于被动状态，考官可以通过观察和谈话来评价考生，考生也可以通过考官的价值判断标准、态度偏好、对自己面试表现的满意度等，来调节自己在面试中的行为表现。考生也可借此机会了解自己应聘的单位的一些情况，也可以就一些问题提出自己的不同看法。这样双向的、互动的交流，可以使考生的水平和能力得到充分的锻炼与发挥，同时也使考官能够从多个角度观察评价考生。

（3）面试具有直观性。在面试中，考官通过观察考生的语言行为（考生所说的）和非语言行为（考生的表情、行为举止等），来推测和判断考生的能力和个性品质。

（4）面试是一种形式灵活、别具一格的考试。面试以能够准确测评考生的身心素质水平为目标，考官的提问既紧扣面试的目的要求，又结合测评的现场情况，针对不同岗位、不同经历考生的特点及应试过程中不同行为表现的实际测评需要，灵活把握提问的内容与方式。问答式面试要求考官按既定规程和事先确定的内容提问，但提问并不等于僵化，在具体的测试过程中提什么内容的问题，以何种方式提问，以及提问的多少、程度的深浅等，完全由考官根据实际的测评情况灵活掌控，以有利于测评目的实现为原则。考生的回答没有刻板的模式，只要不违规逾矩，考生对问题的回答可根据自己的理解自由阐述其观点，充分展现自己的才华，真实反映自己的个性特征。

（5）面试对象具有单一性。面试的形式有单独面试和集体面试两种。本项目练习就是属于单独面试。但不管是集体面试还是单独面试，考官不是同时面向所有的考生，而是逐个提问逐个测评的。在集体讨论之中也是逐个观察考生表现的。

（6）面试时间的持续性。面试不是在同一个时间展开，而是逐个地持续进行。每一位考生的面试时间，有个大致的规定，但视其面试表现，时间规定不能框得很死。如果考生对答如流，阐述清楚，考官很满意，在约定的时间甚至不到约定时间即可结束面试，如果考生对某些问题回答不清楚，需进一步追问，可适当延长面试时间。

（7）面试评价的主观性。面试评价标准带有较强的主观性。因考官的评价往往受个人主观印象、情感、知识和经验等许多因素的影响，所以不同的考官对同一位考生的评价往往会有差异。所以面试对考官的选拔与培训要求很高。

二、了解面试在人才选拔录用过程中的主要功能

在用人问题上，有通过笔试的，如我国古代的科举制度，只要四书五经背得滚瓜烂熟、只要会做八股文，就有可能及第中举，成为"领导干部"；也有进行殿试的，有点类似今天的"面试"，皇帝或丞相亲自坐堂，当场提出问题，进行回答，考官满意或回答正中下怀，即可当庭委任；也有实行推荐的，如群众推荐、领导推荐等。认真比较一下，在选拔人才上，这几种考试都有缺陷。而现在通行的面试与笔试等测评甄选方式相比，具有以下几点作用和功能。

（1）可能考查到笔试等测评甄选手段难以考查到的内容。笔试是以文字为媒介来考查一个人的素质水平，但很多素质特征很难通过文字表现出来，比如一个人的仪表风度、口才、反应的灵敏性等。面试由于交替使用多种测评方法和交互媒体，考官在特定时空及场景条件

下所获信息具有复合性，而不是通过单一的信息渠道获得，考官通过观察考生的面部表情和身体语言就可判断其自信心、性格特征、情绪等素质特征。

（2）可以灵活地考查考生的知识、能力、工作经验及其他素质特征。笔试在考查考生时受到种种限制，只能考查考生一方面的水平或能力。面试则不然，虽然面试是主考官与考生的一种双向沟通活动，但面试的主动权主要控制在考官手中，面试测评时考官要专即专，要广即广，要深即深，要浅即浅，具有很大的弹性和灵活性。

（3）面试对考生的考察是全方位的。面试结果的评定，不把考生阐述的观点的正确与否作为第一位的指标，而是看考生的整体素质。依据考生现场的全部表现，对其素质状况作出评定。它不仅分析考生的回答是否正确，而且更重要的是看考生回答问题的灵活性、逻辑性、应变性。

（4）面试的重点是考查考生是否适合从事与岗位相匹配的工作。从实战角度出发，一般人才选拔面试是从以下六个角度来考察考生是否适合所应聘的职位。一是看考生的反应速度。考官大都会倾向于选择反应速度快的考生。考生反应速度的表现领域，主要是答题时间的长短。一般来说，考官在问完问题之后，对考生的计时就开始了。如果考生是经过了很长时间的深思熟虑之后再开始答题的话，无疑是不会得到考官青睐的。考官很多时候看问题都是很辩证的。比如说问你一个解决对策的问题，一个考生思考两分钟想出了3个对策，而另一个考生思考了10分钟想出了6个对策，显然考官会对考生的反应速度作出客观的评判。二是考思想。在面试答题过程中应从社会角度来看问题，不能从自己的感情或偏见爱好出发，不能以自我为中心，要从维护公共利益出发，思想内容要与国家政策相一致，与国家与人民利益相一致。思想内容的表现领域，分为正反两面，正面是给出的答案有没有支持国家的政策，反面是有没有反对国家的政策实施。三是答题的逻辑性。其实每一个人对同一个事物，其掌握和表达的信息相差不会太大，但为什么常常会出现同样一件事情不同的人去表述它，可能有些人可以让听者清楚明白事物的来龙去脉，而有些人却可以让听者不知所云呢？因为人要认知事物，常常需要通过内在的逻辑关系把各种信息串联起来，才有可能了解别人说的事物究竟是什么。要将事情表述清楚，逻辑性很重要。四是语言表达的连贯性。考生在面试考场中要尽量避免断句断点，说话有一句没一句的。要尽量避免语气词，少做长时间的停顿。可以用"口语化"的语言做详细的表述，但不能出现明显的"无话可说"的状态，因为面试中一旦"卡壳"扣分会很多。因为在考官眼中，出现这种情况一个是不自信的表现，另一个是思考问题不透彻的体现。五是语言表达的得体性。这是指说话不能让人感到不舒服，不能说出难听的话来。语言表达得体性是一个人素质的重要体现。语言表达得体性的表现领域主要是指说话是否过于绝对，不能出现激进式的言语。六是考生的仪表举止是否得体。任何职业都需要有"职业形象"，有一句话叫"相由心生"。实际上一个人的内涵是会影响一个人的外在表现的。如果一个连仪表举止都不得体的人，是很难被考官认同的。仪表举止得体表现在：（1）是否穿着正装，作为面试者，一定要穿着正装，绝对不可以穿着运动装或是休闲装。（2）举止要礼貌，要习惯说"谢谢"。懂得尊重别人的人，才会得到别人的尊重。（3）不要有任何不雅的动作。比如"搔首挖耳"式的乱动、转笔、东张西望等。（4）不要抢答问题，也不要说任何题外话。

三、了解应对面试的一些基本策略

一是考前必须详细了解职位要求。一般来说，面试考官对选拔的职位相关的信息及其对人选在知识和能力素质方面的具体要求是比较了解的。因此考生必须深入了解自己所报考的职位的相关信息，比如了解职位的工作环境、主要职责和任务，收集与选拔职位有关的各种信息，做好心理准备，以在面试时能临场不慌，正常发挥实际水平。二是要准确把握面试程序，做到心中有数。面试程序对每个考生都是一样的。在面试过程中，通常会提前向考生发放《面试须知》，考官会在面试前说明具体要求，如题量、总答题时间、每题建议答题时间、计时方式等。有些考生可能由于缺乏面试经验或临场过于紧张等原因，常常不能正确把握面试程序尤其是时间节奏，时间安排不科学，出现在个别问题上费时过多而未能充分回答其他问题的情况。因此考生在面试前务必要了解好面试程序，把握好答题时间，给每道题大致相同的时间，在面试过程中要根据时间提示，调整好答题内容，确保每题回答的时间。三是注意讲究答题技巧，争取不出现纰漏、不失分。考生在答题过程中应避免以下两种情况：一是不太注意题目的具体指向，答题时"天马行空"，答非所问，一看题目似曾相识，就按自己的意思说下去，表面上似乎有所关联，实际上差之毫厘，谬以千里。二是只答"是什么"不答"怎么办"。一些考生只谈对问题的认识和分析，却不阐明解决问题的措施和方法。面试主要考的是考生分析和解决实际问题的能力，既要看考生对事物的判断能力，更要看其处理复杂问题的能力和水平。因此，考生在答题时，要按照具体问题指向答题，在对问题作深入分析的基础上，结合实际，有针对性地提出解决问题的具体措施和办法，充分显现自己的才能。四要加强锻炼，提高实际应用能力。考生参加面试，了解一些答题技巧有一定的辅助作用，但要取得优异成绩，最根本的还是要在实际工作中加强学习和实践锻炼。在"实际"中动脑筋，在"干事"上下工夫，努力使自己具备职位要求的知识能力水平和相应的综合素质。随着考试测评技术的不断发展和测评制度的不断完善，投机取巧的"考试专业户"将越来越没有生存空间，"高分低能"现象将逐渐消失，只有具备真才实学、符合职业要求的考生才能在面试中脱颖而出。因此，加强学习，积累实践经验，努力提高自身的综合能力和素质，是在面试中充分自信地回答考官提出任何问题的重要法宝。

项目练习　综合面试模拟演练

（1）各项目组抽签决定考官组与考生组及面试顺序。由各项目考生组组长抽取综合面试模拟演练题目。

（2）综合面试模拟演练题目示例

第一组

1. 请你谈谈你对"宁做鸡头不做凤尾"的理解？
2. 单位让你组织一次信息化培训，你怎样才能将这次培训搞得既有特色又有实效？
3. 你曾做过一个企划方案，送交领导审批，有位同事当众告诉领导和同事，说他之前就跟你说过计划方案不行，但是你一意孤行，对此你怎么办？
4. 1+1=2是数学定律，但是生活和工作中很多情况是1+1＞2，你有什么看法？
5. 工作中，领导给你规定了任务，你超额完成了，你的同事嫉妒你，你会怎么办？

第二组

1. 网上有句话"ATM机取出假钱——银行无责，个人网上银行被盗——储户责任；银行柜台多找钱——储户义务归还；银行柜台少找钱——离柜不认"，对此，你有什么看法？
2. 幸福的定义。除了快乐、健康等，再说出你认为幸福的一个定义，并阐述你的观点。

3. 到一个新单位的三位大学生，一位不做事，大家不愿让他做事；一位任劳任怨，老好人，什么活大家都愿意让他做；一位能力强，既能发挥自己优势，又能提出自己独到见解；谈谈你对这种现象的看法。

4. 网络的好处与坏处，谈谈你的看法。

5. 关于"如何提高自身修养"，下面有人给出了一些方法：勤学、反思、明辨，请你自己再补充一个，并说说理由。

第三组

1. 一个领导提出"新时代人才培养"中的有关标准。首先要有一颗爱国心，然后要有很好的奉献精神，最后要有专业能力和过硬的知识水平，才能更好地为国家做贡献。请你谈谈你的看法。

2. "信心比黄金重要"，你怎么理解这句话？

3. 在"使命"和"责任"中任选一个为主题，围绕你的专业做即兴演讲。

4. 有人说"做人要精，做事要明"，也有人说"先学会做人，再去做事"，对于这两句话，你有何看法。

5. 你带领10名共青团员去社区宣传法律知识，你怎样组织。

第四组

1. 在工作中，有些人想了再干，有些人边想边干，有些人干了再想，若是你会怎么办？

2. 若是你主持一个修订规章制度的会议，很多人指出，制度并不缺，是制度执行的过程中出现了问题，没有必要修订，你该怎么办？

3. 由于企业裁员，被裁员工聚众闹事，要求公司提高赔偿，单位派你深入企业调查解决纠纷，你该怎么做？

4. 现在有研究生卖猪肉，你对此有何看法？

5. 在水泥路上走路没有脚印，在泥泞路上走路身后却留下一串脚印，这对你有什么启示？

第五组

1. 有人说为人应该高调，展示自我，还有人认为为人应该低调、谦虚，你会选择哪种？

2. 关于朋友求助，第一种做法，结合自己能力，不贸然答应。第二种，立马答应，遇到困难知难而退。问：你属于哪一种，结合自己典型事例说明。

3. 神七升天，看到宇航员翟志刚走出太空，挥舞国旗，谈一下你当时的心情。

4. 组织一个残疾人座谈会，你怎么组织？

5. 即兴演讲：理想与现实。

第六组

1. 某市对出租车司机进行执业资格考试，考的科目有数学、作文等，结果有20多名司机失去了资格，你如何看？

2. 有人欣赏你，也有人不欣赏你，他们都是怎样评价你的？你如何看待？

3. 中国有句古话"打一巴掌，给个甜枣"，你怎么理解其中的领导艺术？

4. 不少人觉得工作久了会没激情，你怎么在枯燥无味、缺乏变化的工作环境中保持激情？

5. 只有你一个人在单位值班，领导突然打电话叫你送一份文件给他，你怎么做？

第七组

1. 动物园里，熊猫馆有空调有美食，有一个游客说："人命不如动物值钱"，你怎么看？
2. 有人说：做远方模糊的事情，还不如从身边现实的事情做起，你怎么看？
3. 世界只有两种动物可以达到金字塔的顶端：一是雄鹰，二是蜗牛，请你讲讲这个寓言故事的道理。
4. 一些干部学历越来越高，办事能力越来越差，你怎么看？
5. 你顶替一同事与别人合作，结果对方不愿和你合作，认为你不够专业，你怎么办？

第八组

1. 你对山寨文化有何看法？
2. 飞机误班，旅客很激动，你是客服经理，你怎么处理？
3. 有人认为：年轻人应该以一种"旅游心态"到各行各业轮流工作，然后从中选择长久的职业，这样才更有利于自身发展。请结合你自己选择职业时的考虑，谈谈你对此问题的看法。
4. 从大学跨入社会，是人生的一次重要选择，你在选择生活，生活也在选择你。请你谈谈你的选择。
5. 如果在工作中，你的上级非常器重你，经常分配给你做一些属于别人职权范围内的工作，对此，同事对你颇有微词，你将如何处理这类问题？

第九组

1. 最近什么电视节目给你留下的印象最深刻？
2. 单位规定一个人迟到早退，全部门罚款，小王经常迟到，处长不管不问，你平时与小王关系较好，同事想让你跟他谈谈，你怎样谈？
3. 即兴演讲：行行出状元。
4. 犀牛和小鸟的关系。犀牛很强大，但也需要小鸟帮忙吃背上的小虫，谈谈你的看法。
5. 你到企业上班，工作热情很高，但工作业绩平平，怎么办？

第十组

1. 一位著名校长说：方向比努力更重要，谈谈你的看法。
2. 由你组织一次徒步旅行，刚进行不久，就有人抱怨，甚至还有人不愿意走了。这时候你该怎么做？
3. 生命如花，有的花香而不艳，有的花艳而不香，有的又艳又香但是有刺，对此你有何感想？
4. 你公司由于受金融危机影响，同客户的一个合同无法执行，派你去和客户沟通，你该如何做？
5. 单位同事比你早来两年，级别相同，但喜欢越过领导给你布置工作，并且指手画脚，你怎么办？
6. 各小组模拟演练，当考官的学生按照综合面试项目考核评分表给考生评分。

案例学习 如何回答问题

一、自我认识与背景题

（1）请描述一下你是一个什么样的人。

（答案提示）这是一个面试中经常被提问的问题，自己认识自己比别人认识自己还要重要。在答此题时，考生首先应该站在正面立场上描述自己，同时，要立足于自己的本职工作或者与本专业匹配的职位。可以这样答：我认为我是一个善良、耐心、自信，对自己优点和缺点有着清醒认识的人。比如参加此次面试，我认为我有下列优势和劣势。第一，我有一定的社会实践经验。作为一名学校社会实践部的学生干部，我有机会接触到各种各样的人，和各种各样的人打交道，这使我有较强的处事能力和处事技巧。第二，在从事学生会的各项社会实践活动中，我的能力得到了极大的锻炼，使我面对问题时非常冷静，处理事情时有条不紊，干脆利落。第三，作为一名优秀的学生干部，我学习认真，工作努力，富有上进心与拼搏精神，学习成绩优秀，为人处世严谨稳妥。第四，我出生于教师之家，从小就喜欢看书，比较关心政治，知识面较广，学习能力较强。由于爱好读书，语言和文字表达能力还不错。虽然与其他有工作经验的考生相比，我是从校门到校门，社会阅历不够丰富，但我年轻、我勤奋。我记得有人说过，如果能把自己的兴趣、爱好和事业很好地结合起来，可以使工作做到最好，我想我可以。我的劣势，主要是没有丰富的工作经验，但我想只要给我机会，经验完全可以通过我的努力来弥补。

（2）你有哪些特长？

（答案提示）在你的求职简历或者报考登记表中，一般都有"有何特长"一栏，很多人都在这一栏内大做文章。填表时，为了显示自己的兴趣广泛、有一技之长，往往夸大其词地把自己根本不懂或只知一点皮毛的东西也列入"特长"栏内。如有些考生随便填写"擅长写作"、"懂英语"、"爱好文学"，等等，以为这样做会增加成功概率。却不知填表时言过其实，面试中将引来一连串的麻烦，饱尝自己种下的苦果。要知道，考官对考生报名表上填的内容是非常感兴趣的，之所以再问这个问题：一是确实想知道你具有什么样的特长，以便你能够在单位发挥某一方面作用。二是想证实一下你是否的确有这方面的特长。因此，考生在填写"特长"栏时，一定要实事求是，不可自吹自擂，胡填乱写。当然，不只是为避免麻烦，它还从一个侧面衡量人的诚实程度，只要将你确实有的、有积极意义的特长或爱好实事求是地填上，面试时你就会从容自信了。总之，在回答这类问题时，说话要委婉谦虚，一般在回答前应平和地说："其实也算不上什么特长，只是稍知道一些而已。"然后以最简洁的语言来突出自己的特长，而且尽量以实例来说明问题。例如：写过什么作品，反应如何；擅长什么运动，曾有什么纪录等。这样即便后来被问倒了，考官也不会怪你夸大事实、故弄玄虚，因为在这之前你已给自己留下了余地，掌握了主动权。

（3）如果我们录用你，你有何要求？

（答案提示）本题考查考生的求职动机与拟任职位的匹配性。求职择业是一种"双向选择"的过程，应当满足双方的客观需要。作为考生，虽然在面试过程中属于被动一方，但你求职并不是纯粹来做贡献的，是为了得到与自己的能力和贡献相对应的收益，因此，大胆提出自己的要求是正常的。若回答"没有什么要求"，显得缺乏自信，不合实际。若回答"我家在外地，希望解决住处"或"希望有较好的工作条件，以便发挥自己的专业特长"则是实事求是地提出自己的要求，无可厚非。若回答"我还没有考虑好，不过要求婚后解决住房问题，工资和福利待遇较为合理"，虽然也无可厚非，但解决住房问题有些强人所难，住房制度的改革往往使用人单位不敢贸然允诺。若回答"自己目前没有家庭负担，如果谈要求的话，希望给予更多的任务，在工作中不断提高自己的实际能力"则更容易得到用人单位的认同。不过，考生一定要记住，既不能提过分要求，也不能一拍胸脯说什么要求也没有。

（4）你最缺少的素质是什么？

（答案提示）首先应该知道求职岗位人员应该具备什么素质，才能有针对性地知道自己缺乏什么素质。因此，不能泛泛地说自己缺这个素质那个素质，在此，过分的谦虚说自己这不行那不行，或者抓耳挠腮吭哧半天说不了一二三，都不合适。可以这样回答：

① 我认为我报考的职位应具备以下素质：热爱祖国，热爱人民，忠于法律，服从命令，听从指挥，严守纪律，恪尽职守，爱岗尽责，乐于奉献。

② 我认为自己通过几年的学习和工作，已经基本具备了一定的应变能力、计划组织协调能力等与我所报考职位相匹配的能力。

③ 我觉得我最缺少的是理论知识。我是学理工科的，虽然主观上很用功，但毕竟不如文科生的理论体系完善扎实。我所从事的工作专业性很强，很少有机会静下心来博览群书，我希望在以后的工作当中不断地学习，以充实自己的理论知识。

（5）谈谈你有哪些优点和缺点。

（答案提示）这个问题主要考查考生对人才的基本素质的正确认识以及能否全面、客观地评价自己，从考生对这个问题的回答上，考官还能看出考生是否自信或自卑。回答时要注意以下几点。

① 尽管这是你的主观评价，受个人自信程度、价值取向等影响很大，也就是说所描述的优缺点与实际情况可能不符，但你的陈述在一定程度上会影响考官对你能力的判断。例如考生谦虚地说自己语言表达能力尚需完善，那么尽管你在实际面试中语言流畅、结构清晰、层次分明，且能够充分利用非言语符号，但考官下结论时多多少少会受到考生自己否定性结论的影响。

② 作为一个"社会人"，考生实际上具有很多优点，如勤奋学习、集体观念强、善于分析问题、人际沟通能力较强、甚至连听母亲的话、对爱情忠贞也是优点。但考生一定要突出重点：非常出色的特质以及与报考职位相关的优点。若考生反复强调的优点其实很一般，或与报考职位关系不大，就会适得其反了。同样，谈缺点也应从这两点出发，不过具体处理却恰恰相反：一个是"避实就虚"，谈一谈无关紧要的小缺点，而不要过于坦白暴露自己能力结构中的重大缺陷。另一个是"投机"的办法，就是谈自己的"安全缺点"，谈一些在某些场合是缺点，但在另外一些场合又可能是优点的缺点，如你与那些对工作不负责任的人很难相处，经常由于他们苛求自己而导致工作的延误等。不过这种"安全缺点"易让经验丰富的考官认为你是"油嘴滑舌"，所以应该慎用。

③ 谈论优点应注意表情、神态、语调等，请"低调"处理。有时可表示自己"更上一层楼"的希望和努力。谈论自己的缺点不要停留于缺点本身，可将重点放在自己克服缺点的决心和行动上。

④ 不要泛泛而谈，可以结合事例具体说明，尽管考官未明确要求。

⑤ 谈优点不要超过三个（具体或强调谈论的优点）；缺点只谈一个即可。

参考答案：我个人认为我有以下三方面的优点：一是我有比较强的进取心，首先，我的学习能力比较强，容易接受新知识，我不仅注重专业能力的培养和提高，还注重其他方面知识的更新，不断使自己由专才转向通才，做一个现代社会所需要的合格人才；其次，我不步自封，因循守旧，不为今日所取得的一点点成绩骄傲自满，沾沾自喜，而是不断地进行总结，从而使自己不断进步。二是我有比较强的团队精神，能和同事建立起一种相互信任的合作关系，有良好的倾听能力和沟通能力，能和其他人互动，共享信息和荣誉，对待工作认真负责，能够及时完成工作任务，并且乐意帮助同事，乐于承担本职工作以外的工作，并在工作中使这种精神得到了提高和完善。三是我比较善于分析问题，对待任何一件事情我不追求过程的十全十美，但我注意事情的后续效应，善于从别人的角度来考虑问题，力求使每一件事情做到尽善尽美。

俗话说，金无足赤，人无完人，同样在我身上也存在着不足之处，诸如社会阅历浅、工作经验少等，只有通过自身不断地发现、再改正、并真诚、虚心地向别人请教学习，才能克服缺点，不断完善自己。

二、逻辑思维题

（1）五个手指虽然不一样长，但却能弹出美妙的旋律，请谈谈你的看法。

（答案提示）本题考查考生思维能力、组织协调能力。五个手指头长得不一般长，却能弹出优美的旋律，说明了之间搭配的合理有序，各尽其能。①每个人作为社会一分子都不同，但都能为社会或单位这个整体做贡献，要让整体发挥作用。②作为个人，要发挥自己的优势和特长，为集体做贡献。③从集体角度讲，要因人而异，人尽其才。

（2）金子与沙子谁贵重？当然属金子。但建大厦时，可以不用金子，却不可不用沙子。对此，你作何解释？

（答案提示）本题考查考生的辩证思维能力。任何事物都必须是相对的，在一定的条件下是可以发生变化的。回答此题：一要阐明事物的性质不同，作用不同。二要阐明尺有所短，寸有所长。最后落脚到：所谓人才也是这样，一个伟大的科学家可能发明了宇宙飞船，但不一定会修理下水管道。

（3）当你看到世界地图时，首先会想到什么？

（答案提示）这题考查考生的联想能力和发散思维能力。每个人看到世界地图，都会好奇或惊奇"呀，世界是这样的"。但进一步的联想就体现水平了。参考答案：①我首先会想到我们伟大的祖国——中国，中国是个有五千年历史的文明古国，是世界四大文明古国之一，是世界民族之林中不可缺少的一环。②世界由七大洲、五大洋组成，各种肤色的人民住在同一地球村，大家应该平等互利，友好相处。③现在我们这个世界面临着很多问题，比如能源问题、环保问题、南北差距问题等，这些都还需要我们世界各国求同存异，这样我们才能建设一个更加美好的世界，更加和谐的世界。

（4）有人说："要使组织气氛和谐，领导就要讲民主；要提高工作效率，领导还是专断点儿好。"请你谈一谈你对这个问题的看法。

（答案提示）此题是另一种逻辑思维能力测试题，它选取的是领导干部工作中经常遇到的管理现象、管理问题，因此可测试考生的领导思路、方法、艺术和能力。通过矛盾的说法，激发考生的思维，具有针对性和现实性。

（5）你怎么看木桶原理？

（答案提示）考官的目的并不是想知道你的知识面，而是你如何通过这个原理分析问题。第一，木桶效应，大家都知道主要是讲木桶的最大容量是由最短的那块木板决定的。它启示我们，一个人的能力素质的高低，应该重点突出并且要整体推进，不能够有某些严重的明显的缺陷；对于一个社会来说，社会的发展也必须做到全面、协调、可持续地发展，不能一条腿长，一条腿短。某一方面长期的停滞不前就会影响到其他方面的进一步发展，最终会导致整个社会发展的停滞。第二，这里讲到的新木桶效应，是一个很有意义的理论，它主要是讲木桶的最大容量还取决于桶底和木板的紧密程度，如果不够紧密的话，木桶中所容纳的东西最终会流失掉，而这木桶将没有任何价值。它启示我们：一个单位或者一个群体所创造的贡献在很大程度上取决于它的各个部分之间的紧密程度，即是否团结、是否有良好的团队合作能力。第三，这个理论对于我们的启示在于，在工作中必须首先不断完善自己的各方面的工作能力、道德素质，始终做到德才兼备，促使自己全面进步，并且还要善于与他人合作、具有良好的团队合作能力。

三、应急处理能力题

（1）你是学生会干部，有个同学生病了，要你尽快筹集一笔钱，你怎么办？

（答案提示）我的同学遇到了这样的情况，我感到很遗憾，希望他的病能够早点治好，作为学生会的一名干部，力所能及地为他筹款救助是我义不容辞的事情。但 20 万的款项不是一个小数目，仅依靠某一方面的力量在短时间内很难筹到，而一方有难、八方支援是我们民族的优良传统，因此，我会从以下几方面着手去做。

首先，寻求捐款，及时向领导汇报，听取领导的意见，寻求帮助，并在领导的同意下召开一次学生干部临时会议，告知大家这个事情，然后讨论可行的方案并合理分工，制定一份详细的计划。根据计划首先在学校发布献爱心倡议书活动，组织学校的广大师生进行捐献。但这还不够，同时在大众媒体如广播、电视、网络上发布信息，使社会上有爱心的人也加入到这个活动中来。

其次，寻求专门机构的帮助，如红十字会等，去了解相关情况，看是否此病在帮扶之列。

第三，在整个筹款过程中，设立专门账户，对款项的管理实行透明、公开的原则，有必要可以请专业人士进行监督。

（2）你出门旅游，在看某个商品的时候东西碎了，店主硬说是你弄坏的，你怎么办？

（答案提示）第一，遇到这类事情首先要冷静，并保持高度警惕，意识到这是犯罪分子的惯用手段；第二，在可能的情况下，迅速打 110 报警，向警察讲明情况，由警察依法处理此事；第三，想方设法拖住犯罪嫌疑人，协助警方将其法办。

（3）你正在开一个新产品的新闻发布会，这个时候，一个记者发言说：这个产品很危险，曾造成爆炸伤亡。于是发布会场面变得十分混乱，大家都骚动不安。你怎么处理？

（答案提示）面对紧急情况，最重要的是保持冷静，及时采取措施把损失降低到最低限度。第一，个人保持冷静，微笑耐心面对记者，保持对自己产品的信心。第二，拿出事实依据来打消与会者的疑虑，耐心解释产品在安全方面的优势。第三，如果条件允许，可以现场进行相关测试，用事实说话。第四，以公司名义向与会者承诺，将认真对待此事。稍后召开新闻通气会公布调查结果。

（4）开会中，你在做幻灯片放映时出了故障，你该怎么做？

（答案提示）第一，要保持冷静，遇到任何突发情况都要做到不慌张，这样才有可能想出好的解决办法。重点是要保证会议正常进行，不受影响。

第二，迅速思考出故障的原因，以便找到相应的解决办法。如果是自己操作错误导致故障的发生，应该改正操作方式，采取正确的操作方式让幻灯机正常工作。

第三,如果是幻灯片本身的问题,立即打电话向领导说明情况,请相关人员组织好会议现场秩序,同时立即给同事打电话,请他迅速把备用的幻灯片送到现场,保证会议的正常进行。

第四,会议结束以后,立即向领导承认错误,尽力得到领导的谅解,并保证今后的工作中一定注意准备工作的充分,不再有类似情况发生,请领导放心。

第五,事后认真反思,总结遇到突发情况时自己的处理方式还存在着哪些不足,争取在今后的工作中避免不足,并充分认识到遇事保持冷静的重要性。

(5) 你的领导是个喜欢热闹和爱玩的人,经常在午休时找你下棋,有时候到下午的上班时间还意犹未尽,而你的工作很忙,你如何处理?

〔答案提示〕①既然领导有这个雅兴,如果自己没有午睡的习惯,不会影响到下午上班,那我是会奉陪的。②如果会致使精神不好或我的工作忙,会耽误工作,那么我会委婉地向领导提出。也可以绕弯子再下盘臭棋。然后解释说,中午没休息,影响了下棋状态。③建议周末和领导狠杀两把,有好状态才能显示真正实力。如果这样做还是解决不了,那我会在上午下班后回避一下领导,如果领导打电话找我,就解释说同学过生日或老乡聚会不能来,相信这样连续几天过后,领导不会再找我了。

四、综合分析能力题

(1) 有人说"无知者无畏",请你就这句话谈谈你的理解和看法。

〔答案提示〕本题考查综合分析能力。通过考生对这句话理解的阐述,来判断考生综合分析能力的高下。看考生能否从正反两个方面来把握这句话:一种是"初生牛犊不怕虎",有朝气,有生机。更进一步,是不畏、蔑视中庸世俗的一些"知",勇于鞭笞丑恶,将阴暗面曝光。看似无知,实际上是对真善美的执著追求,是"明知山有虎,偏向虎山行"的气魄。另一种是"井底之蛙",囿于自身狭窄的眼界、疏浅的学识,真正出于无知而妄自尊大,无所顾忌。更进一步,是"我是流氓我怕谁"的痞子心理。

(2) 你怎样看待现在大学生就业难的问题?

〔答案提示〕该题意图考查考生的综合分析能力。现在大学生就业难的问题,引起了社会各界人士的关注。有人埋怨说是高校扩招惹的祸,有人说是市场经济带来的危害。我认为,主要是我们的思想观念——就业观念,没有跟上时代的步伐。社会在变革,我们的观念也需要时时更新。尤其我们的家长更应该改变传统的思想观念,以培养、教育孩子树立正确的就业观念。面对这种状况,与其说就业难,不如说择业难更准确些。择业取向,即就业的期望值与就业的现实严重反差错位的问题,是大学生就业难的主要症结之一。①有业不就。很多大学生自认为是"天之骄子",必须做高层次的白领阶层,而不愿意"低就",不愿意成为"灰领阶层"的一员。还有的大学生把希望寄托在考研、出国等途径上。②就业心理准备不够,不能正视自身特点,择业面过窄,适应社会发展的能力有待进一步提高。③优秀学生挑三拣四,错失就业良机。从国家宏观调控的角度看,我们应发展经济,挖掘更多的就业岗位,给大学生提供更多的就业机会。各高校就业指导中心要充分发挥职业指导的作用,帮助更多的大学生实现就业。

(3) 有人说:"文凭不如水平,水平不如酒瓶,酒瓶不如摆平",你是如何看的?

〔答案提示〕①这句话反映了在有些用人单位里掌管用人考核的官员存在以权谋私,甚至行贿受贿的违法乱纪现象。②我们要辩证地看待这种现象,这种现象确实存在,而且在某些地区某些领域还比较严重,但这种现象毕竟是局部现象,不是主流。③虽然这种现象是局部现象,但是危害却不可小视,它的存在严重影响了对人才的选拔和任用,无法做到人尽其才、才尽其用,也使得一部分人能够钻空子走后门得到提拔,给工作带来了负面影响,特别是这种情况如果发生在我们国家机关的话,更是败坏了公务员队伍现象,影响了党和政府的威望。④这种现象是由于法制不完善、制度不完整、监督不到位、素质没提高造成的。⑤我们应该进一步规范选拔人才的制度,对人才选拔的过程加强监督,从法律、制度、措施上杜绝这种现象的发生。⑥随着我们的制度进一步的完善,我相信这种现象一定会得到根除,一定能够做到人尽其才,才尽其用,使得人才都有个发挥才能的平台。

(4) 多个朋友多条路,你怎么看?

(答案提示) 对这个问题,应当辩证地看:第一,当今社会是信息时代,竞争激烈,社会分工细化,任何一个人都是与社会紧密联系的,完全独立是不可能生存的,所以,朋友是必不可少的。第二,在这纷繁的竞争中,有时候多一个朋友,就多了一条新的生路。在经济学中有一个概念叫做"信息不对称",其实在现实中,大多数时候信息也是不对称的,信息绝对对称是不存在的,在这种情况下,多一个朋友,就多了一个信息的来源,就多了一个对同一件事物的不同看法,在适当的时候,就多了一个竞争取胜的机会,一个生存的机会。第三,能否达到上述效果,就决定于这个交友的原则。如果是与那些热情向上、志向宏伟的人做朋友,就必然能够随其一起繁荣发展;倘若交了一些狐朋狗友、社会上的浪荡之士,说不定还会给自己带来许多麻烦。所以交友一定要谨慎。

(5) 俗话说"没有规矩不成方圆",可是又有人说要创新就不能守规矩,你怎么看?

(答案提示) 无规矩不成方圆的本意是指没有圆规也就是画圆的工具和思路就画不出圆来,也就是达不到预期的效果。后来规矩引申为做事情的基本办法、僵化的思想。我认为规矩和创新之间是辩证统一的关系。①"没有规矩,不成方圆"这句话是有一定道理的。创新如果没有一定规矩的制约,是很难成功的。即使产生了创新,也可能会弊大于利,没有什么实际意义。②但是我们也不能墨守成规,有些时候,我们也要勇敢地突破"规矩"的限制,坚持"创新"。我国改革开放所带来的巨大效益便是最好的佐证。③我认为,规矩和创新是紧密联系、辩证统一的,问题的关键在于"度"的把握,如何在规矩和创新间把握好这个度,是我们今后依然要考虑的一个问题。

五、协调和组织能力题

(1) 有人说,团队的作用非常大;也有人说,团队不是那么重要。你怎么看?

(答案提示) 首先,肯定团体合作在现实的工作中必不可少,尤其在企业管理中更需要通力合作,很少出现一个人独当一面的情况。其次,以上两种观点在不同的情形下都有道理,应该具体工作具体分析,有的工作需要团队协作,如政策的制定,需要考虑多方面的因素。而有些工作从性质上来说只需要一个人完成就足够了,团队不是那么重要。最后,强调我们每一个人都应该有团队协作精神,都要及时与领导、同事沟通,吸取经验,听取好的建议或意见,才能更出色地完成自己的工作。

团队是指为了实现某一目标而由相互协作的个体所组成的正式群体。作为一支高效团队,应具备以下8个基本特征:一是明确的目标。团队成员清楚地了解所要达到的目标,以及目标所包含的重大现实意义。二是相关的技能。团队成员具备实现目标所需要的基本技能,并能够良好合作。三是相互间信任。每个人对团队内其他人的品行和能力都确信不疑。四是共同的诺言。这是团队成员对完成目标的奉献精神。五是良好的沟通。团队成员间拥有畅通的信息交流。六是谈判的技能。高效的团队内部成员间角色是经常发生变化的,这要求团队成员具有充分的谈判技能。七是合适的领导。高效团队的领导往往担任的是教练或起着后盾的作用，他们对团队提供情报指导和支持，而不是试图去控制下属。八是内部与外部的支持。既包括内部合理的基础结构，也包括外部给予必要的资源条件。

（2）为什么有的单位能"三个臭皮匠顶个诸葛亮"，而有的单位是"三个和尚没水喝"。对待后一种情况，如果你去上任，该怎样处理？

（答案提示）这属于人力资源结构搭配问题。同样是"三个"，前面是调动起每个人的积极因素，集中起来超越诸葛亮的智慧，而后者则是诱发了人具有的惰性，本来一个人就可以解决的问题，结果三个人却不能解决。看来，关键不是人的问题，而是机制问题。因此：①寻找根源，激发合力；②合理用人，各尽其能；③明确职责，按制奖惩；④定编定岗，引进竞争机制。这样答问就与当前形势结合得紧密，体现出新意。

（3）当前有些单位实施的"末位淘汰制"，有不同争议，你怎么看待这种用人措施？

（答案提示）客观的答案应该是："末位淘汰制"是一种向竞争机制发展的过渡性措施，可以试行；但要因情况而异，不能一刀切。再说"末位淘汰制"也不完全等同于竞争机制。对于规模大、人数较多的单位最初实行末位淘汰制，然后实施竞争机制，未尝不可。如果在规模小、人数少的单位实行，效果就不一定好，因为有些单位人数不多，几乎所有人员都很努力，成绩都不错，甚至难分上下，如果实行"末位淘汰制"就会造成人心惶惶、人际关系紧张的不利局面。

（4）在你曾经组织过的活动中，你觉得其中有什么遗憾，如果时光倒流，你怎么改变这个遗憾？

（答案提示）这道题相对比较难回答，特别是：如果你从来没有组织过活动，怎么办？这就需要考生的创新和联想能力。虽然你自己可能没有经历过这样的事，但你的朋友或者家人可能经历过，你完全可以如实说：我到目前为止还没有经历过这样的事，但我知道我的朋友最近刚刚经历了这样的事，然后，你通过这个"借口"，谈你对这个"遗憾"的看法。

（5）大学期间，你曾参加过哪些社会活动和实践活动？你为什么参加这些活动？哪次活动对你的影响最大？在这次活动中，别人对你是怎么评价的？你自己又是怎么评价的？你学到了什么？

（答案提示）这个问题属于行为性问题，考查考生的组织协调能力。任何一次活动都有目的，每个人在活动中承担的角色都不一样的，应根据活动的目的及自己在该活动中的角色，对相应的资源进行调配，合理地组织、协调。答这道题时考生要注意参加活动的目的要明确。根据目的及自己在该次活动中的角色和职责，综合各方面因素进行组织、协调，思路清楚，措施切实可行，能达到比较好的结果。

六、人际关系处理题

（1）如果你新到一个办公室，发现科室情况很糟，工作不利，同事们关系很差，你会做哪些努力来改变这种状况？

（答案提示）①首先自己要起表率作用，自己要勤奋工作，和科室的同志们搞好关系，带动其他人的工作积极性。②可以适当地组织一些活动，劳逸结合，一方面有利于团结同志，在活动中增加大家的感情；另一方面，适当的休息调整也有利于更好的工作。③可以向领导提出建议，把个人工作目标的实现与年度考核挂起钩来，通过物质、精神奖励提高大家的工作积极性。

（2）都说同事关系很难相处？你如何看待？如你被录用你如何和同事相处？

（答案提示）首先要认识到大家同在一间办公室里工作，和睦相处形成一个和谐一致、心情舒畅的工作环境是非常重要的，否则科室的正常工作可能都要受到干扰，作为一名合格员工要有和同事和睦相处的能力。其次，人都是有感情的，有可塑性的，是可以被说服的。因此，和同事友好相处是完全可以做到的。第三，和任何人相处都要尊重对方，只有尊重别人，别人才会尊重你，在科室中应真诚地对待他人，有分歧时要多做沟通，不在背后传播谣言。第四，要谦虚谨慎，自己刚进科室比较年轻，资历浅工作经验少，要本着请教学习的态度和同事交流，不恃才傲物，善于发现别人的优点，不苛求别人。第五，同事和同事又有不同的地方，有的工作性质和你不沾边，有的工作性质完全相同，对待后一种同事，除了正常相处之外还要注意一些问题，要有主动承担繁重工作的精神、有成绩不要自我夸耀、不计较个人的得失、有忍让精神等。我相信通过自己的努力应该能够与同事友好相处，共同提高科室的工作效率。

（3）"谁在背后不议人，谁人背后无人议"，对此你是怎么理解的？

（答案提示）①这是一个客观存在的事实，每个人都得面对及正视它。②每个人应首先约束自己，不在背后议论别人，特别是别人的缺点和隐私，这是不道德的，它不利于大家的相处。③别人对自己的议论，如果无大碍，抱以"有则改，无则勉"的态度，不用一味追究，如若涉及重大问题，应当在适应的场合予以指出。④一个单位如果背后议论人的现象严重，则应讲明利弊，以正风气。

（4）结合"沉默是金"，谈谈人际关系。

（答案提示）应辩证地理解这句话：该沉默的时候，沉默是金，而不该沉默的时候，沉默等同于犯罪。因此：①沉默是金这句成语的出现有它的时代背景，在古代社会，中国是个封建社会，基本处于一个人治的社会，所谓祸从口出，从趋利避祸的角度，人们选择了沉默。而且过去的皇帝为了维护尊严，让大臣们觉得高深莫测也选择了沉默，这客观上助长了这种风气。②改革开放以来，中国进入了法制化的轨道，言者无罪，老百姓敢于发表自己的见解和不满。对社会上的坏现象就要敢说，发现腐败就要敢于检举。③另外，现代行业内行业间存在越来越多的联系，需要进行大量的沟通，比如说团队的合作需要信任，达成这种信任需要进行沟通，不能沉默。④作为一个正直的人，一定要坚持原则，该说的坚决要说，不该说的还是不能说。

（5）你刚毕业参加工作，人际关系会对你的工作造成压力吗？

（答案提示）第一，人际关系是从事工作或发展必不可少的因素之一；第二，刚毕业参加工作，人际关系会对我的工作造成一定压力；第三，虽然我在学校，和老师、同学或社会上的朋友有一定的相处，也具有一定的人际关系处理能力，但是我觉得这些和工作中的人际关系有一定的不同；第四，到一个新环境，人与人之间还有一个相互了解和磨合的过程；虽然说刚毕业参加工作，人际关系会对我的工作造成一定压力，但我相信，只要我主动和同事、领导沟通，虚心学习，诚心待人，干好工作，同事、领导是会相信接纳我的。

七、情绪控制能力题

（1）如果你在这次面试中没有被录用，你怎么打算？

（答案提示）一般来说，考官在提问题时会回避"是否录取"问题或这种暗示的，但为了考察考生在面临压力时的反应，考官会采用"激将法"来看考生的反应。考生听到这样的问题，完全用不着有什么顾虑或乱了阵脚，应该保持一种坦然的态度。可以这样回答：

这样的结果既在意料之外，也在意料之中。因为现在的社会是一个竞争的社会，有竞争就必然有优劣,有成功必定就会有失败。往往成功的背后有许多的困难和挫折,如果这次失败了也仅仅是一次而已,只有经过经验经历的积累才能塑造出一个完全的成功者。我会从以下几个方面来正确看待这次失败。

第一,要敢于面对,面对这次失败不气馁,接受已经失去了这次机会这个现实,从心理意志和精神上体现出对这次失败的抵抗力。要有自信,相信自己经历了这次之后经过努力一定能行,能够超越自我。

第二,善于反思,对于这次面试经验要认真总结、思考剖析,能够从自身的角度找差距。正确对待自己,实事求是地评价自己,辩证地看待自己的长短得失,做一个明白人。

第三,走出阴影,要克服这次失败带给自己的心理压力,时刻牢记自己的弱点,防患于未然,加强学习,提高自身素质。

第四,认真工作,回到原单位岗位上后,要实实在在、踏踏实实地工作,三百六十行,行行出状元,争取在本岗位上做出一定的成绩。

第五,再接再厉,成为贵公司的一名员工一直是我的梦想,以后如果有机会我仍然会再次参加竞争。

(2)据我们了解,你在三年内换了四个单位,有什么证据可以证明你能在我们单位好好干呢?

(答案提示)这种问题通常是故意给考生施加一定的压力,看看其在压力情境下的反应,以此考查考生的应变能力与忍耐性。此类问题可能会触及考生的"痛处"。对于此类问题,考生应有快速反应能力,提出两全其美的措施。特别要提醒的是,考生应该对自己短时间内频繁换单位的情况做些说明,同时,对自己可以做好工作列出有说服力的东西来。

(3)做人与处事必须要圆滑吗?

(答案提示)古人有话叫趋吉避凶者为君子,识时务者为俊杰,这表明了我们祖先在为人处世中的一些规则。不能否认这些话有一定合理性,为了生存所以不得已而为之,哪怕是违背自己的良心。但是我们在做人方面最好不要圆滑,应本着颗善良的心才好。以诚待人,以理服人,以仁治人。那些机关算尽的人到头来没有哪个是有好下场的。所谓好人有好报,尽管有一种宿命的思想,但是做个好人总是没有错的。在为人处世中我们不必圆滑世故,用最真挚的心灵与人交往,但是也要留个心眼,真挚不是傻帽,不是完全的不懂人情世故。对于那些有着邪恶本性的人们,我们也不用客气,最好的就是用法律的武器将他绳之以法。

(4)谈谈你人生旅途中最大的成功和失败是什么?

(答案提示)这个问题在面试中很常见,能有效地反映一个人生命历程的深度和广度,进而可以判断出你思想的深度和悟性。如:你答出类似高考因未能考到满意的大学而痛哭了好几天,那就容易判断你是一个经历单纯、对逆境缺乏承受力的人。所以,当你谈到最成功的一件事时,你要谈到从成功中得到的经验和升华,但不要眉飞色舞、夸夸其谈,给面试考官以浅薄自大的感觉;谈到最失败的一件事时,要谈到从失败中吸取的教训和自己战胜失败的过程,不要垂头丧气、苦闷彷徨,给面试考官以不能承受挫折的感觉。

(5)谦虚使人进步,骄傲使人落后,但在现代社会又强调表现自我,你怎么看?

(答案提示)"谦虚使人进步,骄傲使人落后",这是一个工作成功的准则。现代社会中虽然强调表现自我,但并不是说通过骄傲表现自己的成绩,这样会适得其反,认为只有自己是最好的,固步不前,令人对你反感,而且在工作中也得不到别人的支持,到最后落得个众叛亲离的地步,工作就不能展开,也不可能提高成绩,更不可能进步。相反,如果一个在工作中默默无闻,谦虚学习、工作的人,往往就能不断地提高自身各方面的能力,才能在强调表现自我的现代社会中永远立于不败之地。所以"谦虚使人进步，骄傲使人落后"是一条不变的成功准则。

谦虚使人进步，骄傲使人落后，是对个体的要求，不仅仅适用在工作上，而社会要求的表现自我是社会对个体个性化的要求，是其本身的进步所要求的，特别是对个体在工作上的要求，那是两个层面不同性质的要求：一个是内涵上的培养，一个是外延上的扩张。

（6）你最不喜欢的工作是什么？为什么？

（答案提示）就工作本身而言，它不存在优劣和高低，工作或就业首先是我们谋生的手段，所以，就工作着的人而言，那只能说是个人对从事工作的适应度和驾驭性。而我们首先应该去适应工作、适应环境，而不是去抱怨和用喜好做事。

当然，如果在工作中能够找到自己的闪光点，那是社会的幸福，也是个人价值的体现。"兴趣是第一动力"，它带动良性循环。但我们不应该在工作中一味去讨论主观上的喜欢不喜欢，更多的应该是用心去体会和积累，做到"干一行爱一行"，这是职业道德的要求。从客观上讲，一个人接触工作的种类是有限的，所以，只存在相比之下的适合与否。在现代社会，人们或许更多看重的是个人在工作中被社会承认的价值，放弃原有工作与喜好没有太大的因果关系，当然不排除在积累状态下的随心所欲。我想作为现在的年轻人，更多的应该是考虑个人与社会客观上的结合，而不是主观上的感情因素。"干一行胜任一行"应该是工作者的较高境界。

项目辅导 用什么样的语言来回答问题？

在短短的 20 或 30 分钟的面试时间内，多数时间是留给考生的，或者说是由你的舌头来控制的。在你的脑子里已经形成了答案时，运用什么样的形式把你的答案完美地表达出来，这就是语言技巧的问题。

（1）要用普通话回答问题。讲普通话是面试答题的基本要求。可能有些考官会用地方话提问，但考生必须用普通话回答问题。讲普通话，一般人都能听懂，极易给人畅快亲切感，这样也就便于交流、谈心，易密切关系，拉近心理距离。其次，利于增加自信心，普通话说得好，不仅能准确表达自己的意思，别人易于理解，而且自己也更加自信。能说一口标准的普通话，还能树立良好的形象，声音的美也是一种难得的美，会弥补你口语表达方面的欠缺与不足。

（2）要养成良好的语言习惯。不仅是不犯语法错误、表达流利、用词得当、言之有物，同样重要的还有说话方式，比如：发音清晰、语调得体、声音自然、音量适中等。说话时俚语不断、口头禅连篇，如病句、破句一样，都是语言修养不高的表现。要用真嗓门说话，音调不高不低，不失自我，不仅听来真切自然，而且有利于缓解紧张情绪。语言力求精练简洁。恩格斯曾经说过："言简意赅的句子，一经了解就能牢牢记住，变成口号，而这是冗长的论述绝对做不到的。"

有些人在交谈中非常爱说口头禅，诸如"岂有此理"、"我认为"、"俨然"、"绝对的"、"是不是"、"没问题"一类的话几乎是脱口而出，不管这些话是否与所说的内容有关联，这类的口头禅说多了，不仅影响说话的效果，而且还很容易被别人当作笑柄，因此，这类的口头禅应下决心不说。

（3）语气平和，语调恰当，音量适中。面试时要注意语言、语调、语气的正确运用。语气是说话的口气,语调是语音的高低轻重配置。打招呼问候时宜用上扬语调,加重语气并带拖音,以引起对方的注意。自我介绍时,最好多用平缓的陈述语气,不宜使用感叹语气和祈使句。声音过大令人厌烦,声音过小则难以听清。音量的大小要根据面试现场情况而定。两人面谈且距离较近的声音不宜过大,群体面试而且场地开阔时声音不宜过小,以每个主考官都能听清你的讲话为原则。

(4) 语调要得体,语速要适中。无论是哪一种语言对于各种句式都有语调规范。有些同样的句子,用不同的语调处理,可表达不同的感情,收到不同的效果。有研究表明,使用上扬语调易对听者造成悬念,提高他的兴趣,但若持续时间过长会引起疲劳,而降调表现说话人果断决断,有时显示他的主观武断。

得体的语调应该是起伏而不夸张,自然而不做作。但是富于感情变化的抑扬顿挫总比生冷平板的语调感人。适宜的语速并不是从头到尾一成不变的速度和节奏。要根据内容的重要性和难易度、声音的高低及对方注意力情况调节语速和节奏,说话节奏适宜地减缓比急迫的机关枪式的节奏更容易使人接受。

(5) 语言要含蓄、机智、幽默。说话时除了表达清晰以外,适当的时候可以插进幽默的语言,使双方谈话增加轻松愉快的气氛,也会展示自己的优雅气质和从容风度。尤其是当遇到难以回答的问题时,机智幽默的语言会显示自己的聪明智慧,有助于化险为夷,并给人以良好的印象。

(6) 注意听者的反应。求职面试不同于演讲,而是更接近于一般的交谈。交谈中,应随时注意听者的反应。比如:听者心不在焉,可能表示他对自己这段话没有兴趣,你得设法转移话题;侧耳倾听,可能说明由于自己音量过小,使对方难以听清;皱眉、摆头可能表示自己言语有不当之处。根据对方的这些反应,就要适时地调整自己的语言、语调、语气、音量、修辞,包括陈述内容,这样才能取得良好的面试效果。

(7) 运用恰当的肢体语言。肢体语言又称身体语言,是指以身体的各种动作代替语言借以达到表情达意的沟通目的。广义而言,肢体语言包括面部表情等,指身体及四肢所表达的意义。在特殊情况下,肢体语言不但可以单独使用,甚至可以表达出有声语言难以表达的思想盛情,直接代替自然有声语言。人们张口说话,由肢体动作表达情绪时,当事人常常并不自知,时而蹙额、时而摇头、时而摆动手势、时而两腿交叉,都会有意无意地运用肢体语言来传情达意、交流信息。有时肢体语言甚至先于有声语言在口才表达接受者的心目中形成第一视觉形象,直接影响有声语言的表达效果。如当你与人说真话时,你的身体自然与对方接近,说假话时,你的身体会不自觉地与对方保持较远的距离,而且身体向后靠,肢体的活动较少,面部笑容反而增多。可见,在人类的交际活动中,没有只运用自然有声语言而不运用肢体语言的。它总是与有声语言配合默契,协调一致,相辅相成,相得益彰。

在面试中,考官就是通过你的有声语言和肢体语言传递出来的信息来判断你的,甚至有时肢体语言比有声语言的影响还要大得多。当一个人倾听别人说话时,总会望着对方的脸,尤其是他的眼睛,为了表示注意,听话者会轻轻地点头,或者"嗯"、"是的",如果哪句话他深表赞同,点头就会点得很深,如果感到怀疑,他就会扬起或皱起眉头来,或者嘴角向下拉,要是不想再听下去,就会将身子挪一挪,把腿伸一伸,或者移开视线,不再注视说话人等。

一般说来,肢体语言的运用主要体现在微笑、眼神、姿态、手势等方面。求职面试时,面部表情的基调归纳为两句话:"端庄中有微笑,严肃中有柔和。"微笑能使脸部呈现出较多的轻度曲线,表现出一种变化与流动的美感,使你红唇皓齿,肤色红润鲜明,光彩照人,不仅会使考官产生轻松、亲切、友爱、满意的情绪体验,也为双方交谈创造了良好的气氛。对于考生来说,微笑要贯穿求职面试的全过程。在跟考官见面时要带着微笑,在跟考官交谈时要带着微笑,在跟考官打招呼时要点头微笑,在跟考官告别时要握手微笑,总之绝不能吝啬你的微笑。考生不仅要树立微笑意识,还要善于微笑,否则强装出的笑容比哭还要难看。首先,微笑必须真诚、自然。只有真诚自然的微笑,才能使对方感到友善、亲切和融洽。其次,微笑要适度、得体。适度就是要笑得有分寸、不出声,含而不露,不能哈哈大笑、捧腹大笑,要恰到好处,当笑则笑,不当笑则不笑,否则会适得其反,给对方留下不好的印象。再次,考生还应积极控制自己的面部表情,用得体的"假笑"向考官表示自己的热情、积极友善和尊重。在此,"假笑"只是指与自己的情绪不一致的笑容,这种对自身交际形象的控制,同样是一种涵养和素质,不应该看作是虚伪。如在面试时,内心平静却必须表达自己的积极情绪或者需要对考官的言行表示积极的响应时,考生们可以使用模仿的微笑;在考生自己情绪低落但力图掩盖时,可使用掩饰的微笑;在考生过于兴奋,喜形于色时,也请使用低调的微笑;对自己过去坎坷经历表示不在意或对考场上偶然的失误表示歉意时,一丝苦笑就是最好的语言;在考场气氛活跃时,考生也可对自己或考官们的一句幽默的话,发出轻松欢快的大笑。

面试时,眼神也十分重要。考生与考官目光沟通,除了一些非言语信息的交流外,更表达了考生对考官的尊重以及对考官说话内容的注意。在面试过程中,考生在任何时候目光都不能游离开主考官,但是与考官进行眼神对接,以下几点是要注意的。一是注视对方,目光要自然、柔和、亲切、真诚,不要死盯着对方的眼睛,否则,会使对方极不自在。同时,也不要在某一局部区域内上下翻飞,否则会使对方感到莫明其妙。不要东张西望、左顾右盼,显得心不在焉;不要含胸埋头,显得胆小畏缩或者对谈话不感兴趣;不要高高昂起头,两眼望天,显得傲慢。二是注视对方时要注意眨眼的次数,一般情况下,每分钟眨眼6~8次为正常,若眨眼次数过多,表示在怀疑对方所说内容的真实性,而眨眼时间超过一秒钟就成了闭眼,表示厌恶、不感兴趣。三是在交谈过程中的目光对视。若双方目光相遇,相对视,不应慌忙移开,应当顺其自然地对视1~3秒钟,然后才缓缓移开,这样显得心地坦荡,容易取得对方的信任,一遇到对方的目光就躲闪的人,容易引起对方的猜疑,或被认为是胆怯的表现。四是要注意使用环视法。即不能只注视其中某一位考官,而要兼顾在座的所有考官,让每一个都感到你在注视他。具体方法是,以正视主考官为主,并适时地把视线从左至右、又从右至左(甚至从前至后,又从后至前)地移动,达到与所有考官同时交流的效果,避免冷落某一位考官,这样就能获得他们的一致好感。五是要善于配合其他肢体语言,比如点头、摇头、抿嘴唇、身体稍微前倾后仰等，而不是身体僵硬地坐着，一动也不动直呆呆地盯着考官，如果那样，考官会误认为你是有什么别的想法或恶作剧。同时，在与肢体的配合过程中，眼睛也可以得到休息和调整，便于你的眼神时刻保持神采和活力。

姿态也是面试中影响你仪表的重要部分。考生在面试过程中，基本上都是坐姿，对坐姿的要求是"坐如钟"，即坐相像钟那样端庄稳重。端正优美的坐姿，会给人以文雅稳重、自然大方的美感。坐姿的基本要领是，入座时走到座位前，转身后把右脚向后撤半步，轻稳坐下，然后把右脚与左脚并齐，坐在椅上，上体自然挺直，头正，表情自然亲切，目光柔和平视，嘴微闭，两肩平正放松，两臂自然弯曲放在膝上，也可以放在椅子或沙发扶手上。掌心向下，两脚平落地面，起立时右脚先收半步然后站起。一般来说，在面试时，要求男性两腿之间可有一拳距离，女性两腿并拢无空隙。两腿自然弯曲，两脚平落地面，不宜前伸。在日常交际场合，男性可以跷腿，但不可跷得过高或抖动，女性大腿并拢，小腿交叉，但不宜向前伸直。为使你的坐姿更加正确优美，应该注意：入座要轻柔和缓，起立要端庄稳重，不可弄得座椅乱响，就座时不可以歪歪扭扭，两腿过于叉开，不可以高跷二郎腿，跷腿时悬空的脚下尖应向下，切忌脚尖朝天。坐下后不要随意挪动椅子，腿脚下不停地抖动。女士着裙装入座时，应用手将裙摆稍稍拢一下，不要坐下后再站起来整理衣服。在坐下的10分钟左右不可松懈，不可以一开始就靠在椅背上。就座时，一般至少坐满椅子的三分之二，不可坐满椅子，也不要坐在椅子边上过分前倾；沙发椅的座位深广，坐下来时不要太靠里面。无论哪一种坐姿，都要放松自然，面带微笑。在社交场合，不可仰头靠在座位背上或低着头注视地面；身体不可前俯后仰，或歪向一侧；双手不应有多余的动作。双腿不宜敞开过大，也不要把小腿搁在大腿上，更不要把两腿直伸开去，或反复不断地抖动，这些都是缺乏教养和傲慢的表现。

面试时要正确运用手势。手势语作为一种伴随性语言，伴随有声语言而出现，使有声语言行为化或重点强调，或辅助口头表达。在面试过程中，如果考官发现考生的手势比较多，但随着谈话的深入考生手部的动作减少了，那么考生可能已经在说谎了。因为当考生把注意力集中在自己讲话的内容上，身体动作变得不再是自发而出而是刻意做出的时候，这些身体动作就会明显减少。身体动作降低可能因为考生正在说谎，正在把注意力放在监督谎言的语言内容上。同时在潜意识里，人们觉得挥动双手会把自己的秘密泄露出去，于是在说谎时就很可能也不自觉地把手藏起来，放到口袋里。

求职面试时一定要纠正不良的习惯性动作。求职者在日常生活和工作中可能不自觉地形成了一些不良的动作，在求职面试中有时会无意识地表现出来，如在倾听对方谈话时用食指杵到面颊上、说话时抚手背、用手指敲桌子、用手抓耳朵、用手支撑头部等，这些无意识的动作既不雅观，又是失礼的表现。特别是有些手势动作，表达的是一种消极的不礼貌的信息，尽管你是无意的，但对方却不能不在意，以为你是有意的，以致造成误解，有碍交流，并对你产生不良的印象。如双手插在袋里，两拇指暴露在外，表示狂傲自大；十指交叉表示漫不经心或对抗情绪；背手表示自信和权威；捂嘴和摸鼻子表示不信任和猜疑。这些动作求职者在面试时是不能使用的，一定要理智，时时提醒自己，避免习惯性动作的出现。

实际行动　综合面试——即时问答

（1）按项目模拟演练形式编组抽取考题。考官组从语言表达能力、应变能力、综合分析能力、知识素质能力、人格素质能力、逻辑思维能力等测评试题中抽取题目一套。由主考官确定提问分工，下发面试项目综合测评表。

（2）考生组进入考场，由主考官组织抽签，确定考号和考试顺序，并封闭集中在一场地内待考，然后由引导员按号带入考场内进行面试。考生在考试期间一律不得携带和使用通讯工具，否则视为作弊。

（3）面试考生进入面试考场后，向考官问候后迅速入座，目光平视考官，不要东张西望，注意力要集中，稳定情绪，不要慌张。

（4）作答时，要注意合理使用和分配时间，面试时间一般为10分钟或20分钟，考官会有所提示。第一道题往往为自我介绍、了解考生概况类题。回答这类题目，要镇静自然，从容应答。给考官的"第一印象"十分重要。答题时一定要注意条理性，可分为几点来进行作答。要注意掌握时间节奏，不能超时。每道题答完后可提示考官答题完毕。

（5）在整个面试过程中要注意：语言表达简明扼要，做到有问必答，不能答非所问；要注意辩证回答问题；要紧扣主题切忌夸夸其谈。

分享与交流　在与考官交流中的注意事项

（1）要树立对方意识。面试中，考生始终处于被动地位，考官处在主动地位。他问你答，一问一答。因此，考生要树立对方意识。首先要尊重对方，对考官要有礼貌，尤其是考官提出一些难以回答的问题时，考生脸上不要露出难看的表情，甚至抱怨考官或主持人。当然，尊重对方并不是要一味地逢迎对方，看对方的脸色行事，对考官的尊重是对他人人格上的尊重。其次在面试中不要一味地提到"我"的水平、"我"的学识、"我"的文凭、"我"的抱负等，"我"字太多，会给考官目中无人的感觉。因此，要尽量减少"我"字，要尽可能将对方单位摆进去，如"贵单位向来重视人才，这一点大家都必须是清楚的，这次这么多人来竞争就说明了这一点"，这种话既得体，又确立了强烈的对方意识，考官们是欢迎的。再次是等考官提问完你再回答，不要考官没问完，你就先谈开了，弄得考官要等你停下来才提问，既耽误了时间，也会给考官带来不愉快。另外，面试完后，千万不要忘记向考官或主持人道声"谢谢"和"再见"。

（2）要学会换位思考。要尝试站在考官的角度思考问题。要学着去判断自己如果是一名考官在面试过程中最注重的是什么，最为看中应聘者的是什么。比如说考官所乐于见到的是一名积极参与、乐观、开放进取的应聘者，而不是一名战战兢兢、顾虑重重、束手束脚的应聘者，因此考生要做到与考官良好地互动，不要把自己和考官放在对立面上。要理解考官的心态，认识到他的确是决定自己的命运，但不是自己严酷的审判者。在参加面试前，做一些模拟面试训练，几个同学做考官，一个同学做考生，事先训练设计的题目，模拟问答，边进行面试演练，边发现问题，并及时纠正。这样，考生也能比较真实地体会到考官的心理活动，在正式面试时可以有针对性地进行表现。

（3）任何时候都要记住"这是在考试"。面试有时候可以说是在做戏，考官也好，考生也好，在现实中可能并不完全是那样的，但在考场上就是另外一副样子。因此，无论遇到什么类型的考官，遇到什么类型的问题，考生都不能乱了方寸，应该时刻提醒自己"这是在考试",该怎样表现就要怎样表现,该怎样回答就怎样回答。比如在一些面试时,有些考官会用攻击性的态度对待考生,提出特别尖锐的问题,有意令考生感到特别尴尬,借此考验考生的应变能力及面对不寻常情况时表现是否得体、胸襟是否开阔等。考生千万不要以为面试官是在故意刁难自己,马上"翻脸",应保持风度和礼貌,就问题核心内容阐述自己的观点。动怒不是明智之举,哪怕你只是对其中的一个考官发怒,也会令其他考官反感,坐失良机。如果考生一听到攻击性的问题,就惊慌失措、面露惊愕之色,考官就会认为你没有临阵不乱的大将风度,成不了大事。有时,你还会发现一些考官之间好像产生了分歧,有的考官表现无礼,提出尖锐问题故意为难你,而有的考官"温文尔雅",甚至与前者"针锋相对",看似彼此矛盾,实则在"演戏",只不过有的扮演"红脸",有的扮演"白脸",意图制造混乱,扰乱考生心态。遇上这种情况,考生一定要沉着冷静,不能无礼,更不要焦躁不安。应站稳脚跟,以"不变应万变",根据自己的判断,稳妥表达。有时考官会装出一副漫不经心的样子,好像对面试不太重视。而且在你回答时,他不仅不看你,而且在翻着手头的什么资料,甚至若有所思。特别是一些经验丰富的考官,时常采取自然发展式的面试方法。目的是看考生是否易受别人干扰。考生千万不要跳进这种常见的圈套中,以为自己可以一样轻率,随便谈天说地,而应该以认真的态度回答那些看似无关紧要的问题。一定要记住,考官都很忙,绝不会拿你开玩笑。有时候,一些考官会故意表现得轻松、亲切和善,好像是你的老朋友,和你拉拉家常,或者风趣地问你个人问题。其实,他是在打破你的心理防线,说出许多潜意识的内容,这可能就是所谓的"笑里藏刀",这时你应保持谦虚有礼的态度,给考官留下沉稳可靠的印象。

布置作业 无领导小组讨论会

无领导小组讨论是从西方引进的一种发现具有良好领导潜能者的群体讨论方法,具体方式是把数名被评价者集中起来组成小组,要求他们就某一问题开展自由讨论,并最终做出一致性意见的决策,考官通过对一组被评价者在讨论中的综合表现来对他们作出评价,这是当前人才招聘时选拔优秀人才的一种测评形式,实质上也是一种集体面试方法。

项目要求在一个完全平等的小组里(通常以5~7人为一组),大家围绕一个或几个话题随便发言,在指定的时间内围绕一个问题进行讨论,并形成小组的统一结论。面试考官则在一旁观测考生的组织协调能力、口头表达能力、辩论能力、说服能力、情绪稳定性、处理人际关系的技巧、非语言沟通能力(如面部表情、身体姿势、语调、语速、手势等)等各个方面的能力和素质,以及自信程度、反应灵活等个性特点是否符合拟任岗位需要,由此来综合评价考生之间的差别及优劣。

请大家围绕讨论参考题目查阅资料,准备小组讨论发言。

附 表

竞聘初试"答考官提问项目"考核评分表

测评要素	逻辑思维能力	语言表达能力	工作计划能力	经营决策能力	组织协调能力	人际沟通能力	创业创新能力	综合应变能力	工作相关特殊能力	气质、风度等个性特征
权重分数	20	15	5	10	10	15	5	10	5	5

续表

测评要素	逻辑思维能力	语言表达能力	工作计划能力	经营决策能力	组织协调能力	人际沟通能力	创业创新能力	综合应变能力	工作相关特殊能力	气质、风度等个性特征
评分要点	言语表达富有条理、周密连贯	重点突出，表达清楚明了	抓住实质，分析透彻，结合实际有预见性	考虑问题周到，概括分析全面，判断敏捷果断	合作意识强烈，团队建设主动	理解组织中的权属关系，认同组织文化	针对变化善于应变创新，不趋同附和	沉着冷静反应灵敏，能对突发情况综合应变处置	本岗位所需要的行业经验丰富，专业能力过硬	仪表、举止得体，对人有亲和力和感染力
评分等级	16~20（优秀）	12~15（优秀）	4~5（优秀）	9~10（优秀）	9~10（优秀）	12~15（优秀）	4~5（优秀）	9~10（优秀）	4~5（优秀）	4~5（优秀）
	11~15（较好）	8~11（较好）	3（较好）	6~8（较好）	6~8（较好）	8~11（较好）	3（较好）	6~8（较好）	3（较好）	3（较好）
	6~10（较差）	4~7（较差）	2（较差）	3~5（较差）	3~5（较差）	4~7（较差）	2（较差）	3~5（较差）	2（较差）	2（较差）
	0~5（很差）	0~3（很差）	0~1（很差）	0~2（很差）	0~2（很差）	0~3（很差）	0~1（很差）	0~2（很差）	0~1（很差）	0~1（很差）
得分										
考官评语	考官签字： 年　月　日									

第二单元 交际沟通技巧

项目一 无领导小组讨论

[教学目标]

通过本项目练习,锻炼学生开展专题研讨、主持会议的组织能力、交际沟通能力、即席发言能力。作为无领导的小组讨论,引导学生充分展示语言、非语言、个性特质方面的才能,考察与提高学生的组织意识、团队意识、洞察力、说服力、倾听力、感染力及成熟度。

[能力目标]

"会说"。

1. 能在一个完全平等的小组里,有针对性地提出自己的观点,并能有理有据地说服别人采纳自己的观点。
2. 能在较短的时间内充分展示自己的综合素质,包括组织协调能力、口头表达能力、辩论能力、说服能力、情绪稳定性、处理人际关系的技巧和非语言沟通能力等方面的能力和素质,以及自身的自信程度和反应敏捷等方面的个性特质。

[知识目标]

1. 了解无领导小组讨论的概念及相关内涵。
2. 熟悉无领导小组讨论的形式及参与要求。
3. 掌握讨论发言的原则与基本方法。
4. 掌握讨论发言的注意事项。

[素质目标]

1. 具备良好的口语表达素质及个人形象素质。
2. 具备良好的诚信、宽容的素质。
3. 具备较好的组织行为能力、智慧能力和倾听说服能力。
4. 具备良好的团队合作意识。

项目描述 求职复试——无领导小组讨论

无领导小组讨论,是一种集体面试方法。要求在一个完全平等的小组里,大家围绕一个或几个专题随便发言。小组成员由抽签产生,通常以5~7人为一组,在指定时间范围内围绕一个专题进行讨论,产生出小组的统一结论,并由小组推荐一名代表汇报小组讨论的结论意见。担任面试考官的小组成员，则在旁边观测讨论考生的组织协调能力、口头表达能力、辩论能力、说服能力、情绪稳定性、处理人际关系的技巧、非言语沟通能力（如面部表情、身体姿势、语调、语速和手势等）等各个方面的能力和素质，以及自信程度、反应灵活性等个性特点，完成专题研讨会综合考核评分表，对参加讨论的小组成员之间的差别及优劣作出综合评价。一般地，无领导小组讨论以每组5～7人为宜。人数少于5人，则组员之间争论较少，讨论不易充分展开。而人数多于7人，则有可能组员之间分歧过大，很难在规定时间内达成一致意见。因此分组时必须注意，竞聘同一岗位的考生必须被安排在同一小组，以利于相互比较；同时，同一小组的成员也应尽量是竞聘同一岗位（或相似岗位）的考生，以保证相对公平性。建议本项目训练分两轮进行，每轮由两组成员进行讨论，两组成员担任评委考官。第二轮交替变换角色。

项目准备　什么是无领导小组讨论？

1. 无领导小组讨论的概念与内涵

无领导小组讨论是从西方引进的一种发现具有良好领导潜能者的群体讨论方法，它是指把数名被评价者集中起来组成小组，要求他们就某一问题开展自由讨论，并最终做出一致性意见的决策，评价者通过被评价者在讨论中的综合表现来对他们作出评价的一种测评形式。无领导小组讨论是西方国家人才招聘时，特别是中高层管理人才招聘中经常使用的。

简单地说，就是在一个完全平等的小组里，大家围绕一个或几个话题随便发言。实质上无领导小组讨论就是一种集体面试的方法，通常以5～7人为一组，在指定时间范围内围绕一个问题进行讨论，产生出小组的统一结论。面试官则在旁观测考生的组织协调能力、口头表达能力、辩论能力、说服能力、情绪稳定性、处理人际关系的技巧、非言语沟通能力（如面部表情、身体姿势、语调、语速和手势等）等各个方面的能力和素质，以及自信程度、反应灵活性等个性特点是否符合拟任岗位的需要，由此来综合评价考生之间的差别及优劣。

无领导小组讨论的适用对象为具有领导潜质的人或某些特殊类型的人群，它为企业选择所需的优秀人才提供了一种有效方法，现在在我国一些选拔党政干部和高级管理人员的面试中开始使用，取得了非常好的效果。

2. 无领导小组讨论的程序

一次完整的无领导小组讨论需要45～60分钟的时间，可分为三个阶段。

（1）开始阶段。主考官宣读讨论的注意事项和讨论的题目，考生阅读题目独立思考，准备个人发言。准备时间一般为3～5分钟。

（2）个人发言阶段。考生轮流发言，初步阐述自己的观点。主考官控制每人发言时间不超过5分钟。

（3）自由讨论阶段。个人发言后，小组进入自由讨论阶段。考生不但要继续阐述明白自己的观点，而且要对别人的观点做出反应。讨论最后必须达成一致意见。自由讨论的时间一般为30～40分钟，此阶段主考官不作任何干预。

无领导小组讨论的程序如下。

① 讨论前事先分好组，一般每个讨论组6～8人为宜；

② 考场按易于讨论的方式设置，一般采用圆桌会议式，面试考官席设在考场四边（或集中于一边，以利于观察为宜）；

③ 考生落座后，面试考官为每个考生发空白纸若干张，供草拟讨论提纲用；
④ 主考官向考生讲解无领导小组讨论的要求（纪律），并宣读讨论题；
⑤ 给考生3～5分钟准备时间（构思讨论发言提纲）；
⑥ 主考官宣布讨论开始，依考号顺序每人阐述观点（5分钟），依次发言，发言结束后开始自由讨论；
⑦ 各面试考官只观察并依据评分标准为每位考生打分，不准参与讨论或给予任何形式的诱导；
⑧ 无领导小组讨论一般以45～60分钟为宜，主考官依据讨论情况确定时间，宣布讨论结束后收回考生的讨论发言提纲，同时收集各考官评分成绩单，考生退场；
⑨ 记分员按歌唱比赛去掉一个最高分、一个最低分，然后得出平均分的方式计算出最后得分，主考官在成绩单上签字。

3. 无领导小组讨论的优点和缺点

在无领导小组讨论中，所有被评价者的地位平等，完全依赖个人发挥以表现自我的个性和能力。而作为评价者的考官不仅能倾听被评价者的言，更可关注他们的行。与其他面试方法相比，无领导小组讨论面试有其显著的优点。

一是独特的考查维度。可以考查一些笔试和面试不能考查或难于考查的能力或素质，比如人际敏感性、组织协调能力、人际影响力等。

二是评价被评价者"如何做"，而非"如何说"。无领导小组讨论利用情境测试方法，基于一个特定问题情境下，提供给被评价者一个舞台，使他们表现出真实行为。被评价者的行为表现得越充分，越有利于评价者对他们做出准确评价。

三是能在被评价者间的互动中对其进行观察评价。无领导小组讨论中，被评价者与他人沟通交往时表现出的能力和风格，对其个人和组织的成功至关重要。在不同的观点对抗中，被评价者能够展现出其自信心、进取心和团队精神，从而全方位把握被评价者。

四是尽量减少被评价者掩饰缺点的可能。出于获得职位的强烈愿望，被评价者或多或少会倾向于尽量表现自己的优点，而极力掩饰缺点。在无领导小组讨论中，被评价者在情境的压力下，展示出来的是真实的自我，很难掩饰缺点。

五是能在同一时间对多名被评价者实施测评，考察范围广。

六是对考生的实际行为进行评价，更加客观和准确。在面试中，评分者主要依据考生的口头回答进行评价，但说得好并不一定做得好。而在无领导小组讨论中，评分者是依据应聘者实际表现出来的行为特征来对其进行评价的，因而评价更加客观和准确。

七是在特定时间内，可有多名被评价者同时参与无领导小组讨论。不仅大量节省时间，而且讨论可考查的范围较广，包括沟通能力、团队合作、组织协调等能力，也可考查逻辑思维能力、分析能力、创造能力等。还可对被评价者的自信心、情绪稳定性、工作风格等进行了解，能使评价者得到大量有关被评价者能力、个性特点的信息。

但这种面试形式之所以在我们当前的招聘录用考试中还没有全面推广，是因为受到这种面试自身的局限性限制。

题目设计问题。无领导小组讨论对试题的设计要求非常严，题目若太容易达成一致意见，则很难全面考察应聘者，若太难则分歧大，很难达成一致，应聘者也可能因为压力过大而表现失当。一道好的讨论题目需要反复实践和修改后方可获得。

考官问题。要对考官专门培训，主考官必须接受专门的培训，否则难以做出准确、有效的评定。主考官的主观性、偏见和误解，可能导致对应聘者评价的偏颇或不一致。

相互影响问题。一个考生表现受同组其他成员影响较大。例如，一个思维清楚但不善言谈的人如果与几个语言表达能力很强的人分在一组，就会显得迟钝木讷；若分到一群同样不善言谈的人中，给他更多发言的机会，他敏捷的思维就会脱颖而出。因此在无领导小组讨论中，不同组的应聘者很难进行相互比较，在实际应用中，应尽量将竞聘同一岗位的应聘者安排在同一组。同时，同组内的应聘者也应该都是竞聘同一岗位或相似岗位的人。

若应聘者有过这方面的经验或受过类似的培训，则仍有掩饰其缺陷的可能。

4. 无领导小组讨论试题特点及设计原则

在设计题目时一般要体现如下特点。

(1) 逼真性　无领导小组讨论的特点之一就是它的情景模拟性，而体现情景模拟性的一个方面就是所设计的讨论题目是一个独立、高度逼真的、有代表性的、与实际工作有关的问题，即要求讨论题目同时具备现实性和典型性。因为这些典型的事件或问题最能够反映拟任岗位的工作特点。设计的讨论题目越有典型性，就越能从中反映出被评价者是否具备完成实际工作的能力和品质。所以设计题目必须结合实际工作，从中去找寻体现现实性和典型性的讨论题材，设计出与实际工作情景相似的讨论题目。

(2) 针对性　讨论题目的设计必须建立在测评维度和测评标准上，这样设计出来的题目才更有针对性。讨论题目的设计必须针对岗位的特点，即要求讨论题目能够有针对性地反映拟任岗位的工作特点，讨论题目是现实工作中已发生的或与现实相似的事件或问题，能够体现具体的现实工作情境特点和所需具备的各种技能、品质等要素。

(3) 熟悉性　设计的讨论题目在内容上必须是所有被评价者熟悉并感兴趣的，因为这样才能保证人人有感可发，保证每位被评价者在讨论过程中能够比较充分的表现自己，从而确保评价的公平性。如果内容对被评价者而言比较陌生，则会限制他们的某种行为表现，导致评价者无法全面地做出评价，也就使得测评无法达到预想的目的。同时，讨论题目的内容不会诱发被评价者的防御心理，因为这样才能让被评价者尽情展示自己的风采，表现真实的自我。

(4) 具体性　一方面，讨论题目涉及的内容应该广泛而深刻，在立意方面，一定要高，设计讨论题目要从大处着眼，涵义要深刻；另一方面，讨论题的内容一定要具体，即设计题目要从小处入手，具体、实在、不空谈，一定要避免那些玄妙、抽象、言之无物的争辩，避免给评价带来不便。

(5) 适宜性　讨论题目要有适当的难度。设计的题目不能过于简单，必须有足够的可争论性，要能充分激发讨论成员之间的争论，这样才能使被评价者的行为特征充分表现出来。如果讨论仅仅10分钟便达成了一致结论，被评价者没有充分的表现机会，评价者往往无法对被评价者进行准确评价。当然，设计的题目也不能太难，太难会导致被评价者无法讨论下去。为了避免"天花板效应"和"地板效应"所带来的不利影响，讨论题目的难度一定要适宜。

(6) 辩论性　无领导小组讨论重在"讨论"。通过讨论来观察和评价被评价者的各项能力素质。这种讨论的目的不在于阐述、捍卫某种观点、思想的孰是孰非，而在于过程，在于让聆听争论的考官可以看到应聘者更真实的行为。当然冲突不能太大，否则大家很难达成一致。所以设计的讨论题目必须体现出它的辩论性，即讨论题目能够引起被评价者激烈的讨论行为，让他们在讨论过程中真实地把自我表现出来。

(7) 多元性　讨论题目的设计一定要一题多解，也就是说，在每个案例的分析与判断中，均应有几种可供选择的方案和答案，每一方案和答案均有利有弊，让被评价者的主观能动性得以充分发挥，讨论之中仁者见仁、智者见智。

（8）平等性　平等有两方面的含义：一方面是在分组时要使每名被评价者在知识、经验上是平等的，这样对于被评价者来说才有同样的机会表现自己；另一方面是对于那些适用于角色分工的讨论题，题目本身对角色的分工在地位上一定要平等，而不能造成被评价者之间有等级或者优劣的感觉。只有被评价者的地位平等了，他们才能有发挥自己才能和潜力的平等的机会，被评价者之间才有可比性。

无领导小组讨论对试题的设计要求比较高，必须遵循一定的设计原则和设计步骤，才能设计出较为成功的讨论题目。要求设计讨论的题目没有明显的答案或绝对的正确与否之分，题目设计有充分的讨论空间，能够引起充分的争论，从而使得被评价者的各项特点和综合能力，尤其是领导才能得到淋漓尽致的发挥，同时也给评委提供了在互相对照的背景下对被评价者进行评价的机会。同时讨论题目还必须具有普遍性，如果题目过于专业化，势必会影响到那些不熟悉该专业领域的小组成员。因此，无领导小组讨论专项题目设计要求非常严格。必须通过工作岗位的调查分析，根据岗位所需人员应该具备的特点、技能来进行有关题目的收集和设计，筛选出难度适中、内容适合、典型性和现实性均较好的案例类型，修正加工凝练成为典型的讨论题目，使这些题目具备科学性、实用性、可评性、易评性等特点，以保证能够激发出被评价者的特定行为，为考官的评价工作打下良好基础。

5. 无领导小组讨论的评分设计

无领导小组讨论的计分包括以下几个方面。

（1）语言方面。如何运用语言和语言表达如何，是无领导小组讨论打分的主要方面。这里主要方面包括是否有发言主动性、组织协调能力、口头表达能力、辩论说服能力、论点的正确性、语言的感染力等，这些不同的要素应根据职位的不同有不同的权重得分。在具体实施过程中，可根据具体情况，确定测评的要素和各要素的权重，以和具体的岗位、职位相对应。评分表如表2-1所示。

表2-1　无领导小组讨论评分表（语言方面）

测评要素		发言的主动性	组织协调能力	口头表达能力	辩论说服能力	论点的正确性	总分	组别
								备注
								考官的简短评语
考号	姓名	5	5	8	12	10	40	
考官签字							年　月　日	

（2）非语言方面。面试内容很重要的一项是通过形象、姿态、动作来判断，包括面部表情、身体姿势、语调、语速和手势等。这些肢体语言是否到位是测评的重要内容。评分表如表2-2所示。

表 2-2　无领导小组讨论评分表（非语言方面）

测评要素		面部表情	身体姿势	语调	语速	手势	总分	组别
								备注
								考官的简短评语
考号	姓名	5	3	5	2	5	20	
考官签字						年　月　日		

（3）个性特点。个性是一个人区别另一个人的重要标志，公务员的个性特点包括心理特征、兴趣、自信、情绪控制、情感、责任心等方面，在测评时，主要有自信程度、进取心、责任心、反应灵活性等。评分表如表2-3所示。

表 2-3　无领导小组讨论评分表（个性特点）

测评要素		自信程度	进取心	责任心	情绪稳定性	反应灵活性	总分	组别
								备注
								考官的简短评语
考号	姓名	5	10	10	10	5	40	
考官签字							年　月　日	

担任评价者的考官不参与讨论的过程，他们只是在讨论之前向被评价者介绍一下讨论的问题。对于评价者来说，重要的是要善于观察。观察可以从以下几个方面进行。

——每个考生或被评价者提出了哪些观点？
——当别人的观点与自己的观点不符时是怎样处理的？
——被评价者是怎样说服别人接受自己的观点的？
——被评价者是怎样处理与他人的关系的？是否一味只顾自己讲或常常打断别人的讲话？
——每个人在陈述自己的观点时语言组织的如何？语调、语速及手势是否得体？

在无领导小组讨论中，考官评分的依据标准是：发言次数的多少；是否善于提出新的见解和方案；敢于发表不同的意见，支持或肯定别人的意见，坚持自己的正确意见；是否善于消除紧张气氛，说服别人，调解争议，创造一个使不大开口的人也想发言的气氛，把众人的意见引向一致；看能否倾听别人的意见，是否尊重别人，是否侵犯他人发言权。还要看语言表达能力如何，分析能力、概括和归纳总结不同意见的能力如何，看发言的主动性、反应的灵敏性等。

项目练习　集体面试之专题研讨

（1）布置集体面试任务。要求各小组任抽一题，并就问题开展自由讨论，并最终形成一致性的意见或决策，写入讨论会议记录。要注意小组分组时人数最好为偶数，因为无领导小组讨论的真正目的不在于得到讨论问题的答案，而是考查小组成员在讨论过程中的自我才能展示，它是一种重在过程而非结果的测评方法，所以，讨论会要展示一个持久热烈的讨论场面，但经常会碰到的情况是，当小组内部争论非常激烈、势成骑虎的时候，往往会有人提出采用投票表决、多数获胜的方法来决策，而实际上，对于碰到迟疑不决的争论的时候，更能体现一个人的协调、组织、创新和引导等关键性能力，无疑，小组成员为偶数大大增加了小组讨论的冲突的概率，也能大大降低通过投票这样简单地解决问题的现象。专题讨论的练习题目可以由教师预先设计。教师在设计编制题目时，可结合受训学生专业特点及将来招聘岗位对任职者能力要求、岗位职责进行选择，题目的主题情景要与实际工作情况有一定联系，必须能够激发被评价者的行为表现，并且促使被评价者行为表现能够体现出个体差异，同时能够兼顾公平原则。

（2）布置适当的实施环境。选择一间宽敞明亮的教室，能够容纳下所有考生和评分者，要求评分者与考生保持一定的距离，以减轻考生的心理压力。如果条件许可，可准备一台摄像机，这样，评分时可以重复观看录像，以使评分更加准确。在细节方面，要注意对时间的分配，事先应做好一个完整的时间安排，考场环境要保持安静，座位呈马蹄形分布。

（3）各小组推荐一名代表汇报小组讨论的结论意见，可以安排多媒体教室。

（4）教师选择部分学生当考官，培训考官按照表 2-1～表 2-3 给示范者评分，并以客观公正的态度对示范者的表现逐一给予点评。

（5）活动结束后组织集体评议：无领导小组面试讨论的难点与重点在哪里？

归结主要的难点如下。

（1）自信度不高，不敢说话。不自信不大方，眼睛不敢看评委考官。

（2）说话不能形成自己的判断与观点。

（3）不能说服别人，阐述自己的论据不充分。

（4）说话时自己的语气与态度不能做到平和大方。

（5）不能控制好时间，要么很短，要么不知道如何收尾。

归结训练重点如下。

（1）说服考官，折服队友。

（2）阐明自己的见解，以理服人。

（3）学会尊重对方的意见，能够以探讨的态度创设较为和缓的气氛。

（4）加强点评指导，反复训练。注意语言、非语言、个性特征等方面的单项强化训练。

案例学习 如何回答集体讨论中的专项题目

讨论题目的形式可以多种多样，一般可分为下列五种：开放式问题、两难问题、多项选择问题、操作性问题和资源争夺问题。

一、开放式问题

此种形式一般出的题目都比较宏观，也没有固定答案，主要考查考生们思考问题是否全面、是否有针对性，思路是否清晰、是否有新的观点和见解。如：你认为一个企业优秀员工应该具备什么样的素质？你认为什么样的员工才是好员工？等等。关于此类问题，考生可以从很多方面入手来谈，如从时代的要求、职位的要求、个人的人格魅力、优秀员工的才能、亲和力等方面来回答，可以列出很多方面。对考官来讲，这种题目出得比较容易，但不容易对考生进行评价，因为此类问题不太容易引起考生之间的争辩，所测查考生的能力范围较为有限。

题目示例

请你仔细阅读下面的材料：

一个人要在事业上取得成功，取决于许多重要的因素。例如：机遇、能力、学历、好的人际关系、家庭背景、兴趣爱好广泛、关系、智商高、金钱、名校毕业、为了朋友能够牺牲个人利益、健谈。当然，可能还有许多这里没有列出的因素。你们的任务是，大家一起谈谈事业上的成功取决于哪些因素，尽量达成一致意见。然后，派出一个代表来汇报你们的意见，并阐述你们作出这种选择的原因。

在讨论之前，首先给你们 5 分钟的时间考虑，然后每人将自己的答案写在纸上，接下去，大家用 45 分钟的时间就这个问题展开讨论。如果到了规定时间，你们还是不能得到一个统一的意见的话，那么，在你们每一个人的成绩上都要减去一定的分数。

好！现在开始。

二、两难问题

两难问题就是让考生在两种互有利弊的答案中选择其中的一种。既然是两难，就说明这个问题难以选择，从考生对这个问题的回答中可以考查考生的分析能力、语言表达能力以及说服力等。例如：你认为做一个专家能够实现你的人生抱负呢，还是做一个领导干部能够实现你的人生抱负？你认为以工作为取向的领导是好领导呢，还是以人为取向的领导是好领导？此类问题对考生而言，既通俗易懂，又能够引起充分的辩论；对于考官而言，不但在编制题目方面比较方便，而且在评价考生方面也比较有效。但是，此种类型的题目需要注意两种备选答案具有同等程度的利弊，不能是其中一个答案比另一个答案有很明显的选择性优势。

题目示例

假设你是某单位信息处的工作人员。信息处的重要职责是将关于本市政治、经济、文化、生活等方面重要信息的每日摘要向市主管领导呈报。下面有两条信息。

信息一：某居民小区原有一个菜市场，在前一阶段的全市拆除违章建筑大行动中被拆除了。市政府一直没有重新给菜市场安排场地。这样，该小区的居民就要到距小区很远的其他菜市场进行购菜，给居民尤其是家中仅有老人的家庭生活带来极大的不便。居民呼吁市政府尽快解决该问题。

信息二：本市有一家中型企业，长年来一直亏损，职工开不出工资。本年初新总经理及领导班子上任后，通过完善内部管理，改善经营机制，半年多时间使企业扭亏为盈⋯⋯

由于各种原因，上述两条信息只能报一条给领导。请问，你认为应该将哪一条信息报给市领导？理由是什么？大家的任务就是对信息进行讨论并得出一个统一的意见。然后，派出一个代表来汇报你们的意见，并阐述你们作出这种选择的原因。

在讨论之前，首先给你们5分钟的时间考虑，然后每人将自己的答案写在纸上。接下去，大家用45分钟的时间就这个问题展开讨论。如果到了规定的时间，你们还是不能得到一个统一的意见的话，那么，在你们每一个人的成绩上都要减去一定的分数。

好！现在开始。

三、多项选择问题

多项选择问题就是对一个问题的解决设计若干种答案，要求让考生在多种备选答案中选择其中有效的几种或对备选答案的重要性进行排序。此种形式主要考查考生分析问题、抓住问题本质方面的能力。

下面转录的是一个经修改过的某省公务员录用考试中多项选择无领导小组讨论的题目。

题目示例

请仔细阅读下面的材料。

近年来，腐败现象引起了广大人民群众的强烈不满，成为社会舆论的热点问题。有的群众把导致腐败现象滋生蔓延的原因归纳为下面10个方面。

（1）由于改革开放，西方不健康思潮涌入我国，给人们以消极的影响；

（2）中国传统封建意识中的"做大官发大财"、"当官做老爷"意识复苏，一些干部"为人民服务"的思想淡化；

（3）市场经济的负效应诱发了"一切向钱看"，导致拜金主义和个人主义泛滥；

（4）相对来讲，公务员的收入不是太高，但公务员的权力和地位则很高，使他们产生一种失落感，难免不被别人拉下水；

（5）所谓"衣食足则知廉耻，仓廪实则知礼节"，由于现在是社会主义初级阶段，商品经济发展还不充分，人民的物质生活水平不高，贫富差距拉大，造成了"笑贫不笑娼"的畸形心态；

（6）政治思想教育跟不上，从而形成"一手硬一手软"的现象，对我党我军的光荣传统不敢理直气壮地宣传；

（7）在治理腐败问题上，处理不严，打击不力，人们对反腐败信心不足；

（8）认为腐败是任何社会都具有的共同特质，是人类社会无法消除和遏制的；

（9）在从计划经济向市场经济转变的过程中的法律法规不健全、不配套；

（10）国家不能做到高薪养廉。

你们的任务是，从这10个腐败现象滋生蔓延的原因中选出3个最重要的并说明理由。

首先给你们5分钟的时间，各自独立从这10个问题中选出3个最重要的，在这一阶段注意不要相互讨论，接下去用45分钟时间进行讨论，要求最后拿出小组一致的结果来，由一个人向考官进行汇报，并陈述理由，其他人可以进行补充。如果到了规定的时间，你们还是不能得到一个统一的意见的话，那么，在你们每个人的成绩上都要减去一定的分数。

四、操作性问题

这是给材料、工具或道具，让考生利用所给的材料制造出一个或一些考官指定的物体来。主要考查考生的能动性、合作能力以及在一项实际操作任务中所充当的角色特点。

此类问题考查考生的操作行为比其他类型的问题要多一些，情景模拟的程度要大一些，但考查语言方面的能力则较少。必须充分地准备需要用到的一切材料，对考官和题目的要求都比较高。

下面是一个操作性无领导小组讨论的题目示例。

> **题目示例**

搭积木游戏

用所提供的积木，大家合作搭出一座建筑物。

五、资源争夺问题

此类问题适用于指定角色的无领导小组讨论，是让处于同等地位的考生就有限的资源进行分配，从而考查考生的语言表达能力、概括或总结能力，发言的积极性和反应的灵敏性等。如让考生担当各个分部门的经理并就一定数量的资金进行分配。因为要想获得更多的资源，自己必须要有理有据，必须能说服他人，所以此类问题能引起考生的充分辩论，也有利于考官对考生的评价，只是对试题的要求较高。

> **题目示例**

关于几个城市申办城市运动会的问题。参加讨论的6个人分别代表的是6个参与竞争城市的这项工作的负责人，在这个任务中，每一个人的角色是随机分配的。当你成为了某个候选城市的申办代表，你会拿到一些关于这个城市情况的介绍，然后根据自己的优势与其他人进行竞争，争取申办权。

下面是某个考生的材料：

现在有6个城市在申请主办第×届城市运动会。你是你所在城市申办部门的代表。城市运动会放在哪个城市举行，要考虑诸如该市的体育设施、交通、经济发展水平、环境等因素。假设今天就由你们6个人讨论决定由哪个城市举办城市运动会。由于大家都有事要尽早离开这里回到自己的城市，因此，要求大家在45分钟内做出决定。

你的目标是：为自己所代表的城市争取举办城市运动会的权利。

你所代表的城市是东部沿海的A市。该市连续三年进入百强县（市），经济条件比较好，交通也比较便利，群众要求举办的呼声很高，市政府也大力支持。但体育设施比较落后，环境污染比较严重。

项目辅导 在无领导小组专题讨论时必须注意的问题

把5～9个和自己一样抱着谋取职位目的的考生放在一起面对面竞争，对大多数考生来说是非常困难的一件事。作为考生，在进行无领导小组讨论时要注意以下几点。

一是必须树立我能赢的信心，如果没有这样的必胜信念，甚至还没有入场就生怯，那无论如何是难以脱颖而出的。无领导小组讨论是考生之间的直接竞争，拥有坚定的自信心是在竞争中脱颖而出的重要条件。

二是在得知要讨论的话题或考题时，要在脑海里立刻形成自己的判断和观点。考生应该有自己的观点和主见，即使与别人意见一致时，也可以阐述自己的论据，补充别人发言的不足之处，而不要简单地附和说："某某已经说过了，我与他的看法基本一致。"这样会使人感到你没主见，没个性，缺乏独立精神，甚至还会怀疑你其实根本就没有自己的观点，有欺骗的可能。当别人发言时，应该用目光注视对方，认真倾听，不要有下意识的小动作，更不要因对其观点不以为然而显出轻视、不屑一顾的表情，这样不尊重对方，会被考官认为是涵养不够。对于别人的不同意见，应在其陈诉之后，沉着应付，不要感情用事，怒形于色，言语措词也不要带刺，保持冷静可以使头脑清晰，思维敏捷，更利于分析对方的观点，阐明自己的见解。要以理服人，尊重对方的意见，不能压制对方的发言，不要全面否定别人的观点，应该以探讨、交流的态度在较和缓的气氛中充分表达自己的观点和见解。

三是在交谈中，谈话者要注意自己的态度和语气。有的人自视甚高，很有思想，因而说起话来拿腔作调，口若悬河，使别人没有时间反驳或发表自己的见解，而且轻视别人的思考能力。有的人认为自己能言善辩，为了引起众人的注意，"语不惊人死不休"，用夸张的语气谈话，甚至不惜危言耸听，哗众取宠。有的人说话喋喋不休，为了压制别人而有意无意地伤害别人的感情。这些人因为不懂得交谈中的基本礼仪，不但不能达到他们的谈话目的，反而只能给人留下傲慢、自私、放肆的印象，破坏了交谈的气氛，很难达到彼此交流的目的。

四是说服考官、折服队友是你的最终目的。因此，在论证时，要论证充分，辩驳有力。语不在多而在于精，观点鲜明，论证严密，一语中的，可起到一鸣惊人的作用。及时表达与人不同的意见，反驳别人先前的言论时也不要恶语相加，要做到既能够清楚表达自己的立场，又不令别人难堪。同时，尊重队友观点，友善待人，不恶语相向。相信每一个成员都想抓住机会多发言，以便"凸显"自己。但为过分表现自己，对对方观点无端攻击、横加指责、恶语相向，往往只会导致自己最早出局。而且，不能搞"一言堂"，不可滔滔不绝，垄断发言，也不能长期沉默，处处被动。每次发言都必须有条理、有根据。

五是逐一点评，充当领导者。最好找机会成为小组讨论的主席，以展示自己引导讨论及总结的才能。尤其是对该问题无突出见解时，当主席实在是明智之举。在讨论结束之前，你将各成员交谈要点一一点评，分析优劣，点评不足，并适时拿出自己令人信服的观点，使自己处于讨论的中心，无形中使自己成了领导者的角色，自然就为自己成功"入阁"增加了筹码。但要注意，有时领导者不一定是最符合岗位评价标准的，因此要学会展现自己最符合岗位的方面。

小组讨论的目的是表现自己，突出个人各方面的能力，赢得考官的赞赏，因而要运用一些论辩说服的技巧，从中展示出自己的能力。

虽然在无领导小组讨论中，打分包括语言、非语言、个性特征几个方面，但语言是最关键的，如果你不能够通过你的舌头把你的观点表达出来，"说服"

考官和队友，即便你的肢体语言再得体，即便你再有个性特征，考官也绝不会对你感兴趣。语言是你展示自己能力和水平最关键的因素。因此，怎样通过语言达到自己的目的，就显得非常重要。

实际行动 主动发言，充分表现

题目一：请仔细阅读下面材料：近年来，腐败现象成为社会舆论的热点问题。有的群众把导致腐败现象滋生蔓延的原因归纳为以下10个方面。

（1）随着改革开放，一些不健康的思潮涌入我国，拜金主义等思想给人们以消极的影响。

（2）中国传统封建意识中"做大官发大财"、"当官做老爷"意识复苏，一些干部"为人民服务"思想退化。

（3）市场经济的负效应诱发了"一切向钱看"，导致拜金主义和个人主义泛滥。

（4）相对来讲，一些干部的收入不是太高，但是他们的权力和地位很高，使他们产生一种失落感，难免不被别人拉下水。

（5）当前人民的物质生活水平还不很高，贫富差距的拉大造成了"笑贫不笑娼"的畸形心态。

（6）政治思想教育跟不上，从而形成"一手软一手硬"的现象，对我党我军的光荣传统不敢理直气壮地宣传。

（7）在惩治腐败问题上处理不严，打击不力，人们对反腐信心不足。

（8）认为腐败是任何社会都具有的特质，是人类社会无法消除与遏制的。

（9）国家不能做到高薪养廉。

（10）在从计划经济向市场经济的转变过程中，法律法规不健全，不配套。

首先给你们5分钟的时间考虑，各自独立从这10个选项中选出3个最重要的，然后每人将自己的答案写在纸上。在这一阶段不能互相讨论。接下去，大家用45分钟的时间就这个问题展开讨论。如果到了规定时间，你们还是不能得到一个统一的意见的话，就会在你们每一个人的成绩上减去一定的分数。

题目二：仔细阅读下面材料（第二组、第四组）

在××市有10所学校要申请主办第×届××省大学生运动会。你是这10所学校的申办代表。省大运会放在哪所学校举行，要考虑诸多因素。如该校的体育设施、交通、住宿、学校的实力水平、环境等因素。假设今天就由你们这些申办代表讨论决定由哪所学校举办省大运会，请各申办代表在30分钟内讨论决定。

你所代表的学校分别是××工业学院、××理工学院、××工学院、××医学院、××广播电视大学、××信息职业技术学院、××工程职业技术学院、××机电职业技术学院、××轻工职业技术学院、××纺织服装职业技术学院。要求：①每个人思考3分钟，然后将自己的答案写在纸上（2分钟）。②自由讨论时间是30分钟。③如果到了规定时间，小组团队成员还不能得到一个统一的意见的话，那么，在你们每一个人的成绩上都要减去10分。

分享与交流 讨论发言考什么

所谓讨论，就是有争议的代表方就一个议题展开讨论，求同存异，达成共识，形成一个结论。评价讨论发言的水平，主要通过发言者的主要观点、支持观点的理由依据、发言的立场与态度等方面，依据语言、非语言、个性特征等方面分成几个维度进行测评。每个维度都有一定的标准定义。对于不同的维度，则根据职位的不同要求，有不同的权重。比如对于财务工作而言，专业知识能力和敬业精神、诚实精神所占的权重就应该大一些。

一般说来，无领导小组专题研讨主要从以下几个方面来考查考生的职业能力与综合素质。

（1）组织行为。主要考查考生在小组讨论中是否经常主动发言、表达出自己的观点，同时也能顾全大局，让他人充分表达自己的见解，并向他人提出疑问。考生应纠正别人的错误，使讨论继续进行下去，从不同的角度出发，综合他人的意见，针对不同的观点，做出恰当的概括、总结，并给出大家一致认可的意见。

（2）洞察力，又称智慧能力。主要考查考生在讨论中是否切中问题要领，充分利用前提条件，提出自己有创造性的新颖观点和见解，在论述自己观点的同时能把问题分析透彻，并引用例证来支持自己的观点，洞察力还体现在及时捕捉他人谈话中的漏洞，并加以补充解释。

（3）说服力。小组讨论除了要求每位考生发言，阐述自己的观点，最后还要拿出大家一致认可的结论。这就说明了说服力的重要性，它有两方面的内容：口才，逻辑性及表达。口才指的是发言的流畅性、准确性、语调、语速是否适中，是否有婉转性、有章法等。后者包括发言的准确性、不走题，在论述观点时，论点与论据间要联系紧密。

（4）倾听。倾听是无领导小组讨论评分中的一个重要维度。好的管理者能认真地倾听下属或他人的谈话，倾听主要考查考生是否专注于听取他人的见解，并很好地与他人进行沟通交流（如面部表情、点头、摇头等），在讨论中不随便插话打断别人的谈话，别人插入自己的谈话时能接受，而不是表示厌烦或反对。

（5）感染力。一个人的感染力对于成功的企业管理领导者来说非常重要，在小组讨论中，这个维度能完全体现出来。它包括很多方面的内容，如关注对象、语音、手势、面部神态等。

（6）成熟度。是对考生各个方面的总体把握。如在讨论中，与他人交谈时显示出的成熟风度与年龄、工作经验成正比。

（7）团队意识。小组讨论是对考生进行集体测试的方法。这就要求考生们必须密切合作，拿出大家一致认可的意见。因此，考生们要找到自己的准确位置，不能在讨论中以自我为中心，忽视团队中他人的意见。

布置作业

1. 搜集资料，了解辩论会的组织、辩论的相关技巧，做好参加辩论会的准备。
2. 以"挖掘人才需不需要考试"、"在校大学生积累知识更重要，还是在校大学生塑造人格更重要"为题，准备辩论。

项目二
赛场辩论

[教学目标]

通过本项目练习，学生能掌握竞争性辩论赛事的组织、主持、答辩方面的常用策略，锻炼学生开展即席答辩的语言表达能力、快速反应能力、活动的综合组织能力，培养学生良好的语言素养和综合素质。

[能力目标]

"会说"。

1. 能抓住辩题中的"异认点"，依据自己一方的立场观点据理力争，能抓住对方论点中的薄弱环节，反驳对方的论点不遗余力，能立能驳，表现出良好的口语表达能力与口头说服能力，展现雄辩风采。

2. 能够在辩论中讲理、讲度、讲德，展现出良好的个人综合素质。

[知识目标]

1. 了解辩论与辩论的要素。
2. 了解辩论的特点及其作用。
3. 掌握辩论的类型与基本要求。
4. 掌握辩论的方法与基本法则。
5. 熟悉辩论赛事的组织，做好辩论的准备。
6. 掌握辩论的主持技巧。
7. 了解辩论的风格与注意事项。

[素质目标]

1. 具备良好的心理素质与临场应变能力。
2. 具备较好的组织协调能力。
3. 具备团队合作意识，表现良好的综合素养。
4. 具备良好的洞察能力与说服能力。
5. 具备良好的分析思考能力与逻辑归纳能力。

项目描述 求职复试——赛场辩论

辩论也称论辩，是对立双方就一个有争议的问题针锋相对地发表意见，或论述或辩驳以分清是非的一种对白体的说话形式。论辩以阐述为基本表达方式，以彰扬真理、否定谬误为基本目的。论辩的主体由持不同见解的各方组成，参辩各方共同探究的辩题是论辩的客体，论辩的过程主要是阐明己见、批驳对方的攻防对策和语言交锋。各方的语言是论辩的载体。论题（客体）、立论者、驳论者（主体）构成辩论的三大要素。

赛场辩论不同于为维护个人观点或某个政党、集团的政策而展开的论辩，而是一项侧重于言辞表达能力的比赛。它要求按一定的规则进行，围绕某一个预设的问题，双方当面交锋，各自论述自己的观点和见解，抨击对方论点，以求评判出胜负的一种演练活动，是一种集道德涵养、文化积累、知识结构、逻辑思维、心理素质、语言艺术、整体默契、仪表仪态为一体的高水平的综合素质的较量。在当今大学生当中，关注并积极参与辩论赛的人很多，但很多情况下都是仓促上阵，对辩论的准备、了解却很少。实际上，赛场辩论就像体育竞技一样，是一种高素质高品位的智力竞技活动。辩论双方对垒，唇枪舌剑，紧张激烈，使辩论比赛极富魅力，有很高的欣赏价值。本项目训练，旨在通过这种口才竞技比赛形式，掌握辩论论点的确立、论证的逻辑及辩论的基本技巧。

本项目采用小组对抗赛的形式，围绕预设的辩题展开。论辩双方（正方或反方）所持的观点由抽签决定，它只有胜负之分而无是非之别。小组团队依据班级人数确定，大都采用突出团体作用的1：1辩式。这种比赛方式要求在主持人的组织下有观点对立的两队，每队可有4～7人参赛，各队设主辩1人，副辩1人，其余为助辩。比赛由双方主辩全面阐述本方观点以引起争辩。然后按正方第一人反方第一人的顺序依次发言。一轮结束后设一定时间的自由辩论，时间一般为3～5分钟。最后由双方副辩总结陈词，强调本方观点，并加以发挥和升华，将辩论比赛推向高潮。每场辩论比赛设主持人一名。主持辩论活动，维护辩论会场秩序，保障辩论活动按照辩论规则有秩序地进行。主持人要求坐在两个参赛队伍中间、比参赛人员座位稍后一点的中央位置，便于观察整个辩论会场的情形。比赛还需安排一组队员担任评委裁判。由各小组抽签交叉担任。

项目准备　赛前备战

演练性的赛场辩论对赛前准备有较高的要求。参加辩论赛的参赛队员在赛前主要准备有三项：认识准备、立论准备和试辩准备。

1. 认识准备

所谓认识准备，是指参赛队员在赛前对"辩论赛"的性质和特点要有所了解。这种辩论往往不问辩论者本人的立场和主张，而侧重于人们的辩论技巧的比赛。比赛双方都不要求说服对方或被对方说服，而以驳倒对方、争取评委和观众从而战胜对方为目标。要说服观众和评委，就是让观众和评委更乐于接受你方的表现，更乐于认同你方的观点。达此目的，靠两方面力量：一是以理服人，二是以德服人，前者是知识的力量，后者是人格的力量。知识力量能使人们信服观点的论证，人格力量则能使人们接受辩手本身，并进而在有意无意中相信和支持该辩手的论证与反驳。双方辩手不能因为己方的观点并不真正赞同而予以否定，否则会因为立场不够坚定而在论辩当中倾向对方，使己方的观点走形。一般来说，保证辩题的中性以使参辩双方在论辩中处于平等的地位，在赛场辩论中十分重要。归结起来这种比赛有以下三个特点。

（1）辩论的题目、辩论的程序、发言的时间等，都是由辩论赛的组织者所决定，参赛者必须按规定进行辩论，不能随意改变。

（2）比赛胜负标准包括立论、材料、辞令、风度以及应变技巧等综合因素，胜负由评委根据标准及主观印象进行裁定。

（3）辩论时只能针对对方的观点和理由进行攻击，而不能涉及对方的立场和人品。了解辩论赛的这些性质和特点，就不会在比赛中，在思想和方法上与日常争辩相混淆。

2. 立论准备

辩题被明确无误地确认后，参赛队员就可以根据辩题，共同商量，研究确立一个最有利于本方论证的具体的总论点。所谓最有利于本方，就是指该总论点不仅观点正确，旗帜鲜明，而且用之攻能破对方任何的立论，用之守能抵挡对方的任何攻击。能不能确立这样一个总论点是一次辩论赛准备的成败关键。为了要确立这样一个总论点，首先要对辩题进行严格的审题，也就是要对辩题字面上的每个词或词组逐个进行概念分析，即通常所说的"破题"。这种分析要同时站在双方的立场审视，不能一厢情愿。尤其是要分析出哪些词或词组对对方立论具有潜在的有利因素，可能成为双方首先争论的焦点，因为一般的辩论赛双方都会抓住辩题中的某个词项解释人手开始辩论，有时会出现整个辩论赛始终围绕这种解释来进行。因此，尽量设法站在一定理论高度，对辩题作出有利于本方观点的界定，以获得大多数观众

"公认",是极为重要的一环。

一般来说,剖题立论要遵循以下几个原则。

(1) 要处理好立意高远与认同度的关系。辩论的立意要高、要新,让观众感觉耳目一新,备受启迪,从而深深折服。同时要避免深奥难懂、曲高和寡,应当深入浅出、符合情理,使己方的立论更容易被观众接受和认同。

(2) 要处理好有利和有理的关系。剖题立论要为己方服务,当然要尽量往有利于己方的方面去挖掘,同时又必须言之有理,持之有故,能自圆其说。

(3) 要处理好进攻与防守的关系。在构建理论框架时,不仅要使之坚实严密,固若金汤,也要给己方留下伸缩进退的充分空间,能进能退,易守易攻。

对于参辩双方来说,剖题立论很关键。双方均须对论题的正方观点和反方观点予以确定并加以充分准备,做到知己知彼。剖题立论工作可从以下几个方面着手。

(1) 分析论题的种类。主要是看清楚辩题对正反双方的论点是否都作了明确的规定和限制。如:人性本善这个辩题,如果辩题反方的论题未被明确规定的话,双方各自要准备的论点是:正方:人性本善。反方:①人性本恶;②人性有善有恶;③人性无善无恶。

如果辩题的反方已被明确规定为第一种论点的话,那么,双方的论点则为:正方:人性本善;反方:人性本恶。

(2) 分析论题的关键字眼。关键字眼是双方争论的焦点,对关键字眼分析透彻,准备充分,限制得当,则可做到正可立反可驳。辩题是一个由若干概念组成的命题,每个概念可能有多种解释,如何界定很有讲究。有的辩论队一拿到辩题就翻字典,对每一个概念下一番定义,这种做法并不可取。有的概念并不会引起分歧,也不是决定立场的主要概念,就没有必要非下定义不可。关键是对关键词的概念弄清楚。这样既可以节省主辩陈词的时间,又可以突出重点,使己方的观点更加鲜明。所谓关键词是辩题中的"题眼",是辩论中双方争议的焦点,找到关键词就找到了立论的方向。对关键字眼分析透彻,准备充分,限制得当,则可做到正可立反可驳。

例如,1990年第三届亚洲大专辩论会的一个辩题为"儒家思想是/不是亚洲'四小龙'经济快速成长的主要因素",其中有"儒家思想"、"亚洲'四小龙'"、"经济快速成长"、"主要因素"等概念。当时持反方立场的南京大学队经过分析后,认为其中"主要因素"是关键词。于是他们重点对"主要因素"作出界定,提出主要因素必须有总揽全局功能。在此基础上,他们建构了自己的基本论点:儒家思想只是亚洲"四小龙"经济快速成长的背景条件,并不是主要推动因素,推动"四小龙"经济快速发展的主要因素是"四小龙"能总揽全局的正确而灵活的战略和政策。由此立论为南京大学最终赢得比赛的胜利奠定了基础。

(3) 对己方和对方进得论辩逻辑设计。关键概念界定之后,就要开始对整个辩题进行逻辑分析,对己方和对方的论题的内涵和外延进行逻辑分析,并在分析的基础上设计论辩的逻辑框架。具体来说,就是给自己的立论划一个圈,使自己的观点能够自圆其说,建立一个稳固的防线;同时要分析对方可能的逻辑,设计进攻的路线,并且分析对方可能的进攻路线进行防御,通过双方论辩的逻辑设计,建立有利于己方的逻辑架构。常见的辩题逻辑类型如下。

① 利弊型:如"流动人口的增加有利于/不利于城市的发展"、"外来文化对民族文化的发展利大于弊/弊大于利"等。就利弊型辩题而言,一般正反方的逻辑地位是同样的。因为,利与弊都可以说出一大堆,重点就在于怎样把己方要论证的利或者弊说成是全局性的、必然性的、主导性的、长远性的、根本性的,而把对方的立论说成是局部性、偶然性的、边缘性

的、暂时性的、非根本性的。

② 应该型：如"经济发展应该以教育发展为前提/教育发展应该以经济发展为前提"等。应该型辩题是一种价值判断，是以理想状态作背景的，强调"应该"说明实际上还做不到或者只能部分做到。所以一般说，肯定的一方要尽量缩短理想与现实状态之间的距离，否定一方则要努力夸大两者的距离。

③ 可能型：如"人类永久和平是可能/不可能实现的"。可能型辩题的逻辑比较特异：一方面，可能性是指向将来的，现实性是指向过去的，所以现实性永远驳不倒可能性；另一方面，可能性是无限的，所以在辩论中，"不可能"的一方在逻辑上总是居于比较困难的境地。

④ 直言型：如"离婚率上升是/不是社会文明的表现"。直言型判断的辩题，它没有任何附加的条件。因此，在逻辑上辩论者不能进一步把它"硬化"，即把它推向极端，而是要悄悄引入一些附加条件，使之"软化"，以利于观众接受。

⑤ 比较型：如"男人比女人/女人比男人更需要关怀"、"发展知识经济，自然科学和社会科学哪个更重要"。此类辩题要注意双方立场不是截然对立，关键是证明"更"，证明何者程度上更胜一筹。

（4）确定辩题的价值取向。对辩题作出价值判断，从而明确己方持某一立场的意义所在。价值取向确定的高下，显示出辩论的价值和现实意义。其根本原则是根据人类求真、求善、求美的基本价值需求，以鞭笞假、恶、丑，弘扬真、善、美为主旨，确定具体辩题的价值取向。例如1993年国际大专辩论会的人性之辩，复旦大学队持人性本恶立场。但是他们并没有拘泥于辩题，而是提出虽然人性本恶，但人性可以通过后天的教化加以遏制，确定了人性向善、抑恶扬善的价值取向。这样一来，不但提升了立论的意境，而且一扫人性本恶立场的悲观主义色彩，赢得了人们的认同和共鸣。

（5）确定己方底线。完成论题剖析就可以确定辩论的底线。底线是一方的根本论点，是进一步立论的基础。底线一般用简洁的几句话来表述，包含己方对关键词的界定、对立论逻辑的设计以及价值取向的确定。例如，前面提到的南京大学队在剖题后得出的基本论点："儒家思想只是亚洲'四小龙'经济快速成长的背景条件，并不是主要推动因素。推动'四小龙'经济快速发展的主要因素是'四小龙'能总揽全局的正确而灵活的战略和政策"就是他们的底线。又如，在关于"发展旅游业利大于弊/弊大于利"的辩论中，反方的底线是"如果不分时间、环境，盲目发展旅游业就是弊大于利"。在关于"温饱是/不是谈道德的必要条件"辩论中，反方的底线是"有理性的人存在是谈道德的必要条件，在任何情况下都能够谈道德，在走向温饱的过程中尤其应该谈道德"。可见，底线并不是对于辩题的简单重复，它是在吃透辩题的基础上，加上各种条件、限制、延伸之后得出的己方的根本论点。

（6）列出立论提纲。底线是立论的基础，有了底线就确定了总论点和基本理论框架。接下来要形成具体的立论提纲。立论提纲有三个要素：论点、论据、论证。其中论点是辩论的灵魂，可以分为总论点和分论点。论据是证明论点的事实依据和理论依据。论证是联系总论点、分论点、论据的推理过程。通过逻辑论证，总论点、分论点、论据之间应当构成一个严密紧凑的逻辑架构。

例如复旦大学队"人性本恶"的立论提纲。

① 关键概念界定

人性：由自然属性和社会属性构成，自然属性指人的无节制的本能和欲望。

本：本来的，先天的。

恶：本能和欲望无节制地扩张。

善：对本能的合理节制。

总论点：人性是本恶的，通过后天的教化，人性可以改变，甚至产生伟大的人格，因为人有理性。

② 分论点及论据

分论点1：人性本恶是人类理性认识的结晶。

论据：荀子性恶论、犹太教原罪说、马基雅维利、弗洛伊德、黑格尔等。

分论点2：现实和历史都用事实证明人性本恶。

其一：日常生活中显示人性本恶。

论据：李尔王的不孝女儿们、《联合早报》上拳击妻子的丈夫、倒卖血浆的联合国维和部队、杀人不眨眼的拉美毒枭、《天龙八部》四大恶人、曹操、路易十五、卖妹妹的英国小男孩等。

其二：人类诞生之初就显示人性本恶。

论据：烤同类头骨吃的周口店猿人、把小孩摔死的土人等。

其三：人类历史证明人性本恶。

论据：希波战争、希特勒的奥斯维辛集中营、日寇的细菌试验场等。

其四：正由于人性本恶才突出教化的重要和艰巨。

论据："十年树木，百年树人"、"学好三年，学坏三天"等。

分论点3：认识到人性本恶才能重视教化，抑恶扬善

论据：孔子诲人不倦，"放下屠刀，立地成佛"，有礼友善的新加坡人，人类制定法律、道德、组建政府等。

（7）收集论据。引经据典、旁征博引是辩论说服力的重要支持。论据是支撑论点的素材，也就是建立己方论点的材料，可以分事实论据和理论论据两部分。论据的来源很广，包括历史资料、现实状况、数字数据、正反面典型事例、名人名言、理论学说、新闻事件、诗词、歌词、寓言、歇后语等。一般来说，事实论据多从历史事件（即在人类社会发展的历史长河中出现过并且被普遍认可的事实）和现实材料（即现、当代出现的并且被大多数人所熟知的事实）中选取。理论论据主要包括两方面的材料。即一方面是指被社会发展所证明了的科学真理，另一方面是指在社会科学和自然科学发展中作出过突出贡献的著名人物的著名论断和著名言论。在收集和选择论据时要注意以下要求：①准确性。辩论的论据应当来源可靠，实事求是，陈述准确。②典型性。指论据应当具有代表性。典型性论据往往是对方很难辩驳的。③充分性。指论据数量充足、论据利用充分。④新颖性。既要有历史资料，也要有最新的材料。如果全部都是陈旧的论据，会给人陈词滥调的印象。⑤简洁性。论据一定要精挑细选，对于无用或冗长的材料要坚决舍弃；同时要仔细推敲，力求用精练的语言加以表述。辩论中时间有限，不能为了一个例子长篇大论，这样不但浪费时间，而且还会减弱论证力度。⑥倾向性。论据应当是为己方服务的，所以对论据必须仔细分析，看看是否会被对方所用，成为反方论据。要是不小心运用了反方论据，那就像足球运动员把球踢进自己的球门一样。

（8）辩论的分工与战术设计。日常辩论无所谓分工，赛场辩论有明确的分工。目前我国大中专学校较常采用的是4对4的论辩形式，即论辩的双方均由4人组成。这种比赛以中国中央电视台与新加坡广播局联合举办的国际华语大专辩论会即"新加坡模式"最有影响。这种辩论赛依据比赛规则，特别注重整体的配合。一是要注意陈词结构的起承转合。二是要注

意内容结构的"板块分割",即一辩重逻辑分析;二辩重理论分析;三辩重事实分析;四辩重价值分析。三是要注意默契合作,即共同立论、相互论证、相互补充、掌握时间划分和材料运用。总之,既要做到有侧重的分工,又要协调整体配合。这就需要在赛前做好战术设计,在充分研究正反方立场的有利、不利因素的基础上,制定具体的比赛策略、方法,包括各个比赛环节的战术设计、辩手之间的分工配合、心理战术设计等。

(9) 写好辩词。尽管辩论赛越来越强调临场发挥,但是赛前准备好辩词还是非常重要的环节。辩词包括规定发言部分和临场发挥部分。以新加坡模式为例,需要准备的辩词就包括一辩、二辩、三辩的程序发言辩词、四辩的总结辩词、自由辩论辩词等。辩词首先要整体设计,确定几套方案。每套方案都应该包括对辩题的理解和剖析、论辩层次、逻辑框架、对方可能的立场与攻击点、本方的防守点、中外理论及事实论据、各辩位的分工、论辩中需注意的问题和对可能出现的问题的设想及化解对策。如果正反方是临时抽签决定,那么事前应分别准备正反双方的论辩方案。而每一位辩手都要准备好相应程序发言的辩词。如一辩辩词,强调开篇立论。主要任务是界定关键词,交待己方总论点,确立己方的逻辑框架。一般来说,一辩的辩词应当条理清晰,观点鲜明,力求先声夺人。二辩辩词,侧重从理论的角度论证己方观点,是在一辩逻辑框架基础上的深化。二辩的任务是最重的,因为整个理论体系需要由他建立,己方的总论点和主要分论点全都在此时展开。此外,由于二辩之前对方已经进行了陈述,二辩还要承担对对方理论观点进行反击的任务。所以,二辩陈词的开头需要留出反驳的空间。三辩的主要任务是反驳,侧重用事实说话,用大量的历史、现实、正面、反面的事例和材料来证明己方观点的雄辩性,驳斥对方观点的错误性。三辩陈词应当给人知识面广、联想丰富、新鲜生动、机智诙谐的感觉。如果说一辩、二辩主要是以理服人的话,三辩就要突出以情动人、渲染气氛,并将己方观点进一步深化。四辩是整场辩论的总结,首先要对对方的观点进行集中反驳,然后要将本方观点进行提升,从价值判断的高度加以新的概括。四辩陈词应精心雕琢,加强说服力、感染力,可以借鉴演讲技巧,以求观众留下深刻的印象。自由辩论的辩词其实就是一个组织进攻的纲要,包括进攻和防守的基本思路。进攻思路要具体化为一个个精心设计的问题,防守思路则主要用对对方可能提问的预设回答来体现。辩词写完之后要反复朗读,然后字斟句酌,不断修改。只有这样才可能写出一篇适合辩论表达的言简意赅的辩词。

3. 试辩准备

如同其他比赛一样,辩论队要想在正式比赛中获胜,一定要在正式比赛前搞一次尝试性的实战演练,以检验自己的赛前准备是否经得起实际的考验。为了达到检验的效果,试辩条件和气氛要尽量搞得逼真些,以增加辩论经验和赛场感觉。演练时可以先将辩论环节分解开来,有针对性地进行某一环节的训练;然后按正式比赛的要求进行模拟比赛。每次训练之后,各小组辩手都要及时进行总结,分析各自表现得失,针对问题找出解决的办法。如此反复,以不断完善己方立论,锻炼辩手的比赛能力。

试辩可以让参赛队员很快进入角色。前面已经说过,辩论赛的最大特点就是辩题观点不一定与辩论者本人最初的观点相一致,就像某些演员本身的性格与剧中人的性格不一致一样,需要深入生活、深入实践才能进入角色。辩论赛在比赛过程中不仅有纸上观点的正面交锋,还有辩论风度、情态等方面的表演,通过试辩往往能促使参赛队员不仅在理论上,而且在情感上也完全站在所持的辩题观点上,以便逼真地表现出理直气壮、慷慨激昂、义正词严而又通情达理地维护本方观点的样子。对于初赛者来说,试辩还可以先锻炼一下上场的胆量,培养一下临场的经验。

一般情况下，试辩活动可安排在正式比赛前一两天举行，类似于赛前的热身赛，使参赛队员保持最佳竞技状态。

项目练习 自由辩论

（1）布置自由辩论赛项目训练任务。以"挖掘人才需不需要考试"、"在校大学生是积累知识更重要还是塑造人格更重要"为题，以小组为单位组成四队，分别抽签决定辩题的正方与反方。各小组采用1∶1辩式中的自由辩论环节开展辩论训练，每个小组成员的累计发言时间为10分钟。

（2）自由辩论是辩论中最精彩的环节，也是最具观赏性的部分。无论是观众还是评委对于该环节都倾注了极大的热情。目前辩论赛有许多模式，对于以口才训练为主要目标的训练项目来说，自由辩论规则简单，参与训练的选手可多可少，时间设定可长可短，便于教练依据参赛人数及现场环境开展活动的组织与指导。各小组推荐评委一名组成评判团，负责赛场点评，推荐一至二名同学担任项目主持人，负责自由辩论实战训练项目的主持与总结。

（3）各选手要调整好心态，以最佳的精神状态投入比赛，立场鲜明，维护本方观点，注意临场应变与技巧发挥。自由辩论以问答为进攻与防守的主要载体。每位选手应坚守底线，主动展开进攻。在自由辩论中始终要坚持贯彻小组团队讨论所形成的立论意见和己方的底线，不论出现怎样的意外情况，都必须坚守底线，"以不变应万变"。同时，要以饱满的斗志积极捕捉战机，灵活运用各种战术与技巧，将进攻的主动权牢牢地控制在己方的手中。同时，辩论赛是集体力量的对抗，要注意发挥整体优势，默契配合。任何辩手都要以本方整体利益为最高利益。当其他辩手发言时要认真听，当某一辩手出现险情时，要及时补台，绝不能只顾自己发言，或与其他辩手抢发言，或者一言不发。尤其在自由辩论中，切忌出现一方有辩手不发言或很少发言，只有一、两位辩手在说话的状态。只有团队中每个辩手都发挥出色，整个辩论队才能形成整体优势，否则会削弱整体的战斗力。辩论比赛中要注意辩风文明，注意举止仪表。在紧张的比赛中，每位辩手的压力都很大，有时会出现一些辩手情绪失控，措辞激烈，甚至出言不逊的情况。这不但会导致丢分，而且大大影响到辩论赛的气氛。我们提倡以德服人、以理服人的辩论，每一位辩手都要做到仪表大方、举止得体、彬彬有礼，无论赛场形势如何变化，应始终保持良好的辩德与辩风。"有理不在声高"，比赛不仅展示雄辩的才能，更要充分展示良好的综合素质。

（4）评判与点评是自由辩论项目训练中不可缺少的重要部分。辩论赛的评判不同于一般竞技类比赛的评判，它的评判标准很大程度上要靠评委的主观判断。因此辩论赛对评委有较高的要求。评委应当公正、诚信、客观、中立，评判时不受任何辩手赛场表现以外事项的左右。评判过程中应始终保持高度集中的注意力，并将注意力公平分配给双方，能认真、负责、尽职地完成评判工作。此外，评委还要始终保持良好的判风，不能有失态的举止，也不能将喜怒哀乐写在脸上。评委要依据评判的范围和标准对辩赛作出恰当的评判。一般来说，评判的范围包括辩手的辩论技巧、辩辞、风度和整体配合等项目，各项比分由组织者视辩论赛的具体情况事先确定。同时，一般辩论赛同时设团体奖项和个人奖项，因此需要对辩论队团体和辩手个人的表现分别进行评判。评分标准分团体得分与个人得分两大部分。团体得分（总分100分）从审题（满分20分）、论据（满分20分）、推理（满分20分）、辩驳（满分20分）、配合（满分20分）五个方面观察判分。审题看辩论立场是否清晰，能否从多角度、多层次分析、理解与认识辩题。论据，则从逻辑、理论与事实材料各方面为立论提供的论据是否充分、合理来判别。推理主要看在整场辩论中能否根据所用材料作出有层次、多角度、有说服力的推理论证。辩驳从能否在对方攻击下为本方立场作有力辩护，能否及时抓住对方的要害问题予以攻击并有成效来观察。配合主要看整个团队分工是否合理，配合是否默契，队员的整体观念体现如何。个人得分部分（总分50分）主要看队员表达陈词是否有层次性、条理性，看论据是否充分有力、具有说服力（满分10分）。看队员在自由辩论中的表现，如主动性、把握准确性、机智、应对能力、是否有新意、思维是否符合逻辑等方面（满分10分）。再就是看队员的语言风格与表情风度，语言是否准确流畅、言简意赅，发音准确清楚（满分10分）。看表达是否通俗明白，生动有趣，活泼幽默（满分10分）。看仪表举止是否自然大方，表情手势是否恰当适度，是否尊重对方，尊重评委与观众（满分10分）。担任评委的代表须按评分表的要求填好评分表。并将评分结果报告给主持人。

（5）在辩论赛主持人公布辩论结果之前，由评判团选派一至二位代表上台为辩论赛作点评。好的点评能给一场辩论赛画上圆满句号，起到画龙点睛的作用。评委点评应以评判标准为基础，全面客观分析双方表现及优缺点。评评要见解独到，褒贬相宜，最好能提出双方可以改进的意见或建议。点评双方表现之外，还可以就辩题本身发表评委的见解。评委意见能提升辩手和观众对辩题的认识层次，启发思考，使赛场辩论的教育意义和社会意义得到升华。赛后点评力求营造和谐的氛围。一场激烈的比赛结束了，肯定有胜有负，有喜有忧。双方参赛选手此时此刻处于患得患失的状态，观众们也十分期待比赛的结果。此时负责点评的评委应以自己的口才和智慧为大家营造一个轻松、友好的气氛，启发辩手和观众把注意力从胜负上转移开来，以利于比赛在和谐轻松的气氛中圆满结束。评委点评的内容可以从以下几方面考虑：①辩论双方的战略比较，包括对辩题的剖析和认识、舌战中主要施行的战略、战术与辩论技巧、逻辑推理框架与逻辑难点处理等。②辩论态势分析，包括辩论中战场的开辟，攻防转换的门道及双方优劣势的演化过程等。③现场表现评析，包括辩论语言、辩德和辩风、技巧运用等。优缺点都要分析，在评点的基础上，再对双方的缺点与不足提出改进建议。

案例学习　首届国际华语大专辩论赛决赛辩词实录

辩题：人性本善
正方：台湾大学队
反方：复旦大学队
主席：黎学平
时间：1993年8月29日下午

主席：观众朋友，欢迎光临1993年国际大专辩论会决赛。这个国际大专辩论会是由新加坡广播电视局和中国中央电视台联合举办的。过去的一个星期，辩论会的八支队伍经过四场初赛、二场半决赛之后，其中的六支队伍淘汰了。今天进入决赛的两支队伍可说是辩论经验丰富的精英，他们肯定会在今天的比赛中大展辩才，给大家带来场"劲"的（比赛），让大家大饱耳福。今天我们非常荣幸地邀请到新加坡副总理李显龙出席我们的大决赛（掌声）。国际大专辩论会的冠军队将获得一万元的现金奖，亚军队可获得五千元。另外，我们也将在过去几场和今天的辩论群英会中选出一位最佳辩手，他可以获得二千元的现金奖励。现在向您介绍参加今天大决赛的两支队伍，台湾大学和复旦大学。在我右手边的是正方台湾大学的代表：第一位是吴淑燕，政治系二年级；第二位是蔡仲达，会计系二年级；第三位是许金龙，政治系二年级；第四位是王信国，哲学系二年级（掌声）。在我左手边的是反方复旦大学的代表：第一位是姜丰，中文系中国语言文学研究生二年级；第二位是季翔，法律系二年级；第三位是严嘉，法律系四年级；第四位是蒋昌建，国际政治系硕士班三年级（掌声）。

今天我们的评判团阵容也特别强大。五人评判团是由本地和海外专业人士组成的。他们是离振羽教授，他是南洋理工大学传播学院院长（掌声）；第二位是吴德耀教授，他是前东亚哲学研究所所长（掌声）；第三位是查良镛先生，他是香港《明报》创办人，也是著名武侠小说家，笔名金庸（掌声）；第四位是杜维明教授，他是美国哈佛大学东方语言及文明学系教授（掌声）；第五位是许廷芳律师，他是新加坡广播局董事（掌声）。

今晚的辩题是：人性本善，反方的立场是：人性本恶。（笑声）双方的立场是抽签决定的。现在我宣布：1993年国际大专辩论会大决赛正式开始！首先请正方一辩吴淑燕同学表明立场和发言，时间3分钟。（掌声）

吴淑燕：大家好！哲学家康德主张，人不分聪明才智、贫富美丑，都具有理性。康德所主张的理性，便是孟子所说的良心。孟子认为人性本善，所以"见孺子将入于井"，每一个人都会有恻隐之心。而佛家说，一心迷是众生，一心觉则是佛。正因为人性本善，所以人随时随地都可以放下屠刀，立地成佛。我方主张人性本善，便是主张人性的根源点是善的，有善端才会有善行。我方不否认在人的社会当中当然会有恶行，但是恶行的产生都是因为外在环境所造成的，所以恶是结果而不是原因。如果硬要说恶是因不是果，也就是如果说人性本恶的话，那么人世间根本不可能产生真正的道德。虽然英国哲学家霍布斯极力主张在人性本恶的前提之下人类如何形成道德，但是想想看，如果人性本恶，人类一切外在道德规范都是人类作为利己的最大手段，当道德成为手段时，道德还是道德吗？也就是说，人一旦违反道德不会受到任何处罚的时候，人就不会去遵守道德的约束了。深夜两点，我走在路上看到红灯，如果人性本恶就一定会闯过去，因为为了方便嘛。但事实上却不是如此，仍然有很多人会遵守交通规则。而根据人性本善的前提假设，霍布斯认为必须有一个绝对的权威，无所不在地监督着每一个人履行道德规约。因为如果人性本恶，没有人会心甘情愿地去遵守道德规约。但是，事实证明：人还是有善性，（时间警示）人还是有道德，人还是会有利他的行为。如果人性本恶，那么我们只有两种选择：第一个是活在一个"老大哥"无时无刻不在监督我们的世界当中；第二个是我们人类生活的社会将是彼此不会互相信任，如果这样子的话，我们今天看到一个老太太跌倒了有人把她扶起来，人们便说这个人居心不良；而我们在这次辩论会当中所建立起来的友谊全部都是虚假的装腔作势。但是我们会发现，在人类历史社会当中，没有一个绝对权威的君主曾经产生过，但是舍己为人的事实却不断地在发生。而在生活当中，为善不为人知的生徒小民更是比比皆是，泰丽莎修女的善行、大乘佛教中所说的"众生有一人不得渡，则己终身不作佛"的慈悲宏愿，难道不是人性本善的最佳印证吗？（时间到）谢谢！

主席：谢谢吴淑燕同学。接下来我们请反方第一位代表姜丰同学表明立场和发言，时间也是3分钟。

姜丰：谢谢主席。大家好！我先要指出一点的是，康德并不是一个性善论者。康德也说过这样一句话，他说："恶折磨我们人，时而是因为人的本性，时而是因为人的残忍的自私性。"对方不要断章取义。另外，对方所讲到的种种善行，讲的完全是后天的，又怎么能够证明我们命题当中的"本"呢？神话归神话，现实归现实。对方辩友，请你们摘下玫瑰色的眼镜看看这个现实的世界，就在你们陈词的这三分钟当中，这个世界又发生了多少战争、暴力、抢劫、强奸。如果人性真的是善的话，那么这些罪恶的行为到底从何而来呢？对方为什么在他们的陈词当中，从始至终对这个问题避而不答呢？我方立场是：人性本恶。

第一，人性是由社会属性和自然属性组成的。自然属性指的就是无节制的本能和欲望，这是人的天性，是与生俱来的；而社会属性则是通过社会生活、社会教化所获得的，它是一种后天的。我们说人性本恶当然指的是人性本来的、先天的就是恶的。

第二，提到善恶，正如一千个观众会有一千个"哈姆雷特"，一千个人心目当中也许会有一千个善恶标准。但是，归根到底，恶指的就是本能和欲望无节制地扩张，而善则是对本能和欲望的合理节制。我们说，人性本恶正是基于人的自然倾向的无限扩张的趋势。那个曹操不是说过："宁可我负天下人，不可天下人负我"吗？那个路易十五不是说过："哪怕我死后洪水滔天。"还有一个英国男孩，他为了得到一辆自行车竟然卖掉自己三岁的妹妹。这些，对方还能说人性本善吗？

第三，虽然人性本恶，但是我们这个世界并没有在人欲横流当中毁灭掉，这是因为人有理性，（时间警示）人性可以通过后天的教化加以改造。当人的自然倾向无限向外扩张的时候，如果社会属性按照同一方面推波助澜，那么人性就会更加堕落；相反，如果我们整个社会倡导扬善避恶，那么人性就有可能向善的方向发展，这一点也不正说明了儒家思想所倡导的修齐、治平、内圣、外王是何等重要吗！对方辩友，如果真的是人性本善的话，那么孔老夫子何必还要诲人不倦呢？

今天，对方辩友所犯的错误就在于以理想代替了现实，以价值评判代替了事实评判。从感情上讲，我们同所有善良的人一样也是希望人性是善的。但是，历史、现实和理性都告诉我们，人性是恶的，这是一个事实。我们只有正视这个事实，才可能更好地扬善避恶。（时间到）谢谢各位！

主席：谢谢姜丰同学。接下来我们听听正方第二位代表蔡仲达同学发言，时间3分钟。

蔡仲达：大家好！刚才正方同学谈得很多，我们就一一来检视到底善是本还是恶是本？到底善是表象还是恶是表象？我们先举一个例子来说吧。如果我们今天要吃西瓜，是不是先要种西瓜子呢？如果我们种红豆、绿豆，长得出西瓜吗！所以，人世间为什么这么多善行呢，当然是人的本性中就有善的种子嘛。那人世中为什么会有恶的表象呢？很简单嘛，我们都知道，我们吃西瓜只要丢西瓜子就好了吗？我们还要施肥，还要浇水哟，而且一不小心，万一下了十几天的大雨，那么西瓜不但长不好，而且还会烂掉。所以同样的嘛，我们在人类的充满污染的环境中，我们承认有些人他虽然有善根，但是呢他长不出善果。他是长得不好，我们承认，但是这并不代表说他的人性中没有善的种子啊！所以我们发现，很多犯罪的人到最后他都良心发现，我们说他是良心未泯。那么我们想想看，如果说人的良心自始就不存在人的本性中的话，那么我们怎么样去解释人会有后悔的行为呢？大家都不曾经后悔过了吗？

好的，对方同学又指出了另外一点，说人的恶是因为人有欲望，人有本质。我就不懂了，为什么欲望一定带来是恶呢？我今天喜欢一个女生，那个女生也喜欢我，我们都想跟对方结婚，我们组成美好的家庭，这是恶吗？（笑声、掌声）再说吧，人有本能，人肚子饿了就想吃饭，这是恶吗？这是人类能够生存的本性啊！如果人肚子饿了就想吃、狮子肚子饿也想吃，那人跟狮子不就是一样了吗？对方同学您如何解释呢？另外我们再想一想吧，对方同学说人的本性可以教育，所以本性是恶可以教育成善。我们就来想一想，为什么人的本性可以被教育成善呢？我们说小鸟会飞，它只要学了飞就会飞，为什么我们人怎么教，我们都不会自己飞呢？因为我们的本性中（时间警示）没有飞的本性嘛。那么，人为什么能够被教成能够飞呢？为什么能够教成去行善呢？（笑声）就是因为我们相信人的本性中有善性嘛。如果说人的本性是恶的而能够教成善的，那我们就觉得很奇怪了，如果人的本性没有善性，为什么我们一学就知道什么是善，一教就知道就会行善，而教你怎么飞，再怎么教你都不会呢？就算如果是本恶的话，那到底是谁要来教我们，是一个本恶的人要来教我们本恶的人吗？他们为什么要教我们呢？他们到底有什么动机？我们能够信任他吗？他们要教育我们行善，孔夫子要教育我们行善，他们背后是不是有一个更大的恶的动机呢？（笑声、掌声）我们就觉得很奇怪了吗，对不对？比如说吧，我们一个老人跌倒了，我们把他扶起来；我们来新加坡，交这么多朋友，以辩会友，我们情感真挚；我们看到非洲的饥民，人人心中都有不忍，悯天地不悯。如果说扶老人就是沽名钓誉；交朋友就是虚伪矫情（时间到）……谢谢！

主席：谢谢蔡仲达同学。接下来我们听听反方第二位代表季翔同学怎么反驳，时间3分钟。

季翔：谢谢主席。各位好！对方辩友，我倒真的想请问你这样一个问题，既然社会是由人构成的，对方辩友却认为社会环境中的恶和人的恶没有关系，那请问：外在环境的恶是从哪里来的呢？你们的善又是怎么导出恶的呢？我方从来不认为本能和欲望就是恶，本能和欲望的无节制地扩展才是恶。对方辩友，孔子早就告诉过我们："道听途说，德之弃也。"我方认为人性本恶主要基于如下理由。

第一，人性本恶是古往今来人类理性认识的结晶。早在两千多年前，所谓人类文明的轴心时代，荀子的性恶论与犹太教的原罪说便遥相呼应。而到了近代，从马基雅维利到弗洛伊德，无一不主张人性本恶。这难道仅仅是历史的巧合吗？不！伟大的哲学家黑格尔一语道破天机："人们以为，当他们说人性本善时是说出了一种伟大的思想。但他们忘记了，当他们说人性本恶时，是说出了一种伟大得多的思想。"（掌声）令人遗憾的是，对方辩友面对这样的真知灼见，至今未能幡然醒悟，这不由使我想起乔西·比林斯的那句话，"真理尽管稀少，却总是供过于求。"（掌声）

第二，人性本恶是日常生活一再向我们显示的道理。从李尔王的不孝女儿们到《联合早报》上拳击妻子脸部的丈夫们，从倒卖血浆的联合国维和部队士兵到杀人不眨眼的拉美毒枭，恶人恶事真可谓是横跨古今，不胜枚举。对方辩友，你们难道还要对着《天龙八部》中恶贯满盈、无恶不作、凶神恶煞、穷凶极恶（笑声）这四大恶人谈什么人性本善吗？（掌声）

第三，尽管我们承认了人性本恶，（时间警示）但并不意味着人类的前途一片黑暗。人之所以能成为宇宙之精华、万物之灵长，不是因为他白璧无瑕，完美无缺，而在于人有认识自己的勇气，承认人性本恶；人有判断是非的理性，能够扬善弃恶。为了矫治本恶的人性，人们不仅制定法律以平息暴力，规范道德以减少争斗，设立政府以惩罚叛逆，而且倡导坚贞来反对意乱情迷，编写童话去诅咒忘恩负义。真可谓是苦心孤诣，殚精竭虑。而对方辩友却坚持人性本善，言下之意人类所有的德治教化就都是多此一举喽！在痛心之余，我不禁想请问对方辩友，如果人性本善的话，那我们要道德法律，要交通规则干什么呢？如果人性本善的话，个人修养、社会教化还有存在的必要吗？（时间到）谢谢！（长时间掌声）

主席：谢谢季翔同学。接下来我们请正方第三位代表许金龙同学发言，时间3分钟。（掌声）

许金龙：孔老夫子孜孜不倦，因为他是个勤于灌溉善根的人。对方辩友，大家好！我想请问对方辩友，今天提出了这么多，如果说人性真的是本恶的，我们来请问一下对方辩友下面几个问题：如果说啊，我们说这个驯兽师可以改变一个狮子的本性的话，那我们想想看，我们可以教狮子敬礼、可以教狮子行善吗？我再想请问对方辩友，如果说瞎子本性是看不见东西，你怎么叫他去辨别颜色呢？我们再想请问对方辩友，如果说今天是人性本恶的话，今天对方辩友说种种的教育，那有可能实行的吗？谁会信任谁？由哪一个性善的人来教，还是由性恶的人来教呢？如果说是由性恶的人来教的话，那谁会服谁呢？他教的凭什么就是善的呢？今天对方辩友最根本的关键的矛盾错误就在于说，今天他相信人性本恶，但是本恶的人会摒弃恶的价值吗？本恶的人应该会喜欢恶吧？他讨厌的是什么呢？讨厌的是每一个人加诸在他身上的恶行。所以说，本恶的人应当是非常快乐地去行恶才对，他最讨厌、难过的是别人的恶加诸在他的身上才对。所以说，今天对方辩友在这样的错误矛盾之下，怎么能够告诉我们说，人性本恶的，但人又会摒弃恶的价值呢？既然人性本恶，人就会去欢欢喜喜地接受恶的价值。接下来我们再来看看对方辩友今天说了什么？今天对方辩友今天说啊，人性有两层，一种是自然属性，那种是天性；再一种是社会属性，那种是后天的。自然属性就是说人的天性就跟动物一样，有欲望的本能。对了，对方辩友说得好，自然属性，人就只有自然属性、本能的欲望而已吗？那人跟动物有什么差别呢？跟狮子、老虎有什么差别？对方辩友，请您待会儿要解释给大家听。（笑声）那么再说到人的社会属性，我就不懂了，人的社会属性，为什么就是后天的，不是本性？人的社会属性之所以说人可以被教，人有善根，人有善端，那么那就是人的本性了，对方辩友，如果说今天本性可以移来移去，从恶换到善，从善换到恶，那我想请问，本来的性到底是什么？（笑声）如果说（时间警示）对方辩友今天坚信，历史的演进过程当中都是往恶的移动的话，我方今天没有话说。今天就在因为说，今天整个历史的推进都是往善的方向去移动，所以我们相信，对方辩友也相信，该往善的方向去移动。可是谁会相信，社会该往善的方向去移动呢？是那些本恶的人吗？如果说对方辩友真的坚信本恶的话，那我就要称赞对方辩友一句：你是泯灭天性，没有天良的人了！（笑声、掌声）因为那就是您顺性而为，顺乎自然，应乎天理，顺乎人心的嘛。所以我们再来想想看，如果说我们建立起来一个本恶的世界的话，我们的社会会是怎么样？相信我，我们在这里谈，不是谈输赢，是谈真理。如果说人性本恶，我们彼此无法信任，你坐在那里，我坐在这里，我们彼此有什么样的语言可以进行沟通？因为你会怀疑我，我会猜忌你。如果没有本，如果没有善良的端子、没有善良的种子，我们怎么在这里进行流畅的沟通呢？在这里，我方要一再地强调的是说，（时间到）今天对方辩友，如果今天相信人性本恶的话，就不会有我们这群和善的人群了。

主席：谢谢许金龙同学。让我们听听反方第三位代表严嘉同学怎么反驳，时间3分钟。

严嘉：谢谢主席。各位好！对方一辩说：有的人是"放下屠刀，立地成佛"的，这不错。但我请问，如果人都是本善的话，谁会拿起屠刀呢？（掌声）第二，对方二辩说：人一教一学就能够会善的，但我们看到好多人他做恶事的时候，是不要教，不要学，就会去做的。（笑声、掌声）我们再看到，对方辩友认为恶都是外因，但我请问，如果一个鸡蛋没有缝的话，苍蝇会去叮它吗？所以，还是它有内因在起作用的。至于善端是从哪儿来的？我告诉对方辩友，如果人人皆自私的话，那么人人都不能自私。因此制约、权衡产生节制，这就是最早的善源。至于后天的教化，它自然而然地形成了。对方辩友不要对历史事实视而不见。好，下面我从现实和历史的层面进一步阐述我方观点。

第一，人类在诞生之初，就已经把本恶的人性充分地显示出来。人类学研究表明，周口店的猿人就已经懂得用火来把同类的头骨烤着吃。这种生猛烧烤，是何等凶残啊！而《人类的起源》一书告诉我们，当一个土人的小孩子，不小心把一筐海胆掉进海里的时候，土人竟把他活活地摔死在石崖上。面对着原始人这种凶残的天性，对方辩友难道还告诉我们，人性本善吗？

第二，正是由于人性本恶的存在，所以，在人类社会沧海桑田的演进过程之中，教化才显得尤其重要，而且也相当艰巨。"十年树木，百年树人"，我方从来不否认，通过后天的教化和修养，人是可以对他的人性加以改变，甚至形成伟大的人格的。但是，正因为有本恶的人性存在，所以，我们要知道，学好三年，学坏三天，（时间警示）"病来如山倒，病去如抽丝"啊！请大家想一想，看暴力片、色情片，是从来没有什么公开的倡导和鼓励的，但为什么却总有那么多的人要去趋之若鹜呢？（笑声、掌声）

第三，认识到人性本恶，其实并不是人类的羞耻，真正应该反省的，是面对着真理，却不敢去正视它。其实，人类社会演进的过程，从某种意义上也就是人的尊严这种虚假的虚荣被不断剥去的过程。我们看到，在神学灵光的笼罩之下，人类曾经是相当的夜郎自大。但是，哥白尼的日心说抹去了人在宇宙中的中心地位；达尔文的进化论揭示了人与动物之间必然的内在联系；而弗洛伊德则披露了在理性的冰山尖之下，人的巨大的本能的冲动与欲望。今天，我们也只有真正地认识到（时间到）人性本恶这一基础，才能做到抑恶扬善。谢谢！（掌声）

主席：谢谢严嘉同学。听过双方代表对善恶的陈词，现在是他们大展辩才的时候。在自由辩论开始之前先提醒双方代表，你们每队各有4分钟发言时间，正方同学必须先发言。好，现在自由辩论开始！（掌声）

王信国：我想首先请问对方辩友，既然人性本恶，世界上为什么会有善行的发生？

蒋昌建：我方一辩已经解释了。我倒想请问对方辩友，在评选模范丈夫的时候，你能告诉我，这个模范丈夫本性是好的，就是经不起美色的诱惑吧？（笑声、掌声）

许金龙：对方辩友，他要有人勤加以灌溉。我想请问对方辩友，请您正面回答我，您喜不喜欢杀人放火？

季翔：我当然不喜欢，因为我受过了教化，但我并不以我的人性本恶为耻辱。我想请问对方，你们的善花是如何结出恶果的？（掌声）

吴淑燕：我想先请问对方同学，您的教育能够使你一辈子不流露本性吗？如果您一不小心流露本性，那我们大家可要遭殃了。

严嘉：所以我要不断地注意修身呀！曾子为什么说："吾日三省吾身"呢？所以，我再次想请问对方辩友，你们说内因没有的话，那恶花为什么会从善果里产出来？

王信国：我来告诉大家为什么会有，就是因为教育跟环境的影响嘛！我倒请对方辩友直接回答我们的问题哟，到底为什么人世间会有善行的发生，请你告诉大家。

姜丰：我方明明直接回答过了，为什么对方辩友就是对此听而不闻呢？到底是没听见，还是没听懂啊？（笑声、掌声）

许金龙：你有本事就再说一遍，为什么我们听了，从来没有听懂过呢？我想请问您对方辩友，您说荀子说性恶，但是所有的学者都知道，荀子是无善无恶说。

蒋昌建：我第三次请问对方辩友，善花如何开出恶果来呢？第一个所谓恶的老师从哪里来呢？

吴淑燕：我倒想请问对方同学了，如果人性本恶，是谁第一个教导人性要本善的？这第一个人到底他为什么会自我觉醒？

季翔：我方三辩早就解释过了。我想第四次请问对方辩友，善花是如何结出恶果的？

王信国：我再说一次，善花为什么结出恶果。有善端，但是因为后天的环境跟教育的影响，使他做出恶行。对方辩友应该听清楚了吧？我再想请问对方辩友，今天泰丽莎修女的行为、世界上盛行好的行为，为什么她会做出这些善行呢？告诉大家。

季翔：如果恶都是由于外部环境造成的话，那请问，外部环境中的恶又是从何而来的呢？

蔡仲达：对方辩友，请你不要回避问题，台湾的正严法师救济安徽的大水，照您的推论不就是泯灭人性吗？

严嘉：但是对方要注意到，8月28号的《联合早报》也告诉我们：这两天新加坡游客要当心，因为台湾出现了千面迷魂的这种大盗啊！（笑声、掌声）

许金龙：我们就很担心人性本恶如果成立的话，那样不过是顺性而为，有什么需要惩罚的呢？

蒋昌建：对方终于模糊了。我倒想请问，你们开来开去，善花如何开出恶果，第五次了啊！

吴淑燕：我方已经说过了，会有恶果是因为外在环境的限制。我倒想请问对方同学了，对方同学告诉我们，人有欲望就是本恶，那么对方同学想不想赢这场比赛呢？如果想的话，您可真是恶啊！（笑声）

姜丰：对方辩友口口声声说，因为没有善端就没有善。那么我们要问的是，都是善的话，第一个恶人从哪来？又哪里有你们所说的那种环境呢？

许金龙：环境天险，天险狡恶，对方辩友，您没有听说过吗？环境会让人去行恶的。

严嘉：对方似乎认为有了外部恶的环境，人就会变恶。请问，在南极，在一种非常艰难的沙漠之中，人就会变坏了吗？

王信国：我方没有这样说，对方又在第二次地栽赃。我是要告诉大家的是说，人有善端，你在哪个环境，好的环境就是变好，坏的环境就变坏。

季翔：如果都如对方所说的那样，人性本善，都是阳光普照，雨水充足，那还要培育它干什么呢？让它自生自灭好了。（笑声）

许金龙：照对方辩友那样说的话，人性本恶，我们要教育干什么？因为"师傅领进门，修行在个人"，这话早就不成立，应该是"师傅领进门，教鞭跟你一辈子"。（笑声）

严嘉：按照对方辩友的这种逻辑，那么教化应该是非常容易的，每个人都是"心有灵犀不点通"了。（笑声、掌声）

王信国：我倒想请问对方辩友，在人性的本恶之下，我们为什么要法律？为什么要惩治的制度呢？

姜丰：对呀，这不正好论证我方观点嘛！如果人性都是善的还要法律和规范干什么？（掌声）

蔡仲达：犯错、犯罪都是人性本恶，就符合您本恶的立场了吗？那我们犯错干嘛要处罚他呢？

蒋昌建：我还没清楚，你们论述人性本的，是在进化论原始社会的本，还是人一生下来的本？请回答！

许金龙：我方早就说过了嘛！孟子说良心啊！你有没有恻隐之心，你有没有不安不忍之心，这就是良心嘛！你怎么不听清楚了呢？（笑声、掌声）

蒋昌建：如果人生来就是善的话，那我想那个"宝贝"纸尿布怎么那么畅销啊？（笑声、掌声）

吴淑燕：我想请问对方同学，再次请问你，如果人性本恶的话，到底是谁第一个去教导人要往善的呢？

季翔：我方已经不想再一次回答同样一个问题了！（笑声）我倒想请问，孟子不也说过"食色，天性也"嘛？请问，什么叫天性啊？

许金龙：您讲得吞吞吐吐，我实在听不懂。对方辩友，请您回答我们，荀子说的是性恶说，还是性无善无恶。

严嘉：这一点都搞不清楚，还来辩论性恶性善吗？（笑声、掌声）我想请问，孔子说："七十而从心所欲，不逾矩"，像这样的圣人都要修炼到古稀之年，何况我们凡夫俗子呢？（掌声）

王信国：对方辩友，所有的问题，所有的问题都不告诉我们答案。我倒想请问对方辩友的是，康德的主张到底是有没有道德？

姜丰：不是我们不告诉对方，是我们一再一再地告，你们都不懂。（笑声、掌声）

许金龙：对方辩友这句话回答了什么，我们实在没有听出来。不过我想告诉对方辩友，解决一下性恶的问题吧！荀子说："无为则性不能自美"，是说性像一块泥巴一样，它塑成砖就塑成砖，塑成房子就塑成房子，这是无恶无善说啊！对方辩友。

蒋昌建：荀子也说，后天的所谓善是在"注错习之所积耳"。什么叫"注错习之所积耳"啊？请回答。

许金龙：荀子说错了！荀子说，他看到什么是恶的，他是说，没有看到善的就说是恶的。没有看到善那是不善，不是恶，对方辩友。

蒋昌建：你说荀子说错了就说错了吗？那要那么多儒学家干什么？（笑声、掌声）

许金龙：儒学就是来研究说，荀子到底说了是性恶还是性善嘛！

季翔：荀子明明白白地告诉我们："人性恶，其善者伪也。"（掌声）

蔡仲达：对方同学，如果说，荀子说恶就是恶的话，那我们今天还要辨什么呢？

严嘉：对方辩友不要一再地引语录了，我们看看事实吧！历史上那么多林林总总的真龙天子们，（时间警示）他们有几个不是后宫嫔妃三千，但为什么自己消费不了，却还要囤积居奇，到最后暴殄天物呢？（笑声、掌声）

王信国：那我也想请对方辩友看看（时间警示）历史上展现的一些仁人志士的善行，对方辩友如何来解释呢？

姜丰：没有规矩不成方圆，到底何为善？何为恶？

吴淑燕：要谈现实，就来谈现实吧！如果人性本恶，我和对方同学订立契约，对方同学可千万不能相信我，因为我可能会占你便宜呀！

蒋昌建：对方说，有人的话那就是人性善啦。拳击场上没有恻隐之心、没有慈让之心，那些观众、那些拳击者就不是人喽？请回答。

许金龙：拳击场上是比竞技，有竞赛规则，又不是拿刀子来互相砍杀，对方辩友！（笑声）我们看看伊索比亚难民，谁不会掉泪，谁不会动心忍性呢？

季翔：那当然会动心忍性了，因为人都受过教化了嘛。

许金龙：对方辩友，如果人都受过教化的话，但本在哪里呢？本为什么移来移去，可以从善变成恶，从恶变成善，本在哪里？

严嘉：佛祖释迦牟尼可算是至德至善之人了吧？但他在释迦族作王子的时候，不也曾经六根不清静过吗？

王信国：所以他最后变好了，为什么？因为他的本心，他的根源是善的。（掌声）

姜丰：如果我们光说本的话，那么我们只要论"人性恶"就行了，你们论证本了吗？

许金龙：我们当然论证本了嘛，良心就是本哪！对方辩友，您才没有论证本呢！您说的那个是跟动物一样啊！（掌声）

蒋昌建：那我就不知道了，那个人过马路的时候，是捧着这个良心去的吗？我倒听过孤胆英雄，却没有听说过"孤心英雄"啊！（笑声、掌声）

许金龙：人当然过马路当然是捧着良心去的。而且，看到老弱病残的时候，我们还要扶他一下。人是带着良心过去的。

严嘉：为什么我们要进行交通法规教育呢？这不是后天让他向善吗？

王信国：因为有人会变坏，所以我们要纠正他，纠正他就是因为他会变好。

季翔：对方始终没有告诉我们，既然人性都是本善的，怎么会有人变坏呢？

吴淑燕：请对方同学正面回答，如何利用教育来把人的本性的恶改过去？

姜丰：我们早已回答，倒是请对方正面回答，按照种瓜得瓜的逻辑……（时间到）

主席：对不起。

许金龙：对方辩友从来没有回答过问题就说回答过。我们来想想看对方辩友，对方辩友一辩说：人是理性的动物。那么如果说这个社会上（时间到）人有一个智障的，那人就不理性喽。（掌声）

主席：经过了精彩激烈的自由辩论之后，我们将进入下一个环节。现在我们请反方第四位代表蒋昌建同学总结陈辞，时间四分钟（掌声）。

蒋昌建：谢谢各位。一个严肃的辩论场需要一个严肃的概念。对方多次问我们人性怎么样？人性怎么样？始终没有问我们人性本怎么样？我想请问对方，人性是什么和人性本是什么是同样的一个概念吗？你们如果连这个概念都没有根本建立基础的话，那么你们的立论从何而来呢？我们多次问对方：善花里面如何结出恶果？对方说要浇水，要施肥呀，那我就不懂了，大家都承蒙这个阳光雨露的话，为何有那么多罪行横遍这个世界呢？难道这个水、那个肥还情有独钟吗？为何要跟善的人作一个潇洒的"吻别"呢？（笑声、掌声）

今天，我们本是对真理的追求，来同对方一起探讨这个千年探讨不完的话题。无论是从性善论的孟子也好，还是性恶论的荀子也好，又有哪一家哪一派不要我们抑恶扬善呢？抑恶扬善正是我方今天确立立场的一个根本出发点，下面我再一次总结我方的观点。

第一，只有认识人性本恶，才能正视历史和现实。回顾历史的时候，我的内心总感到痛苦而颤抖。从希波战争到十字军东征，从希特勒的奥斯维辛集中营到日寇在华北的细菌试验场，真可谓是"色情与贪婪齐飞，野心共暴力一色"。以往的人类历史，可以说是交织着满足人类无限贪欲的而展开的狼烟与铁血啊！可见，本恶的人性如果不加以控制的话，将会给这个世界带来什么呢？

第二，只有认识人性本恶，才能重视道德、法律教化的作用，才能重视人类文明引导的结果，培养健全而又向上的人格。在历史的坎坷之中，人类并没有自取灭亡，尤其是在面对彬彬有礼、亲切友善的新加坡朋友们面前，我们更有理由相信，人类的明天会更好。这其中我们要感谢新加坡孜孜不倦地建立起他们优良的社会教化系统。人类的文明是在人类的智慧之光照耀下不断茁壮成长的，饮水思源，借此我们要感谢那些在人类教化途中洒进他们含辛茹苦汗水的这些中西先哲们，正因为从他们的理论智慧当中，从他们的身体力行当中，人们才有可能从外在的强制走上理性的自约，自约人的本性的恶，从而培养一个健全而又向善的人格。可见，人性本恶，并不意味着人终身成为恶，只要通过社会的教化系统就可以弃恶扬善，化性起伪啊！（时间警示）

第三，只有认识人性本恶，才能调动一切社会教化的手段来扬善避恶。光阴荏苒，逝者如斯，在物质和科学技术突飞猛进的同时，人类的精神家园可谓是花果飘零。在这个时候，我们要警惕人性本恶这个基本的命题。可喜的是，在东方的大地上，我们说传统文化的发扬光大，已经从一阳来复开始走向新的春天。我们也相信，通过传统文化的精华，必将使人类从无节制的欲望做出合理地扼制并加以引导，从他律走向自律，从执法走向立法，人类才可能挽狂澜于既倒，扶大厦之将倾。"黑夜给了我黑色的眼睛，而我注定要用它来寻找光明！"谢谢各位！

主席：谢谢蒋昌建同学。最后我们请正方第四位代表王信国同学总结陈辞，时间也是4分钟。（掌声）

王信国：大家好！让我们先回到对方所建构的一个恶的世界来看一看这个世界里面到底发生了什么事情。对方辩友告诉我们说人性本恶，首先就犯了三大错误。第一大错误就是从经验事实的法则里面归纳出来的错误。对方辩友举出了人世间很多的恶事，告诉我们，因此人性本恶，这是错的！为什么呢？对方辩友的立论告诉我们欲望，人是由欲望而来的。但是我们想，我方已经论证过了，欲望是有好有坏，今天我喜欢你，我想要跟你结婚，这是一个不好的欲望吗？所以最终我们终于知道了，今天对方辩友是看到人世间的恶行，某些恶行，然后告诉我们说人性本恶。那为什么对方辩友忽略了经验事实上面呈现的善行呢？人世间很多人行善，你一定听过了，有人跌在地上你把他扶起来，你在车上让座给老人，或者是你一定也听过无名氏的捐款。这些难道不是人世间的善行吗？这是对方辩友犯的第一大错误。第二大错误，对方辩友犯的是倒果为因的错误。对方辩友借用经验事实的法则告诉我们说，我们有恶的果，所以导出来恶就是因。如果真的这样子的话，我们发现是什么呢？每一个人都是恶，尤其对方辩友口口声声告诉我们要教育，要道德教育，你如何去教育呢？每一个人都是恶，由谁来定出真正的法律？而定出来的法律就是善法吗？恶人定出来的是恶法。如果你定出来了法律，如何去遵循？每一个人都是恶，我为什么要信任你，就像大家在这个地方，我为什么要去相信你呢，你可能在骗我。于是乎我们这边所有的人都戴上了面具，大家互相欺骗，互相蒙蔽。这样的世界是对方辩友所建构出来的。他告诉我们，由于有欲望就建构出来个恶的世界。对方辩友犯的第三个错误是什么呢？他告诉我们，人性的性就是欲望，我根本就晓得说，我方一开始就论证了，人性就是人的心。孟子告诉我们："人有四端之心"，这是一个善的种子。我们从来没有否认过说，人世间没有恶行。你有善苗，不见得你就不会有恶行。为什么呢？我们发现了，因为外在环境，因为资源缺乏，所以我们人在无形之中会做出一些恶的行为来伤害别人，这是不得已的。所以，我们教育跟法律最主要的目的就是在纠正人的行为。如果按照对方辩友告诉我们是恶行的话，你为什么要去纠正它？人性本恶，你纠正的结果还是回到本。我们的是人性本善，因为我们知道每一个人都有一颗向善的心，于是乎你透过教育、透过道德、透过法律，他有可能会转变为好，教育跟法律的功能就是要辅导，辅导他走上善途，于是乎教育就在这个地方茁壮了。对方辩友举了个例子告诉我们说，原始人烧杀掳掠、原始人民如何地生灵涂炭，我们要告诉大家的是，原始人民他一开始那是一个求生的欲望，这跟本性是要区分的。因为当你如果说有五个人同时是饥饿的状况下，有一块面包在那边，一个人抢过去吃的时候，这个时候绝对不会有人用道德来非难他，因为这个时候生存是立之于道德之上的。你没有个人的生命，你没有生存欲望，你如何来谈道德呢？所以原始人那个状况是一个动物性的本能。（掌声）所以一开始对方辩友犯的错误就是告诉我们说，人性就是欲望。（时间警示）如果真的是欲望的话，人跟动物怎么分呢？"人之异于禽兽者，己心"，"己心"就是一个本心的问题，所以我们说过人有善苗。今天对方辩友告诉我说都是阳光雨露，没有错！但是有风吹雨打，因为你的风吹雨打、你的外在环境影响，你当然会做出恶的行为。所以，我们要纠正他，让他走向一个世界大同。所以我们来看看世界上所有的善行发生吧！从历史上，从目前经验事实上面，我们发现的，从古往今来的志士仁人杀身成仁等之类，还有目前，泰丽莎修士等之类，甚至说大陆发生了安徽水荒，正严法师的慈济行为，对方辩友如何来解释呢？孟子就告诉我们了："见孺子，掉落于井"，在那么一刹那之间你都会去救他，你不可能把他推下去。为什么？人的本性是善的。你不要告诉我说，原来你救那个小孩子是为了虚名，原来你过马路遵守交通规则都是不得已的，你是一个虚假的，原来泰丽莎修士救了你都是一个骗人的行为。到最后，你会发觉，只有浅水湾的鲨鱼（时间到）才是一个大善人。这是一个什么样的世界，这是一个恐怖的世界……

主席：对不起。

王信国：我们世界之所以能够存在，就是因为……

主席：对不起。

王信国：我们有善根。谢谢！（掌声）

主席：谢谢王信国同学。在这一片善恶声中，人性到底是什么呢？还是让评判专家们去伤脑筋吧！接下来我们请评判团退席！我们稍后见。（休息、评判团评决）

主席：各位来宾，观众朋友，欢迎大家回到辩论会现场。在宣布成绩之前，先让我邀请评判团代表杜维明教授给我们分析今晚的赛情。杜教授请！

杜维明：主席、评判同仁、台大和复旦的辩论员、各位来宾，作为一个海外华人，并且是关切中国文化发展前景的学术工作者，我谨代表评判团向举办1993年国际华语大专辩论赛的新加坡广播局和中国中央电视台表示恭贺和感激。他们从世界各国和地区，亚洲、澳大利亚、西欧和北美的著名大学邀请到八队三十多位口若悬河的青年才俊，在一周之间，针锋相对，辩论了大众传播、现代化、环保、经济、道德，乃至生老病死，种种既有宏观的全球视野，又有切身的现实意义的课题，充分体现了华语国际化的精神。

还值得提出的是，昨天休会，主办单位又通过轻松愉快的旅游，为参赛朋友们提供了交流和沟通的机会，也让大家对这个在企业竞争上勇猛如狮，而在自然环境方面又艳丽如花的星洲留下了深刻的印象。对了，新加坡建国以来第一位民选总统王鼎昌先生和今天特别前来颁奖的李显龙副总理都是华校出身的辩才杰出的政治领导，给我们很大的鼓舞和勉励。（掌声）

过去六天，台湾大学成功地建构了"现代化不等于西方化"和"安乐死应该合法化"两个命题；复旦大学也说服了评判员，"温饱不是谈道德的必要条件"，"艾滋病是社会问题"。今天呢，从正反两方来辩论人性本善，究竟鹿死谁手呢？今天下午正反两队似乎都直接或间接地采取了在古文章法里的起承转合这种策略。正方一辩以高屋建瓴的方式引述康德、孟子和佛教，建立了性善为本、恶行为果的基本理论，脱俗不凡，条理简洁。我好像已经被说服了。但是，这个交通规则的比喻不甚恰当。反方一辩呢，有这个排山倒海之势，坚持"人性本恶，其善者伪也"的观点，分辨自然属性和社会属性，简洁明了，很有震撼力。而且，用词精炼，有条不紊。我好像又被她说服了。（笑声）正方二辩呢，承接了一辩论述，又以西瓜种子为例，很贴切。认为欲望本身不是恶，也有理趣，使观点作了进一步的深入展开，还作了一些实证的补充。反方二辩呢，妙语如珠，既承接了一辩的观点加以发挥又猛攻正方二辩的经验基础，并且旁征博引，荀子、犹太教、黑格尔，甚至《天龙八部》（笑声），使正方好像陷入了防御的态势。那么，正方三辩作了一个转折，很有新意，但是没有充分地发挥。反方三辩大有异军突起之势，从新的思维角度展示了一些观点，比如说"放下屠刀"，屠刀何来啊，也很恰当地引用了达尔文、弗洛伊德各方面的观点。在资料运用方面，大家都能引经据典，而且也可以说妙语如珠吧。那么，似反方的知识结构比较谨严，也比较全面。在语气方面，正方是严厉责问，恳切坦诚，有的时候情绪比较激动。（笑声）那么反方呢，有点排山倒海，义正词严，有时候嘛，轻松活泼，而且引逗幽默。但是，用词显得有点华丽，也许可以向平实方面再努力。自由辩论期间，双方短兵相接，此起彼落，好像双方都从金庸先生武侠小说学到了出奇制胜的新招。（笑声）我们觉得双方似乎是势均力敌，用了先发制人啊、连续发问哪、分而治之，乃至巧设陷阱哪、声东击西等各种策略。那么，反方四辩呢？很有理据，特别是举出原始人的凶残是为了求生欲望，也很有说服力。但是，我提到了情绪有点激动。

　　那么，一般说来，反方颇能显示一种流动的整体意识。整个队伍动用一种整体配合的作战方略，加强了一种整体的攻击力，保证了对重点攻击目标的一种优势，也增强了整个辩论队伍的气势，显得中心课题比较明确，活而不乱，而且呢，错落有致。

　　最后呢，让我发表一点感想，中国传统文化的儒释道都强调体会、体验，体味这种体之于身、身体力行的具体真知。在这个思想导引之下呢，目明耳聪，也就是明察秋毫的视德和从善如流的听德才是雄辩的基础。能说善道固然很好，巧言令色就背离了仁厚的核心价值了。因此，这次华语的辩论，虽然有排山倒海，甚至咄咄逼人的气势，但却一再地体现出同情、坦诚的美德，树立了非常良好的风气，值得我们效仿。谢谢大家！（掌声）

　　主席：谢谢杜教授为我们的大决赛所作的分析。在宣布评决之前，先让我邀请我国副总理李显龙准将上台为我们颁发参赛证书。李准将请！（热烈掌声）我们首先颁发参赛证书给剑桥大学的代表（掌声）、马来亚大学的代表（掌声）、悉尼大学的代表（掌声）、香港大学的代表（掌声）、新加坡国立大学的代表（掌声）、英属哥伦比亚大学代表（掌声）。接下来我们看看谁是那位辞锋锐利、反应敏捷的最佳辩论员。从过去的四场比赛、两场半决赛和今天的大决赛当中，评判团一致认为全场最佳辩论员是：复旦大学的蒋昌建（热烈掌声）。现在是大家屏息以待的紧张时刻，究竟是台湾大学或者是复旦大学能够荣登冠军宝座呢？评判团经过慎重考虑之后，一致同意；优胜队伍是——反方复旦大学（经久不息的掌声）。

　　谢谢！谢谢各位！首先我们颁发参赛证书和奖品给亚军队伍，就是台湾大学。请台湾大学领队林火旺教授和辩论代表上台。（掌声）请领队（掌声）、亚军队伍，他们获得奖杯一座和五千元的现金。现在我们请冠军队伍复旦大学的领队俞吾金教授和辩论队代表上台领奖。（热烈掌声）冠军队伍获得奖杯一座和现金一万元。我们谢谢李显龙准将、副总理。（掌声）

　　各位来宾，观众朋友，我们的1993年国际大专辩论会大决赛在这里圆满结束。谢谢各位。

项目辅导　辩论技巧

　　辩论要取得胜利，除了赛前准备充分之外，在辩论中讲究技巧也是非常重要的。所谓辩论两字，辩者"辨"也，是分析求证的意思。论者"讲"也，是说明论证的意思。这其中，辨是本，是道；论是末，是技。辩论是讲明道理，求同存异。要辩论首先要面对冲突，也就是论题中矛盾的地方，以此来寻找自己的立场，寻找对方可能的立场，通过辨而立自己的观点，通过论而驳对方的观点。辩论的核心是矛盾，辩论的重点在于论证，辩论的内容在于逻辑推理，辩论的过程就是逻辑的转化和论证的对比。可见，学习辩论技巧，需要了解辩论的特点与常规方法。

一、必须讲究辩论的逻辑性

　　（1）在辩论中，辩论的逻辑性起着极为重要的作用，它使辩论显得严谨、条理，使自己的观点显得牢不可破。分析对方的观点和自己观点时，必须要分析其逻辑关系、真实的逻辑地位和逻辑困难，知道了双方在观点上的逻辑关系也就确定对方观点的要害之处。在表述自己的观点时，必须讲究逻辑层次。辩论时应层次分明，第一点讲什么，第二点讲什么，第三点讲什么，清清楚楚，明明白白。

(2) 在辩论中还应擅长进行归纳。用简明扼要的语言来阐明自己的见解，不要一说就是一大套并且不得要领，只有这样才能在辩论中占据有利的位置；同样地，要能用简明扼要的话来归纳对方的见解，否则往往会随波逐流，甚至迷失方向。只有在逻辑上善于归纳的人，才会在辩论中紧紧抓住对方的要害，有针对性地打击对方，使对方真正陷入被动的局面。

(3) 在辩论中需要使用归谬法。所谓归谬法就是沿着对方的逻辑把其观点推向极端，使其荒谬性明显地表现出来，从而对其观点予以根本否定。对方的本来不明显或者小的逻辑错误，使用归谬法后就会使其错误被放大到妇孺皆知的地步，这样，往往能够取得出奇制胜的效果。当然，归谬法的使用要注意适度性，如果运用不当，会给人以强词夺理的感觉。

二、尽量做到辩论生动形象和语言风趣

在赛场辩论会上，大家以锻炼口才为目的，学习技巧，释放精神压力，享受学习生涯。如果辩论过于生硬，缺乏活力和幽默，辩论赛就缺乏观赏性而变得索然无味。辩论赛赛的就是口才，赛的就是生动、形象、风趣、幽默的语言，赛的就是雄辩的智慧与胆略，所以雄才韬略只有充分展示与表现，才会使辩论赛精彩激烈而充满活力。辩手要充分运用生活中形象的例子，尽量少使用抽象的、教条的说理，俗话说，事实胜于雄辩。多使用幽默风趣的语言，避免使用枯燥无味的大白话。用具体的、有据可查的数据取代经院式的说教，避免使用可能、大概、好像、应该、你想之类的不准确的词句。在辩论中，准确无误的数据往往起着十分重要的作用。在能用数字说明的地方要尽可能用数字，因为数字只要有据可查，不管准确与否，对方往往无法反驳，也无法否定。

三、要讲究进攻和防守的平衡

辩论犹如战斗，进攻和防守是一对基本的矛盾关系。在辩论中辩护是防守，反驳就是进攻。在辩论中经常出现两个极端：一是只讲防守，结果辩来辩去，战斗都在自己一方进行，对对方的观点根本不构成任何威胁，这样就不可能取得胜利；二是只讲进攻，对对方提出的证据和问题，不敢正面回答和辩论，在心理首先已经胆怯，这样往往是自己还没有攻破对方的堡垒，自己却已经失去阵营。要取得最后的胜利必须讲究进攻和防守的平衡。防守是基础。当对方对自己的观点或者证据提出一些枝节质疑的时候，可以不予以回答，但当对方对自己的基本观点提出质疑时，则必须简明扼要地回复，并进行辩护和解释。这里简单介绍下进攻与防守的论辩技巧。

1. 攻击技巧：先发制人，力求主动

所谓攻击，主要体现在自由辩论中的主动进攻、主动发问。这在每个辩论队都是不可或缺的。然而，我们在辩论中会发现，攻击能不能有效取决于以下五个因素。

首先是攻击的准备是否充分。这是在辩论战略方案确定、辩词定稿之后就应该着手准备的重点内容。一般而言，每位辩手应该根据自己所阐述的内容准备向对方发问的问题，可根据自由辩论时间的长短来准备问题，如是初次上场，则应该准备20个左右的问题。一般而言，四个辩手准备的问题大约在80个的样

子，以能充分保证坚持到自由辩论结束。在有的比赛中，有的队员有时间却没有问题可以问，这些都是准备不足导致的。提问的问题可从三个层面上进行准备。

一是现象层面的问题，又称事实层面问题。这类问题极易引起听众的共鸣，提的好则很容易出彩、出效果。但是需要注意的是，不可故作新奇而偏离辩题，那是会产生负效果的。

二是理论层面的问题，又称论据层面问题。即对本方论点给予引申，对对方的论据予以驳击的问题。这类问题，直问要提得尖锐，曲问要问得巧妙，反问要提得适时，逼问要问得机智，其效果就是让对方不好回答又无法回避。

三是价值层面的问题，又称社会效应层面问题。即把对方论点、立场引申，从价值层面、社会效应层面去延伸它的效应，看其是否具备说服力、能否站得住。这类问题，既能够扩大自由辩论的战场，给对方造成被动，同时也是争取听众、评委认同的重要侧面。当然，如果辩题立场对本方不利，就应该慎重使用，以免搬起石头却砸了自己的脚。

这三类问题中，事实层面的问题可包括历史事件、现实事实、国别事实、数字事实等，而理论层面的问题周围除了立场中的论据，也可以延伸达到公理、哲学的层面。有了这三个层面的问题准备，就能够构成立体阵势，可以打自由辩论的立体战斗，让对方陷入立体包围之中的被动局势就可以造成。我们看到在比赛中，不少辩论队只准备了一个层面的问题（大多是现象层面的问题），只在有趣上花时间，其结果是打击力不强，且问来问去总是流于肤浅的现象之争，有时则由事实引发事实而偏题，变成了一般的语言游戏、提问游戏了，辩论的深度不容易看到，这就令人遗憾了。

其次是攻击的组织是否有序。自由辩论中的有效攻击，应当体现出攻击的有序性，即看得出轮番上阵的脉络，而其在场上要有主动权，处于控制场面的主动地位。为了达到这个目标，场上应该有"灵魂队员"，或者称为"主力辩手"、"主辩"。由哪个辩手来充当这个人物都可以，但是一般由三辩或一辩、二辩来充当。有时，四辩也是很好的充当此人物的角色。他的任务就是不仅要透彻地知道本方的立场，又要透彻地知道对方的立场，规定陈词一结束就能够发现对方的主要问题，从而有效地发起进攻。灵魂队员的任务是：（1）有冷静的把握整个自由辩论战斗局势的眼光，攻击务求有效。（2）充当场上的指挥员。发问不在多，而在精。其发问不仅是对对方的攻击，也是对本方立论的揭示和强化。（3）承担主动转移战场的任务。如在一个层面上问久了，则转向另一个层面发问；在一个层面处于被动，僵住了，则要转向另一个层面，开辟新的攻击点和战场。（4）对对方提出的危及本方底线、事关要害的问题，能够有效的化险为夷、转危为安、化被动为主动。（5）对本方误入对方圈套、远离本方、陷于被动之中的局面，要能够挽回并再发起攻击。当然，其他队员要主动配合、主动呼应，才能形成整体的力量，这就需要队员之间的默契，形成"流动的整体意识"。攻击的组织，其核心在于形成整体的有序流变性。而不是东一榔头西一棒槌，鸡零狗碎。零碎的攻击谈不上组织，它或许也能够有鳞光耀金的效果，但是对于群体辩论而言，是不可能握有主动权的。

攻击的组织在上场前可以有如下的检查指标：一是有没有组织者，也就是有没有"灵魂队员"，其组织、应变能力如何？二是整个队伍与之有没有心悦诚服的默契和感应？三是整个队伍对特定的辩题的立场认识是否完全一致，有没有大的梗阻？四是准备了几个层面的问题，这些问题可以对付、支撑多难的场面，能够支持多长时间？五是对于非常艰难的、苛刻的尖锐问题，本方研究到什么程度，有没有好的应对策略？六是自由辩论中将会出现的最为险难的局面，会一种什么状况？本方应该怎么对付？把这六个问题都想清楚了，都有了解决的办法了，那么攻击的组织就有序，且掌握了主动权。

第三是攻击的发问是否主动。攻击的技巧，主要有以下几种：(1) 设置两难。即设置两难的问题，无论答此或答彼都将陷入被动。但是一定要对准话题，不可以无病呻吟。(2) 主动引申。即将对方的某个事实、某句话加以引申，造成本方主动、对方被动。(3) 以矛攻盾。即将对方论点和论据间的矛盾、这个辩手和那个辩手陈述中的矛盾、某个辩手陈词中的矛盾、答这个问题和答那个问题之间的矛盾或其他方面的矛盾予以披露，令其尴尬，陷其于难堪。(4) 归谬发问。即将其论点或论据或其他问题引申归谬，陷其于左右被动，无力自救。(5) 简问深涵。即问题很简单，但涵义很深刻，与辩题密切相关。答准确很难，但是答不出来就很丢人，估摸回答却不准确，这也很容易陷入被动。(6) 撕隙抓漏。即将对方的一小道缝隙撕裂撕大，将其明显的漏洞失误给予揭发提问，令其难堪。(7) 熟事新提。人往往对于身边、自身很熟悉的事物却不经意，所谓熟视无睹，充耳不闻，或非常熟悉却只知道大概却不明白它的详细。一般对这类事情提问，也很容易让对方陷入被动。(8) 逼入死角。即把对方的问题逼入死角，再发问，令其难以逃脱。(9) 多方追问。即从几个方向、几个侧面、几个层次上同时问一类问题。但是要注意的是，这类问题必须对准一个核心，即辩论的主要立场和观点，以造成合围的阵势，使对方没有招架的能力，更没有回手的能力 (10) 夹击发问。即多个人同时问同一类或一个问题，造成夹击态势，使对方顾此失彼。(11) 同题异问。即面对同一个问题，以不同的角度提问，使对方难以自圆其说，应接不暇。(12) 异题同问。抓住对方的不同问题、不同表述加以归纳，从问题的深度与高度上使其无法把握，无力应答。(13) 反复逼问。对本方提出的对方非答不可的问题，对方闪避了，就可以反复逼问，但是一般不能超过三次，不可以无限发问，那样反会造成无题可问或令听众厌烦的负面效果。(14) 辐射发问。即一个问题提出时，同时威慑到对方四个辩手，犹如子母弹一般。这类问题，一般多在哲学或价值层面上发问。(15) 同义反复。即同一个问题，用不同的语言方式（或角度不同、或问语不同）发问。这类问题，多为辩论的主要立场、观点方面的问题。(16) 近题遥问。即看似很近的事，用远视点来透视和提问。对方遥答往往答不得，近答又很难接上，陷入了难以捉摸、无从下手的窘境。(17) 击情提问。即用心理调控的手段，直击对方情绪层，使其激动，引发情绪连动，从而淹没对方的理智。但是要注意的是不能够进行人身攻击与情绪对情绪，更不可陷入无理纠缠甚至胡搅蛮缠，那就画虎不成反类犬了。(18) 布陷发问。也就是布置一个陷阱，让对方来钻，或想方设法将之套进去。其更高技巧就是连环套。(19) 长抽短吊。即忽然提这样的问题忽然又提那样的问题，不离辩题却又忽东忽西，以思维的快捷与急智来取得主动。(20) 答中之问。分为两种，一种是在对方答问时发现问题（包括陈词阶段发现的问题）予以提问，另一种是在自己回答对方问题时的反问。

第四是攻击的风格是否凌厉。由于自由辩论如疾风迅雷，所以不同场次、不同队伍的辩论风格也不尽相同。没有形成风格的队伍即使辩胜，也只是初级层次的。因此，有风格意识并力争形成自己的辩论风格，是一支辩论队有追求、有实力的表现。它其实是一支队伍整体人格的呈现。攻击的风格，一般而言有情绪型、理智型、稳健型三种。

情绪型的队伍往往只在趣事、情绪化的层面上实施攻击。它也能够引发一些活跃的效果，但是也易于耽于情绪、就事论事，甚至会误入漫骂的泥淖，使辩论流于表面，层次不高，缺乏应有的深度。

理智型的队伍往往执著于理辩的层面，这容易体现思辨与深度，但是又会失之于辩论的活泼不足，弱化了应有的观赏性。

稳健型的队伍因为其理智和稳健，也因为其稳健而注意到了应有的活泼，是兼取了前二者之长的。显然，自由辩论的风格当以稳健为上，从比赛的实践看，稳健型风格的辩论队不仅易于取胜，且留给观众、评委的印象也比较深刻。

第五是攻击的节奏是否适度。辩赛中你来我往，唇枪舌剑，步步进逼，紧张激烈。节奏变化应以张弛有度、疾徐有致为佳。一味快疾或一味徐缓都有缺陷，前者易流于狂躁，后者易流于沉闷。

2. 防守技巧：巧妙应变，以守为攻

辩论时不仅要有进攻的技巧，还要有防守的技巧。只会进攻不一定能够取胜，只会防守就可能更容易陷入被动。该防守就防守，该进攻就进攻，能攻能守的队伍才能游刃有余。防守中，应该注意的技巧有以下几个方面。

（1）盯人技巧。即各人盯住各人的对象防守。一般就是一辩盯一辩、二辩盯二辩……即一辩回答一辩的问题，二辩回答二辩的问题……这样各人就会有关注的具体目标，就不会出现好回答的问题就抢着回答，难回答的问题就你推我让的。当然，在分工之后又讲合作，最难回答的问题就由"灵魂队员"补救了。

（2）长项技巧。即根据各人的长项来分工，首先确认辩手各人的长项，如长于说理、长于说史、长于记忆、长于辨析，等等，则承担相应的问题来防守，这也不至于出现混乱局面或冷场。

（3）合围技巧。假如对方有一位非常突出的辩手，不仅对方整个局面靠其支撑，且对本方威胁很大甚至本方队员对其有畏惧感，一对一的战术是不太可能奏效的。那就采取合围技巧，即以全队的四个人的力量来围击、合击，从四个人不同的侧面对准他的问题，以守为攻，一般都会有效。只要他顶不住了，那对方的阵脚就会乱了，自然就会垮的。但是要注意的是，有实力甚至实力更强大的队员靠一两个回合是难以制伏的，因此要有韧劲，不可太急切，争取5、6个回合使其难于招架，提不出更尖锐的问题，内在的进攻力度大大减弱，才能有取胜的基础。

（4）夹击技巧。就是对有的问题，有的队员采用二人夹击的方式来对待。

（5）高压技巧。一般在辩论赛中，由于参赛队的实力比较接近，所以在自由辩论中容易出现同位推顶的情况，这一方面容易浪费时间，另一方面不容易取胜。破解的办法是采用高位迫压防守。如对方提出的是现象问题，就将之上升到理论高度上来回答；如对方提出的是现实问题，那就从历史的角度来回答；如对方提出的是具体问题、微观问题，就以全景认识、宏观认识来回答，以此类推。对对方的问题以高位下罩的方式和统照下盖的方式使对方感到自己的思维位势稍逊一筹，从而内心产生动摇，攻击力也就随之动摇而弱化了。

（6）指误技巧。即不正面回答问题，而是指出对方所问问题在逻辑上、理论上、事实上、价值上、立场上、表达上和常识上的毛病，使之陷入尴尬局面。

（7）归谬技巧。即对有的问题不做正面回答，而是将之做概纳引申归谬，直指其终端的谬，陷其于被动的境地。

（8）反问技巧。即从反方向上反问其问题的悖常性、悖题性、悖理性、悖逻辑性，从而化被动而为主动。

（9）幽默技巧。即面对自己从容回答智有宽余的问题，适时幽对方一默，效果一定是绝佳的。

（10）短答技巧。限于一字、一词、一个成语、一个句子就能够答清，且能够反陷对方于被动的问题，就应该果断而适时的使用。

（11）启导技巧。对于那些喜欢滔滔不绝有演讲欲而又容易动情、不易冷静理智的辩手，表现欲特盛的辩手，语词啰嗦繁复的辩手，在回答问题时不妨巧妙启发他的教导意识，任由其滔滔不绝地讲，其直接效果是消耗了对方的规定时间。

（12）揭弊技巧。在回答问题时，巧妙合理地揭示其弊端，如同一个人陈词与发问中的弊病与矛盾、前一个问题与后一个问题的矛盾、两个或数个人问题中的矛盾等。揭示其弊端与矛盾，使其问题本身站不住脚，防守便转为攻击，目的自然也就达到了。

（13）激怒技巧。即是答问时巧激其怒，使之心理由理智层进入情绪层，无法冷静、无从自控，就有望令其自乱阵脚。但是切忌使用人身攻击，这是犯禁行为。

（14）评价技巧。即不正面回答问题，而是对其问题予以评价，指其目的，断其归路。

（15）闪避技巧。即对那些一两句话难以答清的问题，采用合理闪避的方式，其基点是不离开辩题的立场。

（16）反复技巧。即以同义反复的方式回答。也就是意思一样，但语言不同。

（17）类比技巧。即面对对方的问题，不做正面拦截，而是用同类比较的方式，把问题抛回给对方。

（18）陷阱技巧。即在答问中巧设陷阱让对方来钻，然后在下一个回合中予以指驳，使对方露馅。

（19）联动技巧。即本方二人以上联动，回答问题时一唱一和，此唱彼和，你呼我应，以整体的优势对之。

（20）侧击技巧。即不正面回答问题，而从侧面引出相关问题，反请对方来回答。

（21）连环技巧。即在答问中故设连环，环环相扣，将对方的问题定格在某一环中，将其扣死。

（22）组接技巧。即将对方自己的立场或陈词、反问、答问中的语言予以组合回答，即让对方自己打自己嘴巴。

（23）名言技巧。即恰到好处的巧借名言、警语、格言、民谚、诗歌、歌词、流行语等来回答。当然也可以改头换面，重组搭配来回答。

(24) 错接技巧。即有意错接问题，反让对方判断，以之主动防守。

(25) 引申技巧。即将问题引申开来，揭示其实质与要害，再一口咬破，直断其喉。

3. 其他技巧

(1) 节奏把握。自由辩论的时间不长，但是由于争锋剧烈，对抗性强，故往往呈现出很快的节奏。一般而言，一强到底、一胜到底的队伍不多，这就需要有韧劲和力量持久才能取胜。故有经验的辩论队往往是先弱后强，欲擒故纵。其利在于先让对方强，以观察其底气，辨别其优劣，再制伏它。

(2) 避锋折锐。针锋相对，往往会陷入对峙和僵持。你针尖我麦芒，你推我操，既不利于取胜，现场效果也不好。故有经验的辩论队往往不正面迎击，而是闪避一旁，轻轻折断其锋锐。这种闪避不是回避问题，而是巧用智力，或侧击、或高压、或机智、或幽默，巧击要害，巧借场上效果来使对方退却。简言之，即以大智大巧而对，不以表面热闹、直硬相拼见高低。

(3) 时间把握。即从严把握本方时间，有意启导、引导对方在无意识中把规定时间及早耗尽，以造成缺席审判的情势，这对本方极为有利。

(4) 打乱阵脚。组织有序进攻，打乱对方的阵脚，使之兵未败而阵先乱，岂有不败之理？

(5) 直击底线。有意识地对对方底线全力猛攻，使其自我动摇，无力接济，仅有招架之功，却无还手之力，处于被动境地。

以上这些仅是一般性的常规技巧。由于辩论如战争，场上情况千变万化，有的技巧或许有用，有的却不一定有用，必须根据具体形势灵活应用、机智应变，千万不能死搬教条，机械引用。俗话说，熟能生巧，用多了就会有经验，就会有相应的技巧产生，有道是"最高的技巧是无技巧"，那应当是口才竞技的最高境界。

实际行动　赛场实战

1. 准备抽签辩题

辩题一：正方：大学期间，修德重于修业。
　　　　反方：大学期间，修业重于修德。
辩题二：正方：大学生就业难，是因为就业的机会太少。
　　　　反方：大学生就业难，是因为自身的素质不高。
辩题三：正方：人们在认知过程中，知先于行。
　　　　反方：人们在认知过程中，行先于知。
辩题四：正方：代沟的主要责任在父母。
　　　　反方：代沟的主要责任在子女。
辩题五：正方：网聊有聊。
　　　　反方：网聊无聊。
辩题六：正方：挫折有利于成才。
　　　　反方：挫折不利于成才。

2. 公布辩赛程序与规则

(1) 赛制与参赛队伍。以小组为单位组成参赛团队，采用4对4团体赛制形式。要求每场比赛由正反方两队组成（抽签决定），每队4人，分为一辩、二辩、三辩、四辩；并按此顺序，由辩论场的中央往旁边排列座位。

（2）主持人。每场比赛推荐一位主持人，主持辩论活动。负责维护辩论会场的良好秩序，保障辩论活动按照辩论规则有秩序地进行。主持人坐在两个参赛队中间、比参赛人员座位稍后一点的中央位置，便于观察整个辩论会场的情形。

（3）评判团。各小组推荐一名代表当评判裁判。评判团设一名评委主任，负责评委或评判团的评判，安排评委点评。

（4）辩论赛程序。由辩论会主持人执行。①辩论赛开始，宣布辩题。②介绍参赛代表队及所持立场，介绍参赛队员。③介绍评委及点评嘉宾。④辩论比赛。⑤评委按照评分表评分。⑥点评评委评析发言。⑦宣布比赛结果，辩论赛结束。

（5）辩论赛细则

① 时间提示。辩论阶段，每方使用时间剩余30秒时，计时员以一次短促的铃声提醒；用时满时，以钟声终止发言。终止钟声响时，发言辩手必须停止发言，否则作违规处理。

② 辩论次序。由正方一辩开始，阐述正方的基本观点，发言时间为3分钟。接着，反方一辩发言，阐述反方的基本观点，其中包括反驳正方的观点，发言时间也为3分钟。紧接着是正方二辩发言，反方二辩发言；正方三辩发言，反方三辩发言；发言时间均为2分钟。然后双方自由辩论，每一方所有成员参加发言的积累时限为8~10分钟。这一阶段，正反方辩手自动轮流发言。发言辩手落座为发言结束即为另一方发言开始的计时标志，另一辩手必须紧接着发言；若有间隙，累积时间照常进行。同一方辩手的发言次序不限。如果一方时间已经用完，另一方可以继续发言，也可向主席示意放弃发言。自由辩论提倡积极交锋，对重要问题回避交锋两次以上的一方扣分，对于对方已经明确回答的问题仍然纠缠不放的，适当扣分。最后正反方最后一名辩手作总结陈辞，发言时间为3分钟。要求针对辩论会整体态势进行总结陈词，脱离实际、背诵事先准备的稿件要适当扣分。

③ 根据所有辩手的表现，评委要评选出最佳辩手。最佳辩手要求自信大方，能言善辩。在评判团暂时离开辩论赛场进行评判时，主持人可组织赛场听众就辩论的问题发表意见，邀请点评评委对比赛作评判分析。最后由评委主任将评判出来的优秀辩论员和优胜队名单交给主持人，由主持人当场宣布。

分享与交流　辩论赛的欣赏与评判

1. 辩论赛的欣赏

辩论赛具有表演性质，观看辩论赛能使人得到精神上的享受，包括三个层次：一是心情愉悦，二是获得知识，三是引起思索。这三者之间是一种递进关系。欣赏辩论赛，首先要了解辩论赛的性质。辩论赛与一般辩论不同，双方所持观点、立场不存在谁错谁对。因此，看辩论赛不能带着主观判断，认为哪一方正义、是真理，哪一方是谬误，否则就不可能客观地看待双方的表现，也就无法真正感受到辩论的魅力。其次要把握辩论进程的脉络，跟上辩论双方的思路。辩论的一个特点是瞬间变化、跌宕起伏，极大的信息量在很短的时间里让你接受。如果跟不上节奏，可能就难以弄清楚双方立论要点，遗漏辩手的精彩表演。第三要会欣赏辩论赛的雄辩之美。看辩论赛也是一种审美活动。辩论赛的美表现在辩论团队的思想美、智慧美、团体配合美、语言美、人格美……甚至辩手的风度美、气质美。要能真正品味辩论比赛之美，需要我们不断提高欣赏品位，这样我们才能更加理解高水平的比赛，享受到高水平的语言表达带来的美。

2. 辩论赛的评判

辩论赛的评判主要从以下几个方面着手。

(1) 辩论技巧。辩手是否言语流畅、立场明确，能否从多角度、多层次分析、理解、认识辩题，叙述是否有层次性、条理性，论证是否具有说服力。

(2) 内容资料。论据是否充分、合理、恰当、有力，引述资料是否正确、翔实。

(3) 自由辩论。能否始终坚持自己的立场，主动、准确、及时、机智地反驳对方的观点，思路清晰、立场坚定、逻辑正确、应对灵活。

(4) 整体配合。是否有团队精神，能否相互支持，论辩衔接是否流畅，论点结构是否完整，是否形成一个有机整体。

(5) 表情风度。辩手表情、手势是否恰当、自然、大方，不强词夺理，尊重对方，尊重评委和观众，富有幽默感。

3. 辩论的基本法则与注意事项

辩论是以阐述作为基本表达方法的，具有"证"和"驳"的两翼，因此，论辩的方法，实际上就是阐述的方法，就是"证明"和"反驳"的方法。基本要求是言之成理，持之有据，以理服人。所以掌握辩论技巧的基本法则有两条：①努力阐述自己观点的正确性。立论鲜明，持之有据，论点与论据之间具有紧密的逻辑关系。可以用归纳论证、演绎论证、类比论证、比较论证、比喻论证等方法。②要犀利地反驳对方的阐述并击中要害。可以运用反驳论点、反驳论据、反驳论证等方法。

在辩论中，有一些基本的注意事项。

(1) 要旗帜鲜明，立场坚定。紧紧抓住辩题的共认点、异认点，特别是异认点中的聚焦点，分清辩题，抓住要点，准备充分，限制得当，言之有据，听辩敏捷，反驳巧妙。

(2) 讲理、讲度、讲德，注意言谈辞令、辩论风度。辩手参加比赛要举止端庄，即使在辩论中针锋相对，也应做到态度温和，彬彬有礼，以理服人而不以势压人。辩论时，要求使用普通话，吐字清晰，观点明确，互相尊重，只能针对对方的观点和理由进行攻击，而不能涉及对方的立场和人品（不能人身攻击，不能带有轻视、贬低污辱对方的语言）。在辩论中，特别是一对一攻辩和自由辩论时，应针对对方提问和辩驳的内容回答或反驳，内容不能偏离辩题或各自为论，要体现比赛的对抗性。

(3) 要把握好时间节奏。自由辩论中常常出现一方时间早早用完，另一方则利用剩余时间轮流进攻，对方连反击的机会都没有，好像"缺席审判"。这充分说明在辩论赛中把握时间的重要性。因此辩论中要有时间策略概念，要尽量节约己方发言时间，用语力求简洁明了。要尽量消耗对方时间，多向对方提一些质量较高难以简单回答的问题，尤其要向讲话不够简洁的对方辩手提问，以打乱对方节奏，争取主动权和发言时间。

布置作业

写作一篇演讲稿，题目如下。

1.《假如我是×××》

2.《我无悔的选择》

要求内容具有针对性，能针对招聘的理想职位作具体的陈述与演讲。

演讲时间三分钟，必须脱稿。

实战演练采用淘汰赛制。

第三单元　演讲与口语表达技巧

项目一
演讲稿的写作

[教学目标]

通过本项目练习,能够按照讲演主题内容要求完成演讲稿的写作。能够按照演讲演练要求熟记讲稿,把握主题演讲的语言特点,完成试讲演练,做好充分的演讲准备。

[能力目标]

1. 能够运用演讲稿写作的基本常识,独立撰写命题演讲稿。
2. 能够熟记讲稿,准确无误地试讲。
3. 能够克服怯场心态,做好压力环境下的应急准备。

[知识目标]

1. 了解演讲稿作为书面语体与口头语体的基本特征。
2. 掌握演讲稿写作的基本要求。
3. 熟悉演讲稿的结构设计,掌握演讲稿的写作与修改技巧。
4. 掌握演讲的准备技巧,做好试讲。

[素质目标]

1. 培养事前充分准备、仔细认真、精益求精、一丝不苟的工作习惯。
2. 培养耐心、耐力与坚持不懈、不厌其烦、不怕失败的定力与毅力。
3. 培养良好的演讲风度与演讲者应该具备的修养。

项目描述　撰写演讲稿

命题演讲一般是在经过充分准备的情况下进行的,因而其主题、总体结构、转合关键、语言应用都需要反复推敲与精心准备。著名演讲大师林肯曾指出:"即使是有实力的人,若缺乏周全的准备,也无法做到有系统、有条理的学说。"所以对于经验不足和实力欠缺的演讲新手来说,演讲准备十分重要。撰写一篇好的演讲稿,不仅可以保证我们的演讲内容更有质量,而且最为重要的还在于使我们获得更强的自信心。就像用兵打仗一样,只有事前经过周密的准备,才能做到百战不殆。掌握了演讲稿的写作,我们才有成功的把握,才能在演讲中发挥出最高水平。本项目进行演讲稿写作训练,以"假如我是×××"或"我无悔我的选择"为题,写作一篇竞聘演讲稿。要求讲稿切合"项目经理"的竞聘情境,内容要有针对性,能表达自己的思想感情，达到竞聘目的。竞聘情境下，语言表达要有现场性与鼓动性，结构设计要有艺术性，能吸引观众、打动评委。时间安排合理，符合 3 分钟讲演的时间要求。

项目准备　如何写好演讲稿

精彩的演讲离不开好的讲稿。"巧妇难为无米之炊"，即使是技巧再高的演讲高手也无力将肤浅空洞的内容演得天花乱坠。所以，踏踏实实地写出一篇优美、深刻、动人的演讲稿，是每一个演讲者必须具备的意识。做好演讲准备的首要环节，就是拟定讲题、撰写讲稿。

1. 把握文体语体特征

演讲稿是一种特殊的应用文体，写作时要交融使用各种文体。我们平常所说的一般文章中的记叙文、议论文、说明文，就其主要表达方式来看，与叙述描写、议论、说明有着相对单一的对应关系。而演讲稿写作需要各种文体的写作规律，综合各种表达方式与各种文体的特点于一体。准确地说，它具有议论文的结构、新闻的真实、散文的选材、小说的语言、诗歌的激情、戏剧的安排、相声的幽默、报告的条理、谈话的亲切。所谓议论文的结构，是指观点与材料的统一，要求演讲有观点有立场，有理有据有说服力。所谓新闻的真实，是指所用事实材料必须取于生活中的真情实况，不许虚构。所谓散文的选材，是指发散式的选材方式，在演讲中所选材料不受时空局限，皆可为我所用。所谓小说的语言，是指经过加工处理的文学化口语，大量使用修辞手法。所谓诗歌的激情，就是演讲稿或热情奔放、或感情充沛、或深沉悲壮、或严肃冷峻，极具抒情特性。所谓相声的幽默，就是要活泼有趣、雅俗共赏。所谓戏剧的安排，主要是指内容、结构的编排有张有弛，跌宕起伏，有戏有故事。所谓报告的条理，是指内容的条分缕晰，层次清晰井然。所谓谈话的亲切，是指内容的亲和力感染力。归结起来看，演讲稿是一种成文性的口语化文章。结构体例总体上说是议论文，语体属于口头语体，演讲稿的写作要让各种可用的艺术都为我所用，各种文体的写作技巧都能在这里找到用武之地，这也充分体现出演讲在艺术上的追求。

2. 要写出真情实感

情感是演讲的生命线，演讲必须讲真话，做到以情感人。没有人愿意坐上几个小时，仅仅是为了听演讲者一些空而又空、玄而又玄的大话。这样的大话连演讲者自己都不能感动，又怎么能感动别人呢。所以，精彩讲稿的第一个特点是以情感人，说出自己的心里话，而不是"为赋新词强说愁"。那些虚假的事、夸大的情，只会让人感到做作、别扭。社会交往中待人真诚是第一，说话也是真诚第一。最受欢迎的演讲，就是那种情真意切、以情取胜的演讲。白居易说过："动人心者莫先乎情。"唯有炽热真实的感情，才能使"快者撷髯，愤者扼腕，悲者掩泣，羡者色飞"。美国第一任总统华盛顿的就职演讲就是这样开篇的"参议院和众议院的同胞们：本月四日收到根据两院指示送达给我的通知。阅读之余，深感惶恐。我一生饱经忧患，惟过去所经历的任何焦虑均不如今日之甚。一方面，因祖国的召唤，我要再度出山，对祖国的号令，我不能不欣然谨从。然而，退居林下，是我一生向往并已选定的归宿。我曾满怀奢望，也曾下定决心，在退隐之余度过晚年。对此退隐的居所，除喜爱之外，已经习惯；看到自己的健康因长期操劳随着时光的流逝而日益衰退，这时，对之更感需要和关切。另一方面，祖国委我以重任，其艰巨与繁难，即使国内最有才智和最有阅历的人士，亦将自感难以胜任，何况我资质鲁钝，又从未担任过政府行政职务，更感德薄能鲜，难当重任。处于此种思想矛盾中，但我一直认真致力于正确估量可能影响我执行任务的每一种情况，以确定我的职责，这是我所敢断言的。……"在场面盛大热烈的就职典礼上，华盛顿说了这样一番并不激昂，甚至有些低调的话，似乎与当时的盛况有些不和谐，但是看得出来，这确实是他的心里话。据当时一家报纸报道，华盛顿在宣誓和演讲时非常"虔诚热情"，很多听众都流下了眼泪，其动人之处就在于他的虔诚。他讲的确实是一个年近60的老人受命承担国家命运时自然的思想斗争。恰恰在此时因为这场斗争的激烈，更让人们看到这位总统的爱国热情，这篇讲稿的题目是"我的热情驱使我这样做"，就是这个低调的开篇感动了很多人，它比那些激昂的宣告感人得多，因为他恰如其分地讲出了自己的真心话。

有一位大学生在讲《英雄赞》这个题目时这样说道："在这个英雄辈出的年代，男英雄、女英雄、老英雄、少英雄，何止成千上万。前线的战士，更是顶天立地的英雄，他们住猫耳洞，受风吹雨淋，他们冒着敌人的枪林弹雨，他们高唱着'苦了我一个，幸福千万人'的歌，他们是当代的雷锋、黄继光，他们是最可爱的英雄。英雄伟大，英雄光荣，英雄是火车头，英雄是指路灯。'苦不苦，想想红军两万五，累不累，想想革命老前辈。'不管我们遇到什么风险，只要想到这些英雄，我们就能无往而不胜。"因为说出的是自己的心里话，所以他一开篇就牢牢地吸引了听众。

3. 要切合具体讲演的场合与对象

演讲稿的写作要注意因人、因事、因地，切合具体的场景，并能因势利导，使自己的演讲有说服力与影响力。这就是所说的创造环境，借东风烧曹船。如丘吉尔在二战阴影笼罩全球时一个圣诞节上的讲演，就是即情即景而说，收到意想不到的效果。"战争的狂潮虽然在各地奔腾，使我们心惊胆战，但在今天，一个个家庭都在宁静的肃穆的空气里过节。今天晚上，我们可以暂时把恐惧和忧虑抛开、忘记，而为那些可爱的孩子们布置一个快乐的晚会。全世界说英语的家庭，今晚都应该变成光明的和平小天地，使孩子们尽量享受这种良宵，他们因为得到父母的礼物而高兴，同时使我们自己也能享受这种无牵无挂的乐趣，然后我们担起明年艰苦的任务，以各种的代价，使我们孩子所应继承的产业不致被人掠夺，使他们在文明的世界中应有的自由生活不致被人破坏。因此，在上帝庇佑之下，我谨祝各位圣诞快乐。"

"使我们孩子所应继承的产业不致被人掠夺。"丘吉尔说得多好啊！人们应该在一个本是处处洒满圣洁月光的盛大节日、一个本该是和平宁静的节日里让孩子们快乐，但在战争席卷全世界的背景映衬下，这样一种安静、肃穆来得何等艰难！不忘圣诞节的宁静安详，不忘在这样的日子致以希望与祝福，不忘让疲于战争的人们暂时放松，不忘让这么一个盛大的节日不失节日的气氛。但是，丘吉尔同时也不讳言战争的可怕，让恐怖与安详形成鲜明的对比，让人们更憎恨战争的残酷。多么入情入理，多么扣人心弦。在战争的阴影下、在欢乐的圣诞节日中仍忐忑不安的人们，听了这话能不振奋激动吗？如果在这样的情境中，丘吉尔大呼战争，大呼反抗，大呼"我所能奉献的没有其他，只有热血、辛劳、汗水与眼泪"，这将多么败人兴致、大煞风景呀！但一味地平安祝福，忘了眼前黑暗，又不像一个首相的演讲。他如此巧妙地发表圣诞祝词，尽显一个演讲大师的风度，的确是非常切合时间与场合的。

4. 讲稿要口语化，多使用短句子

演讲语言与书面语言不同，演讲是讲给别人听的，它与写文章不同，不需要太详细的论证与阐述，不需要很多的修饰与限制，只需要表情达意，言简意赅，观众听众能听明白理解清楚就行。首先，演讲稿作为口语化的书面文字形式，一定要注意演讲要适合口语表达、通俗易懂的语体特征。在写作讲稿的时候，必须考虑到听众在现场不可能有余暇去理解某些生僻的词语和隐晦的意思，更不可能像阅读文章那样进行多次的反复领会，因此必须尽量避免"文绉绉"、"掉书袋"，少用复杂的结构句式，少用生僻字，要让人一听就懂。比如："体面"与"堂皇"、"驼背"与"佝偻"、"寒冷"与"凛冽"等几组近义词或同义词，每组的后一个词语更书面化,更能体现使用者的文化修养。但是,在演讲中,用后者不如用前者,否则让听众想上一阵恍然明白"佝偻"是哪两个字、是什么意思,后面的演讲就听不过来了,这样的演讲是在给自己帮倒忙、找麻烦。其次,要注意使用短句子。短句子易讲易记,便于换气与表达。许多著名演讲,如林肯的《我们在此立下誓言》、闻一多的《最后一次演讲》等,都是简洁有力的典型。

我们来看看 1941 年 12 月 8 日,罗斯福在《一个遗臭万年的日子》中如何运用短句来达到自己的演讲目的。

"副总统先生、议长先生、参众两院各位议员:

昨天,1941 年 12 月 7 日——一个遗遗臭万年的日子——美利坚合众国遭到了日本帝国海空军突然和蓄谋的进攻。

合众国当时同该国处于和平状态,而且,根据日本的请求,当时仍在同该政府和该国天皇进行对话,对于维持太平洋的和平有所期待。实际上,就在日本空军中队已经开始轰炸美国瓦胡岛之后 1 小时,日本驻合众国大使及其同事还向我们国务卿提交了对美国最近致日方的信函的正式答复。虽然复函声明继续现行外交谈判似已无用,但它并未包含有关战争或武装进攻的威胁或暗示。

应该记录在案的是,由于夏威夷同日本的距离遥远,这次进攻显然是许多乃至若干星期以前就已蓄意策划的。在策划过程之中,日本政府通过虚伪的声明和表示希望维系和平而蓄意对合众国进行了欺骗。

昨天对夏威夷群岛的进攻,给美国海陆军部队造成了严重的损害,我遗憾地告诉各位,很多美国人丧失了生命。此外,据报,美国船只在旧金山和火奴鲁鲁之间的公海上遭到了鱼雷的袭击。

昨天,日本政府已发动了对马来西亚的进攻。

昨夜,日本军队进攻了香港。

昨夜,日本军队进攻了关岛。

昨夜,日本军队进攻了菲律宾群岛。

昨夜,日本军队进攻了威克岛。

今晨,日本人进攻了中途岛。"

在这篇著名的演讲中,罗斯福列举了大量的事实,充分说明日本的侵略是蓄谋已久的。用的是短句,但其说服力度绝非长句能比。特别是最后一小段演讲词尤其铿锵有力,语感和听觉效果都很不错,排比造成的气垫也非同一般。用这样的句式表达愤懑,其愤懑之情溢于言表,很能调动听众情绪。这就是短句得天独厚的优势。

案例学习 演讲稿经典作品欣赏

例文一

在美国圣诞节的即兴演讲(1944 年 12 月)

丘吉尔

各位为自由而奋斗的劳动者和将士:

我的朋友,伟大而卓越的罗斯福总统刚才已经发表过圣诞前夕的演说,已经向全美的家庭致友爱的献词。我现在能追随骥尾讲几句话，内心感觉无限荣幸。

我今天虽然远离家庭和祖国，在这里过节，但我一点也没有身在异乡的感觉。我不知道，这是由于本人的母系血统和你们相同；抑或是由于本人多年来在此地所得的友谊；抑或是由于这两个文字相同、信仰相同、理想相同的国家，在共同奋斗中所产生出来的同志的感觉，抑或是由于上述三种关系的综合。总之，我在美国的政治中心地——华盛顿过节，完全不感到自己是一个异乡之客。我和各位之间，本来就是手足之情，再加上各位欢迎的盛意，我觉得很应该和各位共坐炉边，同享这圣诞之乐。

但今年的圣诞前夕，却是一个奇怪的圣诞前夕。因为整个世界都卷入一种生死的搏斗中，正在使用科学所能设计的恐怖武器来互相屠杀。假若我们不是深信自己对于别国领土和财富没有贪图的恶念，没有攫取物资的野心，没有卑鄙的念头，那么我们在今年的圣诞节中一定很难过。

战争的狂潮虽然在各地奔腾，使我们心惊胆战，但在今天，一个个家庭都在宁静的肃穆的空气里过节。今天晚上，我们可以暂时把恐惧和忧虑的心情抛开、忘记，而为那些可爱的孩子们布置一个快乐的晚会。全世界说英语的家庭，今晚都应该变成光明的和平小天地，使孩子们尽量享受这种良宵，他们因为得到父母的礼物而高兴，同时使我们自己也能享受这种无牵无挂的乐趣，然后我们担起明年艰苦的任务，以各种的代价，使我们孩子所应继承的产业不致被人掠夺，使他们在文明的世界中应有的自由生活不致被人破坏。因此，在上帝庇佑之下，我谨祝各位圣诞快乐。

丘吉尔（1874—1965），英国著名政治家、文学家。曾就读于桑赫斯特军事学院。他多才多艺，生活经历十分丰富，历任政府要职，曾两度出任英国首相。第二次世界大战期间，他领导英国对德作战，做出卓越贡献。他因撰写《第二次世界大战回忆录》等著述而获诺贝尔文学奖。

点评：丘吉尔是一位极负盛名的演讲大师。1944年12月，他在美国欢度圣诞节时即席发表演讲，当即轰动一时，并也成为历史的一个注脚。在演讲中，他成功地把政治议论与节日祝愿融为一体，既表现出对侵略战争的谴责及对和平的关注，又尽量避免冲淡节日气氛，而且还能做到语言优美、意旨深远，本篇情真意切，是演讲的典范之作。

例文二

《在鲁迅逝世九周年纪念会的演讲》

闻一多

有些人死去，尽管闹得十分排场，过了没有几天，就悄悄地随着时间一道消逝了，很快被人遗忘了。有的人死去，尽管生前受到很不公平的待遇，但时间越过得久，形象却越加光辉，他的声名却越来越伟大。我想，我们大家都会同意，鲁迅是经受得住时间考验的一位光辉伟大的人物。因为他对中华民族的文化事业留下了宝贵的遗产。他是中国历史上最伟大的文学家。

鲁迅生前所处的环境异常危险，他是一个被"通缉"的"罪犯"！但是他无所畏惧，本着有一分热，发一分光的精神，他勇敢、坚决地做他自己认为应做的事，在文化战线上打着大旗冲锋陷阵，难怪有的人那么恨他！

鲁迅在日本留学,住在十里洋场的上海,他和洋人、和大官打过不少交道。但他对帝国主义、对买办大亨、对当权人物,没有丝毫的奴颜媚骨,宁可流亡受苦,也不妥协。鲁迅之所以伟大,之所以能写出那么多伟大的作品,和他这种高尚的人格是分不开的,学习鲁迅,我想先得学习他这种高尚的人格。

有人不喜欢鲁迅,也不让别人喜欢,因为嫌他说话讨厌。所以不准提到鲁迅的名字。也有人不喜欢鲁迅,倒愿意常常提到鲁迅的名字,是为了骂骂鲁迅。因为,据说当时一旦鲁迅回骂就可以出名。现在,也可以对某些人表明自己的"忠诚"。前者可谓之反动,后者只好叫做无耻了。其实,反动和无耻本来就是分不开的。

除了这样两种人,也还有一种自命清高的人,就像我自己这样的一批人。从前我们住在北平,我们有一些自称"京派"的学者先生,看不起鲁迅,说他是"海派"。就是没有跟着骂的人,反正也是不把"海派"放在眼上的。现在我向鲁迅忏悔:鲁迅对,我们错了!当鲁迅受苦受害的时候,我们都正在享福,当时我们如果都有鲁迅那样的骨头,哪怕只有一点,中国也不至于这样了。

骂过鲁迅或者看不起鲁迅的人,应该好好想想,我们自命清高,实际上是做了帮闲帮凶!如今,把国家弄到这步田地,实在感到痛心!现在,不是又有人在说什么闻××在搞政治了,在和搞政治的人来往啦,以为这样就能把人吓住,不敢搞了,不敢来往了。可是时代不同了,我们有了鲁迅这样的好榜样,还怕什么?纪念鲁迅,我想应该正是这样。

闻一多(1899—1946),湖北浠水人。我国著名诗人、学者、爱国民主战士、杰出演讲家,在清华大学求学时就爱好演讲,据其日记中记载,他平时练习演讲既经常又刻苦。1946年7月15日,在云南大学至公堂主持召开了李公朴先生的追悼会并发表即兴演讲(《最后一次演讲》)的当天,也如李公朴先生一样,被国民党特务杀害。

点评:这是闻一多先生在昆明西南联大对学生所作的演讲。首先对两种"死去"的人进行鲜明的对比,高度赞扬鲁迅。用对比开头,使人感到鲁迅形象的高大及典型意义。学习鲁迅,就是要学习鲁迅的人格。紧接着剖析三种人对待鲁迅的态度,包括闻一多自己对鲁迅的诸多误会,作者联系自己,公开认错,表示了以鲁迅为好榜样的原则立场和坚守态度。全文两部分内容相互贯通,结构严谨,语言流畅,感情真挚。

例文三

写作是一种孤独

——在诺贝尔文学奖授奖仪式上的讲话

海明威

我不善辞令,缺乏演讲的才能,只想感谢阿费雷德·诺贝尔评奖委员会的委员们慷慨授予我这项奖金。

没有一个作家,当他知道在他以前不少伟大的作家并没有获得此项奖金的时候,能够心安理得领奖而不感到受之有愧。这里无须一一列举这些作家的名字。在座的每个人都可以根据他的学识和良心提出自己的名单来。

要求我国的大使在这儿宣读一篇演说,把一个作家心中所感受到的一切都说尽是不可能的。一个人作品中的一些东西可能不会被人理解，在这点上，他有时是幸运的，但是它们终究会十分清晰起来，根据它们以及作家具有的点石成金本领的大小，他将青史留名或被人遗忘。

写作，在最成功的时候，是一种孤独的生涯。作家的组织固然可以排遣他们的孤独，但是我怀疑它们能够促进作家的创作，一个在人稠广众之中成长起来的作家，自然可以免除孤苦寂寞之虑，但作的作品往往流于平庸。而一个在沉寂中孤独工作的作家，假若他确实不同凡响，就必须天天面对永恒的东西，或者面对缺乏永恒的状况。对于一个真正的作家来说，每一本书都应该成为他继续探索那些尚未到达的领域的一个新起点。他应当永远尝试去做那些从来没有人做过或他人没做成的事，这样他就有幸会获得成功。

如果已经写好的作品，仅仅换一种方法又可以重新写出来，那么文学创作就显得太轻而易举了。我们的前辈大师们留下了伟大的业绩。正因为如此，一个普通作家常常被他们逼人的光辉驱赶到远离他可以到达的地方，陷入孤立无援的境地。

作为一个作家，我已经讲得太多了。作家应当把自己要说的话写下来，而不是讲出来。再一次谢谢大家了。

海明威：美国现代著名作家，其代表作《战地钟声》、《老人与海》皆是传世经典。该演讲是他在"诺贝尔文学奖"授奖仪式上的讲话。这则演讲不到1000字，但阐明了作者的文学主张，言简意赅，是一个作家灵魂的声音。

点评：这篇演讲的巨大成功是在精简叙述中蕴含着深厚的人生哲理，让世人领悟到作家成功的法宝。其中一些名句如"写作在最成功的时候，是一种孤寂的生涯"，对于一个真正的作家来说，每一本书都有应该成为他继续探索那些尚未到达的领域的一个新起点，成为后人的警世箴言。

例文四

在香港特别行政区成立暨特区政府宣誓就职仪式上的讲话

（1997年7月1日）

董建华

江泽民主席

李鹏总理

同胞们、朋友们：

这是一个崇高而庄严的时刻：1997年7月1日。香港，经历了156年的漫漫长路，终于重新跨进祖国温暖的家门。我们在这里用自己的语言向全世界宣告：

香港进入历史的新纪元。

中华民族近代历史和荣辱兴衰值得我们铭记：一个国家和民族最可贵的是，能够掌握自己的命运。一个半世纪以来，中国有无数的仁人志士，为了国家富强，为了疆土完整，前仆后继，奋发图强。正是由于他们做出了巨大牺牲和努力，国家出现了百年未曾有过的繁荣和良好机遇，国际上确立了我们的尊严，香港得以胜利回归。

今天，我们幸运地站立在先贤梦寐以求的理想高地。身为中华民族一分子，一个生活在香港的中国人,我谨代表所有香港同胞,向所有为此做出贡献的中华儿女献上深深的敬意和感激。

中国对香港恢复行使主权,实行"一个国家,两种制度",是超凡政治智慧的创举。香港在世界各国的目光注视下,接受了一项开创历史先河的殊荣。我们深信不疑,一定能够克服历史新事业带来的一切挑战,香港的将来会更加美好。我们的信念如此坚定,不仅是因为这是一个伟大胜利国家的庄严承诺,也不仅是由于香港同胞秉承了中华民族智慧、勤劳和特有的适应能力。最重要的是:"一国两制"的事业完全掌握在我们中国自己手里。

国家以严肃的法律形式授予了香港举世无双的高度自主权。我们非常珍惜这权力,我会负责任地运用这权力。香港新时代的巨轮,此刻在祖国尊重香港人、爱护香港人的旭日辉映下,满怀信心,升锚起航,向着振兴中华、祖国统一的宏伟目标乘风奋进。

香港人在历史上第一次以明确的身份主宰自己的命运。香港特别行政区政府将竭尽全力,保持香港一贯生活方式,维护香港的自由经济体系,坚守法治精神,发展民主,建立富于爱心的社会,确保国际大都会的活力。

本人受国家和人民的重托,出任中华人民共和国香港特别行政区首任行政长官。在这个历史时刻,我感到无上光荣,更感到责任重大。我亲身体会过创业成功的艰辛和欢愉;我清楚地知道香港人的需要和期望。同时,我更加深信同心协力的重要。我将以忠诚的心志,坚决执行法律赋予香港高度自治的神圣责任,带领650万富于创业精神的香港市民,坚定地按照"一个国家,两种制度"的路向前迈进。

我坚信,香港回归祖国,实行"一国两制",前途必定更加辉煌。

董建华:是中国香港特区政府第一任最高行政长官,是香港华人最优秀、最杰出的代表。他这篇就职演说,见解精辟,措辞精美,庄重稳妥,又激越深情,让人大有耳目一新、滴水不漏之感。

点评:这篇演讲"用自己的语言向全世界宣告:香港进入历史的新纪元"。这个庄严的宣告一洗百年国耻,大抒港人、国人无比喜悦之情,鲜明有力。这篇演讲也成为一段历史的见证,它见证了香港的回归。

例文五

我愿做一支燃烧的蜡烛

李莹洁

每当有人问我为什么选择教师这个职业的时候,我总要想起我的第一个老师,她是一个连我的名字也认不全的初中生,把李莹洁读成了李宝洁。她的脸没有红,我的脸却发烧了。就在那视知识如粪土的恶浪腥风中,一些本应成为雄鹰的雏鸟夭折了,一些本应成为大树的幼苗弯曲了……,我简直难以相信:就是他,我的同班同学,那双曾做出了令人羡慕的航模军舰的手,却成了扒窃的工具;就是他,我的小伙伴,那曾经一心想当科学家的孩子却成了老留级生。这严酷的事实深深地刺痛了我,一个愿望在胸中悄悄涌起:我要当老师!就这样,中学毕业后,我考进了成都师范学校。当然,那时我还不能理解教师这两个字的深刻含义。

15岁是梦的年龄，我幻想在铺满鲜花的道路上，描绘心灵的美景。我幻想在充满爱的童心中，品尝桃李满天下的幸福。然而，现实比我的幻想严酷得多，艰难得多！当我踏进成都师范校门时，我看见许多年过半百的老教师一家几口挤在十多平方米的陋室里；我看见许多身患重病的老师抱病登上讲台；我看见很多性格坚强的老师，因为班上没有人甘心当老师而叹息……有人对我说：古人尚知穷不习武，富不教书，你是何苦呢？……面对这一切，我开始认真思考自己的选择，我第一次感到教育少的是浪漫，多的是艰难。

1984年7月我到了乡村的一所小学——这里居然也叫学校吗？我们不说校舍的简陋，也不说桌椅的破弊，仅就老师的教学来看，真难让人相信这是学校！音乐课上，教师拉开嗓门教唱的是走了调的流行歌曲。一位农民说：他的孩子读了3年书，交了十多元学费，只学会十来个字——他们是花费一个多劳动日的收获买了一个字啊……我被震惊了。我体味到选择教师这个职业之后所挑起的是怎样沉重的担子：它的一头挑着落后的过去，另一头挑着人民的希冀和祖国的未来！这便是许多教师身居斗室而毫无怨言，生活贫寒却诲人不倦的精神所在吧！正是在这崇高精神的感召之下，我真正认识了我的选择，我的信念！

当然，我们有烦恼，也有忧愁，更有委屈。因为我们也是普普通通的人，但是为美好的追求，我们把这一切都埋在了心底，在我们成都一所普通中学里，有位姓郭的老师，上课时，他经常向学生请假跑厕所。为什么？谁也不知道，直到医院通知学校，郭老师膀胱癌已到晚期，大家才明白过来。临死时郭老师说："我不敢请假啊！大家都忙，我拖下的课，什么时候补啊！"没有一句豪言壮语。郭老师不是党员，也不是劳模，死后没有也不可能被追加任何称号，然而他却尽到了一个教师的责任，为了自己的追求，做出了最大的奉献。

的确，作为教师，我们失去了很多，本来可能成为文学家的人悄悄地藏起未打上句号的手稿；本来可以成为科学家的人无声地卷起了未设计完的图纸。没有显赫一时，没有流芳百世；有的只是年复一年默默地耕耘。从这点讲，我们是不合算，然而我们的生命将在一批又一批学生身上延续，我们的青春将在一代又一代青年身上闪光，这对于一个有限的生命体来说，不正是超越自身而永生的无限的力量吗？请问，世上还有什么比这更幸福的呢？

各位领导，各位朋友，如果说过去我想当老师，还仅仅是受感情支配的话，但现在，理智的砝码却越来越重了。它可能会压得我难过，甚至透不过气来，但无论如何，我决不后悔，我庆幸自己的选择！——请相信一个教育战线新兵的誓言吧！燃烧自己，照亮别人；燃烧生命，得到永生！

李莹洁：成都一名普通的青年教师。本篇演讲稿通过对自己亲身经历的生动描述，恰到好处地表达了她对教师这一职业的深刻理解，热情讴歌了教师职业，颂扬教师职业的奉献精神。

点评：这篇讲稿紧密联系实际，将事例、思索、描绘、激情融为一体，围绕愿为教育事业奉献一切的主题，选择典型事例，从身边的事情说起、讲起，叙述生动具体，情感真切动人。

例文六

在北京大学2008年开学典礼上的演讲词

俞敏洪

各位同学、各位领导：

大家上午好！（掌声）

非常高兴许校长给我这么崇高的荣誉，谈一谈我在北大的体会。（掌声）

可以说，北大是改变了我一生的地方，是提升了我自己的地方，使我从一个农村孩子最后走向了世界的地方。毫不夸张地说，没有北大，肯定就没有我的今天。北大给我留下了一连串美好的回忆，大概也留下了一连串的痛苦。正是在美好和痛苦中间，在挫折、挣扎和进步中间，我最后找到了自我，开始为自己、为家庭、为社会能做一点事情。

学生生活是非常美好的，有很多美好的回忆。我还记得我们班有一个男生，每天都在女生的宿舍楼下拉小提琴，（笑声）希望能够引起女生的注意，结果后来被女生扔了水瓶子。我还记得我自己为了吸引女生的注意，每到寒假和暑假都帮着女生扛包。（笑声、掌声）后来我发现那个女生有男朋友，（笑声）我就问她为什么还要让我扛包，她说为了让男朋友休息一下。（笑声、掌声）我也记得刚进北大的时候我不会讲普通话，全班同学第一次开班会的时候互相介绍，我站起来自我介绍了一番，结果我们的班长站起来跟我说："俞敏洪你能不能不讲日语？"（笑声）我后来用了整整一年时间，拿着收音机在北大的树林中模仿广播台的播音，但是到今天普通话还依然讲得不好。

人的进步可能是一辈子的事情。在北大是我们生活的一个开始，而不是结束。有很多事情特别让人感动。比如说，我们很有幸见过朱光潜教授。在他最后的日子里，是我们班的同学每天轮流推着轮椅在北大里陪他一起散步。（掌声）每当我推着轮椅的时候，我心中就充满了对朱光潜教授的崇拜，一种神圣感油然而生。所以，我在大学看书最多的领域是美学。因为他写了一本《西方美学史》，是我进大学以后读的第二本书。

为什么是第二本呢？因为第一本是这样来的，我进北大以后走进宿舍，我有个同学已经在宿舍。那个同学躺在床上看一本书，叫做《第三帝国的兴亡》。所以我就问了他一句话，我说："在大学还要读这种书吗？"他把书从眼睛上拿开，看了我一眼，没理我，继续读他的书。这一眼一直留在我心中。我知道进了北大不仅仅是来学专业的，要读大量大量的书。你才能够有资格把自己叫做北大的学生。（掌声）所以我在北大读的第一本书就是《第三帝国的兴亡》，而且读了三遍。后来我就去找这个同学，我说："咱们聊聊《第三帝国的兴亡》"，他说："我已经忘了"。（笑声）

我也记得我的导师李赋宁教授，原来是北大英语系的主任，他给我们上《新概念英语》第四册的时候，每次都把板书写得非常的完整，非常的美丽。永远都是从黑板的左上角写起，等到下课铃响起的时候，刚好写到右下角结束。（掌声）我还记得我的英国文学史的老师罗经国教授，我在北大最后一年由于心情不好，导致考试不及格。我找到罗教授说："这门课如果我不及格就毕不了业。"罗教授说："我可以给你一个及格的分数，但是请你记住了，未来你一定要做出值得我给你分数的事业。"（掌声）所以，北大老师的宽容、学识、奔放、自由，让我们真正能够成为北大的学生，真正能够得到北大的精神。当我听说许智宏校长对学生唱《隐形的翅膀》的时候，我打开视频，感动得热

泪盈眶。因为我觉得北大的校长就应该是这样的。（掌声）

我记得自己在北大的时候有很多的苦闷。一是普通话不好，第二英语水平一塌糊涂。尽管我高考经过三年的努力考到了北大——因为我落榜了两次，最后一次很意外地考进了北大。我从来没有想过北大是我能够上学的地方，她是我心中一块圣地，觉得永远够不着。但是那一年，第三年考试时我的高考分数超过了北大录取分数线七分，我终于下定决心咬牙切齿填了"北京大学"四个字。我知道一定会有很多人比我分数高，我认为自己是不会被录取的。没想到北大的招生老师非常富有眼光，料到了三十年后我的今天。（掌声）但是实际上我的英语水平很差，在农村既不会听也不会说，只会背语法和单词。我们班分班的时候，五十个同学分成三个班，因为我的英语考试分数不错，就被分到了A班，但是一个月以后，我就被调到了C班，C班叫做"语音语调及听力障碍班"。（笑声）

我也记得自己进北大以前连《红楼梦》都没有读过，所以看到同学们一本一本书在读，我拼命地追赶。结果我在大学差不多读了八百多本书，用了五年时间。（掌声）但是依然没有赶超上我那些同学。我记得我的班长王强是一个书癖，现在他也在新东方，是新东方教育研究院的院长。他每次买书我就跟着他去，当时北大给我们每个月发二十多块钱生活费，王强有个癖好就是把生活费一分为二，一半用来买书，一半用来买饭菜票。买书的钱绝不动用来买饭票。如果他没有饭菜票了就到处借，借不到就到处偷。（笑声）后来我发现他这个习惯很好，我也把我的生活费一份为二，一半用来买书，一半用来买饭菜票，饭票吃完了我就偷他的。（笑声掌声）

毫不夸张地说，我们班的同学当时在北大，真是属于读书最多的班之一。而且我们班当时非常地活跃，光诗人就出了好几个，后来挺有名的一个诗人叫西川，真名叫刘军，就是我们班的。（掌声）我还记得我们班开风气之先，当时是北大的优秀集体，但是有一个晚上大家玩得高兴了，结果跳起了贴面舞，第二个礼拜被教育部通报批评了。那个时候跳舞是必须跳得很正规的，男女生稍微靠近一点就认为违反风纪。所以你们现在比我们当初要更加幸福一点。不光可以跳舞，而且可以手拉手地在校园里面走，我们如果当时男女生手拉手在校园里面走，一定会被扔到未名湖里，所以一般都是晚上十二点以后再在校园里面走。（笑声掌声）

我也记得我们班五十个同学，刚好是二十五个男生二十五个女生，我听到这个比例以后当时就非常的兴奋，（笑声）我觉得大家就应该是一个配一个。没想到女生们都看上了那些外表英俊潇洒、风流倜傥的男生。像我这样外表不怎么样，内心充满丰富感情、未来有巨大发展潜力的，女生一般都看不上。（笑声掌声）

我记得我奋斗了整整两年希望能在成绩上赶上我的同学，但是就像刚才吕植老师说的，你尽管在中学高考可能考得很好，是第一名，但是北大精英人才太多了，你的前后左右可能都是智商极高的同学，也是各个省的状元或者说第二名。所以，在北大追赶同学是一个非常艰苦的过程，尽管我每天几乎都要比别的同学多学一两个小时，但是到了大学二年级结束的时候我的成绩依然排在班内最后几名。非常勤奋又非常郁闷，也没有女生来爱我安慰我。（笑声）这导致的结果是，我在大学三年级的时候得了一场重病，这个病叫做传染性侵润肺结核。当时我就晕了，因为当时我正在读《红楼梦》，正好读到林黛玉因为肺结核吐血而亡的那一章，（笑声）我还以为我的生命从此结束，后来北大医院的医生告诉我现在这种病能够治好，但是需要在医院里住一年。我在医院里住了一年，苦闷了一年，读了很多书，也写了六百多首诗歌，可惜一首诗歌都没有出版过。从此以后我就跟写诗结上了缘，但是我这个人有丰富的情感，但是没有优美的文笔，所以终于没有成为诗人。后来我感到非常的庆幸，因为我发现真正成为诗人的人后来都出事了。我们跟当时还不太出名的诗人海子在一起写过诗。后来他写过一首优美的诗歌，叫做《面朝大海，春暖花开》，我们每一个同学大概都能背。后来当我听说他卧轨自杀的时候，号啕大哭了整整一天。从此以后，我放下笔，再也不写诗了。（掌声）

记得我在北大的时候，到大学四年级毕业时，我的成绩依然排在全班最后几名。但是，当时我已经有了一个良好的心态。我知道我在聪明上比不过我的同学，但是我有一种能力，就是持续不断的努力。所以在我们班的毕业典礼上我说了这么一段话，到现在我的同学还能记得，我说："大家都获得了优异的成绩，我是我们班的落后同学。但是我想让同学们放心，我决不放弃。你们五年干成的事情我干十年，你们十年干成的我干二十年，你们二十年干成的我干四十年"。（掌声）我对他们说："如果实在不行，我会保持心情愉快、身体健康，到八十岁以后把你们送走了我再走。"（笑声掌声）

有一个故事说，能够到达金字塔顶端的只有两种动物，一是雄鹰，靠自己的天赋和翅膀飞了上去。我们这儿有很多雄鹰式的人物，很多同学学习不需要太努力就能达到高峰。很多同学后来可能很轻松地就能在北大毕业以后进入哈佛、耶鲁、牛津、剑桥这样的名牌大学继续深造。有很多同学身上充满了天赋，不需要学习就有这样的才能，比如说我刚才提到的我的班长王强，他的模仿能力就是超群的，到任何一个地方，听任何一句话，听一遍模仿出来的绝对不会两样。所以他在北大广播站当播音员当了整整四年。我每天听着他的声音，心头咬牙切齿充满仇恨。（笑声）所以，有天赋的人就像雄鹰。但是，大家也都知道，有另外一种动物，也到了金字塔的顶端。那就是蜗牛。蜗牛肯定只能是爬上去。从低下爬到上面可能要一个月、两个月，甚至一年、两年。在金字塔顶端，人们确实找到了蜗牛的痕迹。我相信蜗牛绝对不会一帆风顺地爬上去，一定会掉下来、再爬、掉下来、再爬。但是，同学们所要知道的是，蜗牛只要爬到金字塔顶端，它眼中所看到的世界，它收获的成就，跟雄鹰是一模一样的。（掌声）所以，也许我们在座的同学有的是雄鹰，有的是蜗牛。我在北大的时候，包括到今天为止，我一直认为我是一只蜗牛。但是我一直在爬，也许还没有爬到金字塔的顶端。但是只要你在爬，就足以给自己留下令生命感动的日子。（掌声）

我常常跟同学们说，如果我们的生命不为自己留下一些让自己热泪盈眶的日子，你的生命就是白过的。我们很多同学凭着优异的成绩进入了北大，但是北大绝不是你学习的终点，而是你们生命的起点。在一岁到十八岁的岁月中间，你听老师的话、听父母的话，现在你真正开始了自己的独立生活。我们必须为自己创造一些让自己感动的日子，你才能够感动别人。我们这儿有富裕家庭来的，也有贫困家庭来的，我们生命的起点由不得你选择出生在富裕家庭还是贫困家庭，如果你生在贫困家庭，你不能说老爸给我收回去，我不想在这里待着。但是我们生命的终点是由我们自己选择的。我们所有在座的同学过去都走得很好，已经在十八岁的年龄走到了很多中国孩子的前面去，因为北大是中国的骄傲，也可以说是世界的骄傲。但是，到北大并不意味着你从此大功告成，并不意味着你未来的路也能走好，后面的五十年、六十年，甚至一百年你该怎么走，成为了每一个同学都要思考的问题。就本人而言，我觉得只要有两样东西在心中，我们就能成就自己的人生。

第一样叫做理想。我从小就有一种感觉，希望穿越地平线走向远方，我把它叫做"穿越地平线的渴望"。也正是因为这种强烈的渴望，使我有勇气不断地高考。当然，我生命中也有榜样。比如我有一个邻居，非常的有名，是我终生的榜样，他的名字叫徐霞客。当然，是五百年前的邻居。但是他确实是我的邻居，江苏江阴的，我也是江苏江阴的。因为崇拜徐霞客，直接导致我在高考的时候地理成绩考了九十七分。（掌声）也是徐霞客给我带来了穿越地平线的这种感觉，所以我也下定决心，如果徐霞客走遍了中国，我就要走遍世界。而我现在正在实现自己这一梦想。所以，只要你心中有理想、有志向，同学们，你终将走向成功。你所要做到的就是在这个过程要有艰苦奋斗、忍受挫折和失败的能力，要不断地把自己的心胸扩大，才能够把事情做得更好。

第二样东西叫良心。什么叫良心呢？就是要做好事，要做对得起自己对得起别人的事情，要有和别人分享的姿态，要有愿意为别人服务的精神。有良心的人会从你具体的生活中间做的事情体现出来，而且你所做的事情一定对你未来的生命产生影响。我来讲两个小故事，讲完我就结束我的讲话，已经占用了很长的时间。

第一个小故事。有一个企业家和我讲起他大学时候的一个故事，他们班有一个同学，家庭比较富有，每个礼拜都会带六个苹果到学校来。宿舍里的同学以为是一人一个，结果他是自己一天吃一个。尽管苹果是他的，不给你也不能抢，但是从此同学留下一个印象，就是这个孩子太自私。后来这个企业家做成功了事情，而那个吃苹果的同学还没有取得成功，就希望加入到这个企业家的队伍里来。但后来大家一商量，说不能让他加盟，原因很简单，因为在大学的时候他从来没有体现过分享精神。所以，对同学们来说在大学时代的第一个要点，你得跟同学们分享你所拥有的东西，感情、思想、财富，哪怕是一个苹果也可以分成六瓣大家一起吃。（掌声）因为你要知道，这样做你将来能得到更多，你的付出永远不会是白白付出的。

我再来讲一下我自己的故事。在北大当学生的时候，我一直比较具备为同学服务的精神。我这个人成绩一直不怎么样，但我从小就热爱劳动，我希望通过勤奋的劳动来引起老师和同学的注意，所以我从小学一年级就一直打扫教室卫生。到了北大以后我养成了一个良好的习惯，每天为宿舍打扫卫生，这一打扫就打扫了四年。所以我们宿舍从来没排过卫生值日表。另外，我每天都拎着宿舍的水壶去给同学打水，把它当作一种体育锻炼。大家看我打水习惯了，最后还产生这样一种情况，有的时候我忘了打水，同学就说"俞敏洪怎么还不去打水"。（笑声）但是我并不觉得打水是一件多么吃亏的事情。因为大家都是一起同学，互相帮助是理所当然的。同学们一定认为我这件事情白做了。又过了十年，到了九五年年底的时候新东方做到了一定规模，我希望找合作者，结果就跑到了美国和加拿大去寻找我的那些同学，他们在大学的时候都是我生命的榜样，包括刚才讲到的王强老师等。我为了诱惑他们回来还带了一大把美元，每天在美国非常大方地花钱，想让他们知道在中国也能赚钱。我想大概这样就能让他们回来。后来他们回来了，但是给了我一个十分意外的理由。他们说："俞敏洪，我们回去是冲着你过去为我们打了四年水。"（掌声）他们说："我们知道，你有这样的一种精神，所以你有饭吃肯定不会给我们粥喝，所以让我们一起回中国，共同干新东方吧。"才有了新东方的今天。（掌声）

人的一生是奋斗的一生，但是有的人一生过得很伟大，有的人一生过得很琐碎。如果我们有一个伟大的理想，有一颗善良的心，我们一定能把很多琐碎的日子堆砌起来，变成一个伟大的生命。但是如果你每天庸庸碌碌，没有理想，从此停止进步，那未来你一辈子的日子堆积起来将永远是一堆琐碎。所以，我希望所有的同学能把自己每天平凡的日子堆砌成伟大的人生。（掌声）

最后，我代表全体老校友向在座的三千多位新生表一个心意，我代表全体老校友和新东方把两百万人民币捐给许校长，为在座同学们的学习、活动和成长提供一点帮助。

俞敏洪：出生于1962年10月，在江苏省江阴高级中学上高中。于1980年考入北京大学西语系。期间患病（肺结核）休学一年，1985年从北京大学毕业，留校担任北京大学外语系教师。1991年9月，俞敏洪从北大辞职，进入民办教育领域，先后在北京市一些民办学校从事教学与管理工作。1993年11月16日，俞敏洪创办了北京市新东方学校，担任校长。从最初的几十个学生开始了新东方的创业过程。其人博闻强识，娴于辞令，幽默儒雅。他精通英语，尤工词汇，一本"红宝书"在业内有口皆碑，并主编了多套实用教学光盘，成为中外颇负盛名的英语教学专家，由他创办的新东方学校目前已经占据了北京80%、全国50%的出国培训市场，年培训学生超过15万人次，国外的留学生70%是其弟子，由于他对留学教育专业的杰出贡献，被社会誉为"留学教父"。现任新东方学校校长、北京新东方迅程网络科技有限公司董事长等职，被媒体评为最具升值潜力的十大企业新星之一，20世纪影响中国的25位企业家之一。

点评：这篇讲稿诙谐幽默，现场气氛极为热烈。因为是作者亲身经历，作者的描述的大学生活、创业经历、成长历程都十分真实生动。讲稿的主题贴近实际，演讲面向的对象是有着同样梦想与渴望的北大学生，内容选材具体细致，贴近现实生活，举例生动，思索令人回味，真情实感极富感召力。

项目辅导　演讲稿的结构设计

一、要突出鲜明的讲稿特点

为演讲准备的稿子须注意以下三个特点。

第一、针对性。演讲是一种社会活动，是用于公众场合的宣传形式。它为了以思想、感情、事例和理论来晓谕听众、打动听众、"征服"群众，必须要有现实的针对性。

第二、可讲性。演讲的本质在于"讲"，而不在于"演"，它以"讲"为主、以"演"为辅。由于演讲要诉诸口头，拟稿时必须以易说能讲为前提。因此，演讲稿写成之后，作者最好能通过试讲或默念加以检查，凡是讲不顺口或听不清楚之处（如句子过长），均应修改与调整。

第三、鼓动性。演讲是一门艺术。好的演讲自有一种激发听众情绪、赢得好感的鼓动性。要做到这一点，首先要依靠演讲稿思想内容的丰富、深刻，见解精辟，有独到之处，发人深省，语言表达要形象、生动，富有感染力。如果演讲稿写得平淡无味，毫无新意，即使在现场"演"得再卖力，效果也不会好，甚至相反。

二、要精心设计讲稿的布局结构

演讲稿是由题目、主题、开篇、主体和结尾几个部分构成的，把握好演讲稿的结构设计是演讲取得成功的基础。

1. 题目

演讲的题目是一篇演讲稿的有机组成部分，它与演讲的内容、风格、语调有直接关系。内容决定题目，题目则又鲜明地体现了内容的特点。因此，一个新颖、生动、恰当而富有吸引力的题目要发挥以下三方面的作用：一是具有概括性。能将演讲的主题、内容、目的全面地反映出来。如毛泽东的《为人民服务》、《反对党八股》等演讲题目，一讲出来就让人明白内容和主题。二是具有指向性。题目一出来，听众就知道你要讲的是哪方面的问题，是政治性的、学术性的、社会生活的还是伦理道德的。三是具有选择性。题目能在未讲之前就告诉听众演讲者要讲什么，听众可据此选择听还是不听。所以选择好的演讲题目也很重要，在设计时以下原则要把握好。

(1) 积极性。题目要给听众一种希望。一方面，要选择那些光明的、美好的、富有建设性的题目。如《自学可以成才》，听到这个题目，人们就会得到一种鼓励，去掉失望心理，充满信心地走自学之路。另一方面，要选择一些乐观的题目。如《失败乃成功之母》，听了这个题目，听众就会感到有希望。

(2) 针对性。选题要考虑以下三个方面，其一，要针对听众的实际，即选题要考虑听众的思想修养、文化水平、职业特点、阅历等，这样才能有的放矢。其二，要注意自己的身份，即选择与自己所从事的工作性质、专业、知识面接近的题目。因为自己熟悉的东西容易讲深讲透，容易收到预期的效果。其三，要估算好演讲的时间，即按规定的时间选择题目，如果规定的时间长，题目就可大些，时间短，题目就可小些。

(3) 新奇性。只有"新"和"奇"，才能吸引听众，干瘪瘪的题目是不受听众关注的。比如《我的祖国》、《让青春在岗位上闪光》等，就平淡无奇。像鲁迅的《老而不死论》、《老调子已经唱完》、《象牙塔与蜗牛庐》等这样新奇的题目对听众就能形成极强的吸引力。

(4) 情感性。把强烈的爱憎情感注入到题目中去，从而打动听众并引起共鸣，使题目对听众有一种情感的导向作用和激发作用。如鲁迅的《流氓与文学》、马克·吐温的《我也是义和团》等，其爱憎情感都是很鲜明的。

(5) 生动性。演讲题目生动活泼，就能给人一种亲切感和愉悦感，像前面所列举的《老而不死论》、《象牙塔与蜗牛庐》等题目，都能给听众以生动活泼的感觉。当然，题目能否生动活泼，要由主题和内容而定。严肃的主题和内容就不宜用活泼的题目，否则会冲淡和破坏演讲的质量和严肃性。

演讲题目的选择，一般而言，要揭示主题、划定讲题范围。选题的基本原则是：选择紧密结合形势，选大家关心的问题、选大家感兴趣的话题、选能给听众信息的讲题、选热点问题。题目不能太长，要尽可能简洁明快，否则不仅不醒目，也不容易记忆。也不能太深奥，题目太深令人费解，引不起听众兴趣。也不能太空泛，空泛会使人抓不住中心，提不起纲来。如《我自信》、《理想篇》等，这样的题目使听众根本捕捉不到演讲的范围和内容，也不会愿意听讲。

2. 主题

演讲的主题，犹如人的灵魂。有了它，就可以将原来散乱的素材组织成井然有序的演讲稿。

（1）演讲主题的选择。主题的选择要了解听众的思想、职业、文化水平及他们的心理愿望和迫切要解决的问题，要选择现实中急需回答的问题，选择自己有真知灼见的主题。如目前招聘中普遍使用的竞职演讲，就是现实中急需回答的问题，其核心内容就是现在的事、身边的事。演讲者在确定演讲主题时，要把握的一个重要原则就是"讲自己能讲的，讲自己能讲透的"。主题选择一定要集中，一般只能有一个主题，听众一听就明白你的谈的主题是什么，而不是虚无缥缈，漫无边际，要有始有终给听众留下深刻印象。主题选取角度要新颖，立意要深远，要知道别人吃过的馍最没滋味，主题选择要清新，有影响力。

（2）演讲主题的提炼。演讲主题的提炼要做到格调高，内涵深，角度新。具体要把握好以下原则。

首先是突出重点。一篇演讲稿如果主题太分散，就没有重点，听众自然也就不知道演讲者到底在讲什么。如果主题太多，目的面面俱到，结果只能是蜻蜓点水，不深不透，似是而非，模棱两可。想说的很多，结果什么也没说清楚。所以，写作演讲稿选择主题一定要集中，要调动演讲的一切手段，紧紧地围绕一个主题，将问题说清楚，讲透彻，使整个演讲中心突出，主题明了，给听众留下深刻印象。

其次，要抓住演讲的动机。所谓动机，也就是演讲的目的。说白了，演讲就是为目的煽风点火，赢得听众认可与支持的。所以写作讲稿时，要在接触到的生活素材题材中，敏锐地发现、捕捉一些与主题有联系、或者可以发展、提炼和形成主题的有用信息，为主题服务。

再次，要善于提炼意境。所谓演讲的意境，就是指演讲者主观的"意"与现实生活中的"境"的辩证统一。有了深邃优美的意境，才会使演讲主题诗意化，才会产生巨大的艺术魅力。所以，讲稿设计者要善于在现实生活中"捕捉"那些具有诗情画意的情节、细节、场景，通过自己的感受和理解，达到客观与主观的统一，熔铸成深而美的意境，使整个演讲的主题得到升华。

第四，要揭示哲理。演讲主题要具有一种深刻的内涵，就必须揭示和凝练生活的哲理，使之贯穿于整个演讲之中，使演讲的主题具有理性的光芒，从而给人以深刻的启迪。

第五，要善于创新。演讲艺术的优劣还在于一个"新"字。所以提炼演讲主题要善于独辟蹊径，别具匠心，把对生活的独特感受、独立思考、独到评价贯穿在整个演讲之中，给人以耳目一新之感。

第六，要善于画龙点睛。画龙点睛既是演讲艺术的表现手法，更是一种提炼演讲主题的方法。它是在演讲的关键之处采用片言只语，揭示和突出演讲的主题，使演讲具有一种警策作用，更加耐人寻味、发人深省。

3. 开篇

开篇要抓住听众，引人入胜。

演讲稿的开头，也叫开场白。它在演讲稿的结构中处于显要的地位，具有重要的作用。瑞士作家温克勒说："开场白有两项任务：一是建立说者与听者的同感；二是如字义所释，打开场面，引入正题。"好的演讲稿，一开头就应该用最简洁的语言、最经济的时间，把听众的注意力和兴奋点吸引过来，这样，才能达到出奇制胜的效果。

设计好开场白的技术主要有以下几种。

（1）楔子。用几句诚恳的话同听众建立个人间的关系，获得听众的好感和信任，达到吸引并集中听众注意力的效果。演讲时获取听众注意力的方式应随题材、听众和场景的不同而改变。一般可以运用事例、轶闻、经历、反诘、引言、幽默等手段达到目的。如麦克米兰石油公司副总裁迈克斯·艾萨克松在一次演讲开头中运用了引言的方法来吸引听众："我们都知道，演讲是件很难的事，但是请听听丹尼乐·韦伯斯是怎么说的吧：'如果有人要拿走我所有的财富而只剩下一样，那么我会选择口才，因为有了它，我不久便可以拥有其他一切财富。'"。

（2）衔接。直接地反映出一种形势或是将要论及的问题，常用某一件小事、一个比喻、个人经历、轶事传闻、出人意料的提问将主要演讲内容衔接起来。

（3）激发。可以提出一些激发听众思维的问题，把听众的注意力集中到演讲中来。

（4）触题。一开始就告诉听众自己将要讲些什么。世界上许多著名的政治家、作家和国家领导人的演讲都是这样的。

演讲稿的开头有多种方法，通常用的主要有以下几种。

（1）开门见山，提示主题。这种开头是一开讲就进入正题，直接提示演讲的中心。例如宋庆龄《在接受加拿大维多利亚大学荣誉法学博士学位仪式上的讲话》的开头："我为接受加拿大维多利亚大学荣誉法学博士学位感到荣幸。"运用这种方法，必须先明晰地把握演讲的中心，把要向听众提示的论点摆出来，使听众一听就知道讲的中心是什么，注意力马上集中起来。

（2）介绍情况，说明根由。这种开头可以迅速缩短与听众的距离，使听众急于了解下文。例如恩格斯在1881年12月5日发表的《在燕妮·马克思墓前的讲话》的开头："我们现在安葬的这位品德崇高的女性，在1814年生于萨尔茨维德尔。她的父亲冯·威斯特华伦男爵在特利尔城时和马克思一家很亲近，两家人的孩子在一块长大。当马克思进大学的时候，他和自己未来的妻子已经知道他们的生命将永远地连接在一起了。"这个开头对发生的事情、人物对象作出必要的介绍和说明，为进一步向听众提示论题作了铺垫。

（3）提出问题，引起关注。这种方法是根据听众的特点和演讲的内容提出一些激发听众思考的问题，以引起听众的注意。例如弗雷德里克·道格拉斯1854年7月4日在美国纽约州罗彻斯特市举行的国庆大会上发表的《谴责奴隶制的演说》，一开讲就能引发听众的积极思考，把人们带到一个愤怒而深沉的情境中去："公民们，请恕我问一问，今天为什么邀我在这儿发言？我，或者我所代表的奴隶们，同你们的国庆节有什么相干？《独立宣言》中阐明的政治自由和生来平等的原则难道也普降到我们的头上？因而要我来向国家的祭坛奉献上我们卑微的贡品，承认我们得到并为你们的独立带给我们的恩典而表达虔诚的谢意么？"

（4）解释关键术语，引出主题。有些演讲的成功取决于听众能否理解演讲中的某些术语或概念，那么在演讲开头时，对关键术语的解释应显得格外重要。如一位公司副总裁在就公共关系的用途发表演讲时，就很好地运用了这一技巧："公共关系，简单地说，就是指'与公众的关系'，即任何涉及公司或个人的关系。它的主要目的就是有效利用媒体——最常见的是书面形式——为公司谋取最佳印象或形象。"

（5）阐述演讲结构，理清思路。有的演讲，充分利用开头，对演讲内容进行概括，让听众了解演讲的中心思想和结构。特别是演讲主题较为复杂，或是专业性、学术性很强，或是需要论证几个观点时，这样做就能使演讲显得清楚而易于理解。汉诺威信托制造公司主席及总裁约翰·F·麦克斯基里卡迪在一次演讲的开头中，就很明了地陈述了他演讲的结构及范围。

女士们，先生们，晚上好！

我很荣幸应科里主任的邀请，来参加这个在我国很有权威的商业论坛，在见解上，它可以与底特律和纽约的经济俱乐部相提并论。

首先，我们对最近的国内经济形势加以期望。我认为，它并非人们有时所想象的那样严峻。

其次，谈谈近期欧佩克的经济增长对国际经济增长的影响——对包括我们自己在内的许多工作国家来说是件痛苦的事，但又是完全有办法应付的。

再次，对总统的能源建议作几点评论，我认为它既令人鼓舞，又令人失望。

最后，我将就演讲逐渐成为一种时尚和必要的现象以及美国的现状谈一点我个人的看法。

（6）说明演讲目的，切入主题。在大多数情况下，演讲的开头应揭示出演讲的目的。如果做不到这一点，那么听众要么会对演讲失去兴趣，要么会误解演讲的目的，甚至于会怀疑演讲者的动机。美国快递公司主席詹姆斯·鲁宾孙三世在短短的15秒钟内，便把他的演讲目的陈述给了听众。

女士们，先生们，早上好。谢谢大家给予我这个露面机会。美国广告联盟是美国传播工业的一个重要组成部分。当前，美国传播工业还面临许多问题，而重担则落在大家的肩上。我今天演讲的目的，便是就这些问题及它们呈现出的挑战谈谈我的看法。

（7）获得听众信任，激发听众兴趣。从本质上说，听众是很自私的，听众只是在感到能从演讲中有所收获时，才专心去听演讲。因此，在演讲的开头，应当回答听众心中的"我为什么要听？"这一问题。在美国会计协会罗切斯特分会的一次演讲中，演讲顾问唐纳德·罗杰斯通过表达他对听众需要的关心而激发起他们的兴趣。

我今晚要演讲的题目是"信息的透露"。确定这个题目之前，我先是查阅了本地的会计年鉴分册和全国会计协会的学术专刊，然后又询问了我的同事亚历克斯·莱文斯和戴夫·汉森："今晚来听演讲的人都有哪些？他们希望我讲什么？"

他们告诉我，在座的各位都是些很热心的人，希望我的演讲有趣而富有启发性。因此，我将告诉大家一些有用的知识，我也同时希望，我的演讲简明扼要，并留给大家一定的提问时间。

除了以上这些方法，开篇还有释题式、悬念式、警策式、幽默式、双关式、抒情式、故事式等方法。

4. 主体

主体要环环相扣，层层深入。

主体是演讲的主干部分，也是演讲稿的主要部分，在撰写演讲稿时必须予以高度重视。尤其要在行文的过程中，处理好层次、节奏和衔接等几个问题。

（1）层次。层次是演讲稿思想内容的表现次序，它体现着演讲者思路展开的步骤，也反映了演讲者对客观事物的认识过程，演讲稿结构的层次是根据演讲的时空特点对演讲材料加以选取和组合而形成的。由于演讲是直接面对听众的活动，所以演讲稿的结构层次是听众无法凭借视觉加以把握的，而听觉对层次的把握又要受限于演讲的时间。所以要使演讲稿结构的层次清晰明了，必须明确演讲结构的组织模式，而且这个组织模式易于识别。一般来说，常见的演讲结构有四种顺序：话题顺序、时间顺序、空间顺序和逻辑推理顺序，这几种顺序易为听众理解接受，所以是比较常用的组织模式，但并不是唯一的。一方面，随着演讲者演讲技巧的提高，也会发现为了满足特定主题或听众的需要，还有其他的演讲模式可供变通与选择。例如，在马丁路德金最著名的演讲的后半部分，他围绕演讲题目"我有一个梦想"来组织，通过不断重复的"我有一个梦想"，强调并扩展他对更美好社会的许多构想。许多演讲者围绕一个不断重复的短语来组织自己的整篇演讲。另一方面，演讲者可以创造一些模式上的变化，比如主题演讲模式，这样，对不同的听众，演讲者可以讲述不同的话题，或者以不同的顺序来讲述话题。总而言之，讲稿结构必须根据听众以听觉把握层次的特点，在演讲稿结构中树立明显的有声语言标志，以此适时诉诸听众的听觉，从而获得层次清晰的效果。演讲者在演讲中反复设问，并根据设问来阐述自己的观点，就能在结构上环环相扣，层层深入。此外，演讲稿要善于使用过渡句，或用"首先"、"其次"、"然后"等语词来区别层次，也是使层次清晰的有效方法。

（2）节奏。节奏是指演讲内容在结构安排上表现出的张弛起伏。演讲稿结构的节奏，主要是通过演讲内容的变换来实现的。演讲内容的变换，是在一个主题思想所统领的内容中，适当地插入幽默、诗文、轶事等内容，以便听众的注意力既保持高度集中而又不因为高度集中而产生兴奋性抑制。优秀的演说家几乎没有一个不长于使用这种方法。演讲稿结构的节奏既要鲜明，又要适度。平铺直叙、呆板沉滞固然会使听众紧张疲劳，而内容变换过于频繁也会造成听众注意力涣散。所以，插入的内容应该为实现演讲意图服务，而节奏的频率也应该根据听众的心理特征来确定。

（3）衔接。衔接是指把演讲中的各个内容层次联结起来，使之具有浑然一体的整体感。由于演讲的节奏需要适时地变换演讲内容，因而也就容易使演讲稿的结构显得零散。衔接是对结构松紧、疏密的一种弥补，它使各个内容层次的变换更为巧妙和自然，使演讲稿富于整体感，有助于演讲主题的深入人心。演讲稿结构衔接的方法主要是运用同两段内容、两个层次有联系的过渡段或过渡句。

5. 结尾

结尾要简洁有力，余音绕梁。

结尾是演讲内容的自然收束，也是演讲走向成功的最后一步，更是极为重要的一步，是演讲中给听众留下的一个"最后印象"。各种研究表明，演讲的结尾比起其他正文来说，更能被听众注意。好的结尾应该既是收尾，又是高峰；既水到渠成，又戛然而止；既铿锵有力，又余音袅袅，耐人寻味；既别开生面、不落俗套，又显得自然精妙。所以说，讲究演讲的结束艺术，是保证演讲取得成功的重要环节。一个言简意赅、余音绕梁的结尾能够使听众精神振奋，并促使听众不断地思考和回味；而松散疲沓、枯燥无味的结尾则只能使听众感到厌倦，并随着事过境迁而被遗忘。那怎样才能给听众留下深刻的印象呢？美国作家约翰·沃尔夫说："演讲最好在听众兴趣到高潮时果断收束，未尽时戛然而止。"这是演讲稿结尾最为有效的方法。在演讲处于高潮的时候，听众大脑皮层高度兴奋，注意力和情绪都由此而达到最佳状态，如果在这种状态中突然收束演讲，那么保留在听众大脑中的最后印象就特别深刻。演讲稿的结尾没有固定的格式，或对演讲全文要点进行简明扼要的小结，或以号召性、鼓动性的话收束，或以诗文名言以及幽默俏皮的话结尾。但一般原则是要给听众留下深刻的印象，以收到余音绕梁不绝于耳、言有尽而意无穷的演讲效果。

实际行动 演讲稿的写作与修改

演讲稿的写作，要求在演讲前把所思所想写成书面文稿。写作演讲稿可分三个阶段，即编列提纲、起草初稿和加工修改。

一、编列提纲

编列提纲是演讲前的重要准备工作，也是演讲临场发挥的重要依据。提纲编列的好坏，直接影响到演讲成功与否。所谓编列提纲，就是确定框架，以提要或图表方式列出观点、材料以及观点与材料的组合方式。

1. 演讲提纲的作用

演讲提纲的作用主要集中表现在以下几方面。

（1）确定框架。编列提纲能把演讲的整体轮廓用文字明确固定下来。事实上，编列提纲的过程，正是认识不断明朗化、条理化的过程。通过编列提纲，可以对论题的设想不断加以修改和补充，使构思更为周密、完善。确定了整体框架，演讲者便能做到心中有数，逐层展开，不会东一句西一句，词不达意。

（2）选材组材。编列提纲的过程，也是进一步选材和组材的过程，是演讲内容逐步具体化的过程。演讲题目、结构层次、典型事例、引文材料以及其他有关资料都要具体地在提纲中体现出来。在这个过程中，必须对材料做进一步的筛选和补充。

（3）训练思维。编写提纲的过程，正是演讲者积极思维的运用过程。在这个过程中，演讲者必然要认真思考，分析演讲的主题、材料、层次、结构和其内在的逻辑联系，促使思维的条理化和科学化。因此，这个过程事实上正是培养和锻炼思维的过程。

（4）避免遗忘。编写提纲的过程也是不断熟悉材料的过程。特别是在不用演讲稿仅用提纲进行演讲时，提纲更是起着提示启发、避免遗忘的作用，成为演讲者临时发挥的重要依据。

根据演讲的具体目的和要求以及演讲者对材料的掌握情况等，编列提纲的方法有概要提纲法和详细提纲法。内容简单，材料易掌握，可编粗略些；内容复杂，材料丰富，就宜编得详细些。粗略的概要提纲，要以极其简练的语言，扼要地列举出演讲的主旨、材料、层次和大意等；详细提纲则要求比较具体，并基本上是讲稿的缩影。

2. 演讲提纲的内容

演讲提纲的内容是提纲的核心部分，应突出重点，条理清楚。

（1）演讲的论点。演讲的中心论点必须清晰地列出演讲的中心论点所包含的分论点及分论点下属的小论点，应用简洁的语言逐层列出，根据整理的内在逻辑关系依次排列。

（2）演讲的材料依据。阐明主旨材料的事实材料和整理材料，也应用简明的语言或恰当的符号在相应部位列出。事实材料主要指例证、数据等；整理材料包括科学原理、科学定律、文化精神、法律条文、名言警句等。这些事实依据和理论依据能使演讲持之有据、言之成理，具有说服力和感染力。因此，必须逐一列出，不可忽视，以免遗漏。

（3）演讲的整体结构。演讲提纲的编列要依据演讲的内在逻辑体现演讲内容的先后次序。例如，如何开头、如何结尾、重点内容如何突出、如何过渡、结构层次如何安排等。事实上，演讲提纲就像事先构筑的语流渠道，决定着演讲语流的走向。

二、起草初稿

起草初稿没有什么诀窍，结合一般的写作规律，演讲初稿的起草有自己的原则和方法。第一，要构思好再动笔，最好一气呵成。动笔前要盘算好所有的写作步骤、条理，想清楚了才动笔，写时不要考虑修改的问题。第二，要抱着正确的态度、包含真挚的感情去写。第三，要注意不同类型演讲的特点，采取相应的写作方法。例如：写政治性演讲稿时要强调逻辑的严密、材料的可靠，写学术性演讲要力求资料翔实、论据确凿，写竞赛性演讲要注重情感动人、生动有趣等。

三、加工修改

加工修改也是演讲稿写作中的重要步骤，可从以下几方面下工夫。

1. 深化主题

演讲者首先要看看确定的主题是否健康、正确，再看看文字是否把演讲的主题表达出来了，是不是很充分，有无片面性，是否新颖。从这方面找出问题，就找出了修改的对象。更为重要的是，在起草时就让主题健康、正确，并且充分表现出演讲的主题。如果认真修改，就会发现，在写作过程中由于全神贯注、精力集中，会在笔下出现一些作者预想之外的闪耀的思想和语言，比原来预想的还深刻，还有分量，是一种新的发现和发展。但是，由于原来预想的不充分，就没有得到扩展和发挥，而修改正是弥补的机会。

2. 调整结构

当然修改时主要审视的是正文。主题有了发展、变化，结构必然需要随之改动。即使主题没有什么变化，由于起草时只按提纲或者只是按一种构想写出来的，一旦落实在纸面上，就会发现一些毛病，如逻辑性不强、前后位置不当、层次不清、上下文意思重复、材料和引文用得不是地方、段落衔接不紧密、不自然等情况。这就需要重新调整和修改。总之，对于草稿的结构进行认真的审视和推敲就会发现问题。作为修改的对象，有时"大动手术"也是经常出现的。

3. 润色语言

修改讲稿，很大一部分工夫是花在语言的修改方面。对讲稿润色，就是要做到把话说得明白、把话说得有力、把话说得动听。所谓语言流畅、深刻风趣、就要把演讲者在头脑里构思的一切都写出来或说出来，让人们看得见，听得到，这必须借助语言这个交流思想的工具。因此，语言运用得好还是差，对写作演讲稿影响极大。要提高演讲稿的质量，不能不在语言的运用上下一番工夫。写作演讲稿在语言运用上应注意以下五个问题。

（1）要口语化。"上口"、"入耳"是对演讲语言的基本要求，也就是说演讲的语言要口语化。演讲，说出来的是一连串声音，听众听到的也是一连串声音。听众能否听懂，要看演讲者能否说得好，更要看演讲稿是否写得好。如果演讲稿不"上口"，那么演讲的内容再好，也不能使听众"入耳"，完全听懂。如在一次公安部门的演讲会上，一个公安战士讲到他在执行公务中被歹徒打瞎了一只眼睛，歹徒弹冠相庆说这下子他成了"独眼龙"，可是这位战士伤愈之后又重返第一线工作了。讲到这里，他拍了一下讲台，大声说："我'独眼龙'又回来了！"会场里的听众立即报以热烈的掌声。演讲稿的"口语"，不是日常的口头语言的复制，而是经过加工提炼的口头语言，要逻辑严密，语句通顺。由于演讲稿的语言是作者写出来的，受书面语言的束缚较大，因此，就要冲破这种束缚，使演讲稿的语言口语化。为了做到这一点，写作演讲稿时，应把长句改成短句，把倒装句改成正装句，把单音词换成双音词，把听不明白的文言词语、成语改换或删去。演讲稿写完后，要念一念、听一听，看看是不是"上口"、"入耳"，如果不那么"上口"、"入耳"，就需要进一步修改。

（2）要通俗易懂。演讲要让听众听懂，如果使用的语言讲出来谁也听不懂，那么这篇演讲稿就失去了听众，因而也就失去了演讲的作用、意义和价值。为此，演讲稿的语言要力求做到通俗易懂。

（3）要生动感人。好的演讲稿，语言一定要生动。如果只是思想内容好，而语言干巴巴，那就算不上是一篇好的演讲稿。要写好演讲稿，只有语言的明白、通俗还不够，还要力求语言生动感人。怎样使语言生动感人呢？一是用形象化的语言，运用比喻、比拟、夸张等手法增强语言的形象色彩，把抽象化为具体、深奥讲得浅显、枯燥变成有趣。二是运用幽默、风趣的语言，增强演讲稿的表现力。这样，既能深化主题，又能使演讲的气氛轻松和谐；既可调整演讲的节奏，又可使听众消除疲劳。三是发挥语言音乐性的特点，注意声调的和谐和节奏的变化。

（4）要准确朴素。准确，是指演讲稿使用的语言能够确切地表现讲述的对象——事物和道理，揭示它们的本质及其相互关系。作者要做到这一点，首先，要对表达的对象熟悉了解，认识必须对；其次，要做到概念明确，判断恰当，用词贴切，句子组织结构合理。朴素，是指用普普通通的语言，明晰、通畅地表达演讲的思想内容，而不刻意在形式上追求辞藻的华丽。如果过分地追求文辞的华美，就会弄巧成拙，失去朴素美的感染力。

（5）要控制篇幅。演讲稿不宜过长，要适当控制时间。演讲稿不在乎长，而在乎精。

项目练习 我无悔的选择

以"我无悔的选择"为题，按照要求当堂写作演讲稿。

班级：　　　姓名：　　　得分：

任务一：用排比、比喻、对偶、引用、设问、反问至少三种修辞手段写一个演讲稿开头。

任务二：写作演讲稿主体部分，要求正反理论根据二个，典型事例三个。

正面的理论根据：

反面的理论根据：

典型事例一：

典型事例二：

典型事例三：

任务三：写作演讲稿结尾，要求用排比句式作总结性的结尾。

分享与交流 演讲稿撰写的要领与注意事项

一、内容方面

1. 主题鲜明，要点突出

我们在演讲中所表达的观点和看法就是演讲稿的主题。没主题就没法选择和组织材料，演讲也会变得无的放矢。确定主题就可以围绕它选择典型材料，从而使材料最大限度地发挥其作用。首先，主题要鲜明。主题的选择要了解听众的思想、职业、文化水平及他们的心理愿望和迫切要解决的问题，主题选择要集中，一般只能有一个主题，要有始有终给听众留下深刻印象。主题选取角度要新颖，立意要深远。提炼主题在讲稿的写作中十分重要。其次，要点要突出。主题来源于材料，是材料的高度概括，同时主题的表现又必须依赖材料才能完成，因此在使用表现主题时要力求做到要点突出。演讲稿不同于书面稿，可以在阅读过程中采用放慢阅读速度，甚至掩卷思考的方式来完成对内容要点的理解。因此在写作中必须注意，不仅要从全部材料中提炼主题，还要从各个具体材料中突出要点，表现主题。这样，具体感性的材料可以上升到理性去理解，复杂纷繁的材料可以转化成简练去认识，材料对于主题的表现作用就得到了突出和强化。

2. 情理并茂，以理服人，以情动人

演讲稿就其功能和特点来说，比较接近议论文，即以对问题的议论为手段，以获得结论或提出观点为目的。因此摆事实、讲道理就成为演讲稿写作中常用的思维方式。演讲稿除有让人感兴趣的事实，还必须蕴含让人警策的道理。这个理不仅指被证实过的道理，更多的是作者独有的、从事实材料中概括得出的生活哲理，是具有作者个性色彩的感悟和体验。把握理要注意以下三个环节：一是要处处寻理。写作者要以敏捷的思想、敏锐的眼光、敏感的反应去挖掘、去发现理。如20世纪80年代著名的演讲家李燕杰有感于社会变革给人们尤其是青年人思想观念上带来的冲击，潜心研究社会问题，热切关注青年生活，融大道理于个人的感悟和体验中，发表了一系列关于爱国主义、信念与信仰、人生的价值与意义等的演讲，深得时人欢迎，成为青年朋友的良师益友。二是要概括成理。生活中蕴藏着许多新鲜、深刻的道理，当这些理尚未被揭示出来的时候，通常是以事实的方式存在于我们周围，经过认真的分析和研究，找到并概括使之成理。因此，写作时就要有意识地分析话题、提炼材料，善于从中概括和归纳出可以给人以启示的道理。三是要言之有理。要求作者在写作中不仅讲出一个理，而且要讲清讲好这个理，要考虑并且根据不同听众的不同情况去设计或推导，由此及彼，层层推进，在演绎中逐步完成理的揭示；或举例，一斑见豹，运用归纳形成对问题的共同认识。论理要注意步骤与方法，做到顺理成章，引导听众循着作者的思路一步步认同理，接受理。此外，"情"也是演讲中的另一个重要因素。感情的恰当运用可以使演讲更贴近听众，得到认可，产生很好的感染效果。一个会写演讲稿的人也应该知道怎样通过感情的表达来强化演讲的效果。与议论文充满理性色彩和逻辑论证的特征相比，演讲稿的阐述则显得通俗而亲切，作者常常将道理搁置一旁，用通俗易懂、众所周知的事实来清楚明白地表达发自内心的激情，给人留下深刻印象。

3. 材料鲜活，生动典型

写好演讲稿，材料的收集和使用是至关重要的。无论演讲稿的主题、观点，还是阐述的道理，都要建立在材料的基础上。一般来说，占有材料要多，鉴别材料要精，选择材料要严，使用材料要活。所以在准备材料时尤其要注意以下几个方面：一是要选用新鲜的材料。新鲜的材料不仅指新近出现的材料，还包括已经发生但仍能挖掘出新意或未被使用的材料。要求选用者有新的观念、新的视角，能紧紧把握时代节奏、社会脉搏，敢于摆脱传统观念习俗的束缚，不断研究新问题新情况，同时要有较强的分析和概括能力，通过对材料的认真分析和概括，发掘出蕴藏在材料中的新鲜意义。二是选用确凿的材料。材料的来源是多渠道的，或亲自经历，或从书刊报纸、广播电视上获得。不论以何种方式得到的材料，都必须验证推敲它是否真实可靠，考虑它的适用范围，看一看它是偶然发生的，还是必然要出现的，是表面现象的问题，还是本质特征的展示。只有确实可靠的材料才会具有说服力和感染力。三是选用有价值的材料。材料的价值体现在它能否为演讲的观点和主题服务。这就要求作者不仅能够准确地把握演讲稿的观点、主题和所要阐述的道理，同时还要能够准确地把握材料本身所蕴含的意义，自始至终用材料来证明观点。

二、形式方面

（1）结构严谨，条理清晰。演讲稿的三个部分，开头要摆出观点，主体要摆事实讲道理，结尾要强调论证，加深印象。三个部分的写作要领是开头要巧妙（凤头），中间要内容丰富（猪肚），结尾要精彩（豹尾）。开篇要发挥好导入作用。一要吸引听众注意力，二要渲染营造气氛，三要提示交代中心内容。开头的方法很多，开门见山式直截了当，激发兴趣；提问开头式制造悬念，引起注意；简洁陈述式阐述背景，动情感人；激情昂扬式感情充沛，语言如诗；启发导入式理性开启，发人深省……形式多种多样，目的只有一个，先入为主，引人入胜。主体要围绕演讲主题，采用恰当的表达方式，运用丰富的主题材料，阐述演讲者的观点主张、立场与态度。不同内容的讲稿，在主体部分的写作上有不同的特点，主要有叙述式、议论式和抒情式三种。如果以人物、事件为中心，则以人物的活动、事件发生发展的过程为线索，以记叙描述的表达方式为主（叙述式）；如果是以论题为中心，则以论说的表达方式为主，往往包括"是什么"、"为什么"、"怎么办"（议论式）；如果侧重于情感表现，以情感变化为线索，则以抒情的表达方式为主（抒情式）。因主体承载着演讲稿的主要内容，写作成功与否直接影响演讲活动的成败，因此在表达方式的选择、段落的过渡照应以及行文节奏的安排等方面都要特别"有心"。结尾是演讲稿的收束部分，要求概括全文，呼应主题，强调观点，突出中心，抒发感情，高潮收束，提出希望，点明意图。结尾部分还要求短小精悍，简洁有力。

演讲稿在结构安排上还要做到眉目清楚，条理清晰。一般来说，写人记事的讲稿多采用纵向递进式写法，以时间的推移反映人和事在发展变化过程中的主要轨迹，用纵线延伸的方式将听众从"始"带到"终"。写作时要抓住发展变化过程中的几个主要材料上下串联起来。评论说理的讲稿多采用横向并列式写法，以横向扩散的方式从一个个具体的材料中推导或演绎出观点。推导演绎的过程即是作者的分析论证过程，也是帮助听众积极思考加以理解的过程。一些演讲稿由于内容丰富，材料众多，也可采用纵横综合式写法，以综合式组织材料，安排条理，既有递进，也有并列，在写作时应根据具体情况灵活运用。

(2) 语言精练，文笔生动。演讲稿是写成的，但最终是要讲给听众听的，因此在写的过程中要考虑讲的效果和听的效果。在语言表达上除了准确明白等一般要求外，还要注意简洁明了，通俗上口。力求用尽可能少的语言去准确表达一个意思，一听就懂，交流及时，要求语言大众化，尽量不用或少用生僻晦涩难懂的词语、不流行的术语、外来语及受地域限制的俚语、俗语。对不便发音或一音多字的词要慎用，对不文明的词语坚决不用。对讲稿的重要部分注意选择富有表现力的词语。

演讲稿在表达上要做到文笔生动，形象有趣。作者要善于将抽象的道理具体化、理性的概念形象化、朴素的材料生动化、严肃的命题激情化。要善于使用个性化的语言、机智幽默的语言、富于哲理的语言。要多用比喻、排比、对偶、反复、对照、设问、引用等修辞手法及名言警句、俗语俚语等表现力丰富的语言，以使文笔生动，妙语如花。

布置作业

命题演讲：《我无悔的选择》
要求：
1. 采取演讲比赛赛制，全班同学人人参与。演讲时间为3分钟，必须脱稿。
2. 表达流畅，中间停顿不得超过3秒。
3. 表情达意自然大方，有表情，有手势，有得体的态势语言。

项目二
命题演讲

[教学目标]

通过本项目练习，能够掌握命题演讲的基本要求，灵活运用讲稿记忆、怯场心理克服、个人形象设计、临场应变处理等方面的演讲技巧，按照演讲演练要求，熟练流畅地完成公众场合下的主题演讲，表现出良好的口语表达能力与口才水平，展示良好的个人精神风貌。

[能力目标]

1. 能自信大胆地完成三分钟脱稿主题演讲。做到主题集中，内容精练，思路清晰，语言表达顺畅自然。
2. 能充分展示个人形象语言、有声语言、态势语言、思维能力、应变能力等方面的个人特长与才艺，表现出良好的个人气质与风度。

[知识目标]
1. 掌握主题演讲的内容要素与形式要素，灵活综合应用于具体的演讲实践。
2. 掌握演讲的记忆技巧。
3. 掌握克服怯场心理的技巧与方法。
4. 掌握临场应变及控场技巧。
5. 掌握道具的使用及现场气氛的调节。

[素质目标]
1. 具备高尚的思想道德修养。
2. 具备丰富的知识文化修养。
3. 具备精彩的口语表达艺术修养。
4. 具备积极进取的心理素养。
5. 具备丰富的临场应变能力修养。
6. 具备端庄潇洒的仪表风度修养。

项目描述 命题演讲：《我无悔的选择》

1. 各小组自行组织试讲，演讲题目是《我无悔的选择》。在试讲的基础上各小组推荐一位参赛选手，参加班级竞聘演讲比赛。各小组推荐一位小组点评评委，在观摩比赛之后对比赛选手作一分钟点评。
2. 各小组集体准备演讲演练，互相帮助提升演讲水平。
3. 全体同学按抽签顺序参加命题演讲，教师组织由各小组推荐出来的示范表演的优秀选手当评委，按照命题演讲的项目评分要求为各位参赛同学评分，并从中选出本场项目训练——演讲比赛的最优选手。（名额视班级人数按一定比例设定）
4. 评为最优秀选手的同学演讲成绩优秀，评为全班最优秀演讲选手所在小组的所有成员都自然晋级到下一轮面试项目。全组成员团队综合评分均为优秀。

项目准备 如何进行试讲演练

演讲大师林肯曾指出："即使是有实力的人，若缺乏周全的准备，也无法做到有系统有条理的演说。"可见，充分准备对于演讲来说十分必要。其意义在于不仅可以保证我们的演讲更有质量，更有成功把握，最为重要的还在于能够使我们获得较强的信心。演讲演练是演讲取得成功的关键步骤。它是演讲者按照正式登台演讲的形式在上场之前所进行的最初尝试，演练的好坏直接影响演讲的水平和效果。

1. 演讲演练的重要性

演讲前的演练，就好像文艺演出之前进行的"彩排"，是演讲准备的重要工序。优秀的演讲家都很重视演练。林肯学习演讲时，常对着树桩或成行的玉米秸反复演练。仅就他的《葛底斯堡演讲》而言，虽已经过15天认真准备，但在演讲前夕，他还在国务卿面前演练了一次，直到安葬仪式开始时，他仍在默默地背诵演讲词。正由于充分的准备和认真的练习，他以真挚浑厚的情感、精美感人的技巧和端庄朴素的语言而博得崇高赞誉。

一方面，演练具有全面检验的作用。即使是十分精巧的演讲设计，也不过是纸上谈兵。要衡量其是否合理、科学、实用，只有通过演练来作具体的验证，才能从中发现缺点和不足之处，便于及时纠正，使其设计更加缜密。

另一方面，演练具有调节情绪的作用。怯场心理常会导致自控能力的丧失，使演讲者尤其是初上讲台的人不能正常地发挥出应有的水平。演练就能使演讲者提前适应"角色"，调节好情绪和心境，增强胸有成竹的稳定感，有助于消除怯场心理。甚至会使演讲者出于一种急于登台的急切感，产生最佳的演讲心理状态。

2. 试讲演练的原则

在演讲演练准备时需注意坚持以下原则。

（1）精益求精。俗话说："拳不离手，曲不离口。"演讲的才能是靠勤学苦练、反复实践而获得的。闻一多在清华大学读书时，不畏天寒地冻，"夜出练习演讲十二遍"，在"演说时有进步时"，还"当益求精"，"夜至凉亭练演说三遍"，回宿舍又"温演说五遍"，第二天又是"练习演说"。正是这种精益求精、刻苦训练的精神，使他成为独具魅力的演说家。罗斯福每次演讲前都要大声地朗诵演讲稿，体会语调是否合适，琢磨如何运用丰富多彩的语调来抓住听众。他自如得体地运用语调的本领，连一些戏剧表演大师都不得不惊叹拜服。因此，演练切忌应付、走过场。精益求精地勤讲多练，能使演讲的准备更成熟，产生熟能生巧的效果。

（2）循序渐进。演练不仅要按照诵读、背诵、演示这几个步骤逐渐进行，而且在演讲的类型内容等方面也要从易到难，切忌一口吃个胖子。孙中山总结的"一练姿势"、"二练语气"的演说经验，实质上就是遵循了单项练习、重点突破这一循序渐进的原则。

（3）综合协调。演讲是由复杂的多元化体系和系统组成的一个完善的整体。而每个分支系统又是由不同的要素构成的。因此，演练时，不仅要强调各支系统、各要素的职能，更要注意它们之间的互相配合，巧妙地融为一体，使声、情、言、态自然协调，创造出理想的演讲意境。

3. 试讲演练的方法

演练的方法很多，常用的有以下几种。

（1）独自演练。这是演讲者独自一人进行练习的方法，比较简便、灵活、有效，也是最基本的练习方法。独自演练有虚练和实练两种具体形式。虚练是虚拟的演练，就是把整个演讲过程在头脑里默想一遍。因为是默默无声地设想演讲经过，像在头脑里"过电影"似的，所以又叫默练，可不择时空地实施。实练即实在的练习、演练，就是有声有形地进行如实的演练。此法实感性较强，便于纠错补漏，可就口、音、讲或手势等做单项练习，如丘吉尔常"对着镜子练习手势动作"，也可将各项技能综合起来操练。

（2）集体演练。演讲者面对特定的听众（亲朋、同事、同学等），按照正式演讲的要求进行试讲练习活动，如小组试讲，就是一种集体演练法。演讲者通过小范围的演练场面，造成一种"实践"的逼真效果。演讲者可直接观察他们的反应，并征询意见，做进一步的完善的加工，而且这种演练法更有利于提高演讲水平。

（3）设备演练。现代科技的发展，为演练提供了许多有利的技术设备，如录音、录像等，有条件的演讲者，可充分利用这些设备。运用这种演练方法，演讲者能直接看到或听到演练的全部过程，更直接地找出问题的所在，有针对性地作出客观而仔细的分析，并且有利于演讲老师和专家的指导。

总之，演练的方法很多，可以根据实际需要进行选择，以取得很好的演讲效果。

4. 试讲演练的基本环节

演练是将演讲稿由书面转化为口头表达，要达到好的演讲效果，必须把握以下演讲演练的基本环节。

（1）设计语调节奏。在试讲阶段必须对演讲稿进行一些符合演讲要求、旨在追求最佳演讲效果的必要的非语言内容的设计。比如对语调节奏的设计。根据表达思想感情的需要，运用语音、语调技巧，对演讲内容进行语音语调的节奏的具体设计。设计的重点主要是：对需要强调的内容给予重音处理；对需要表达的感情起伏变化进行语气语调的标示；对特殊的表达内容的停顿、语速予以确定。设计的目的是把文字的优势转化为声音优势，创造出声音的抑扬顿挫及节奏感，使演讲稿更加符合语音传播的特点和规律，使内容得到进一步强化，以产生更好的听觉效果。语调设计有以下三个依据：一是要根据思想内容和情感表达的需要，在吃透演讲稿内容的基础上进行。二是要考虑个人声音上的特点，扬长避短，也就是说语调因素的变化范围要与演讲者自己的嗓音特质相协调。任何脱离自己情况的设计都不会出现好的效果。三是要符合听众的心理和听觉的审美要求。

对于演讲词语调的设计，一般需要在演讲稿上做少量的符号标记。可根据自己的习惯设计符号，只要自己看得懂就行。做这样的标记，有助于在试讲时更好地把握声音的变化和思想感情的表达。

（2）设计态势语言。在人们的各类表达中，态势语言较为丰富与夸张的当属演讲。演讲之"演"，很重要的是表现在演讲者的动作上。所以，演讲的动作设计在试讲阶段就应完成。通过设计，体态语言能成为整个演讲的有机组成部分，需要把下意识的动作变成有意识的动作，以增强动作变化的目的性和心理依据，大大强化内容的感染力和征服力。

态势语言的设计应遵循以下三条原则：一是态势语言要与思想内容相一致，要有助于强化思想内容。二是动作不宜太多太滥，要恰到好处。三是动作要有美感。在动作设计中，主要是眼神和手势的设计，比如手势的形式、动作的方向、部位、幅度和力度等，都要进行反复揣摩，从多种设计中找出最佳方案。

从内容上看，态势语言设计要特别注意两头。一是开头处。包括上台的走路体态，开讲时的姿态、动作、表情，要自然大方，端庄潇洒，给人留下美好的第一印象。眼神要正视听众，给人以可信赖、正直、诚实之感。开头的手势不能太多，动作的幅度不能太大，否则会给人不稳重的感觉。二是结尾处。手势的幅度、力度要大些，要有号召力，给人留下深刻印象。正文部分的态势语言应更多地包含情感和艺术的表现力，把面容、手势和艺术发音等手段调动起来，在多变的富有一定内涵的态势语言的配合下，使声、情、言、态协调一致，创造出理想的演讲意境。

（3）熟悉讲稿。在精心设计的基础上，认真地熟悉演讲稿的内容，并根据声音动作的设计进行试讲。试讲可按朗读——背诵——讲述的步骤进行。朗读主要是体会声音与内容相结合的节奏、语调的变化，实现最初的书面语向口头语的转化。背诵要求将演讲内容熟练地背诵下来。当然不是一字不落地背诵，而是要有重点和一般之分。从演讲稿和现场演讲表达的情况看，内容有不变和变化两种情况。因此，在试讲时，对于"不变"的内容就要下工夫死记硬背，达到滚瓜烂熟，对变化的内容可作一般性背诵，要以理解为主。这样才能保证演讲的严肃性和创造性的统一。需要背诵的内容是：演讲的主要观点、总体的脉络、重点理论的表述、层次转接的关键词句、基本数字、人名和地名等。这些要记牢记死，不能含糊。对于具体事例、情景的描述等，可作一般性的记忆。

（4）演练效果评估。除了要学会准备和表述演讲以外，还要学会批判地分析演讲，对自己的演练进行初步评估。这不仅可以为演讲者提供演讲哪里正确、哪里错误的分析，而且让演讲者充分认识到在自己的演讲中应采用或者避免使用一些方法。

评估任何演讲的方法，都由与内容、组织结构和表述等相关的问题组成。对于初学演讲者来说，主要评估重点应放在目标的明确、要点的清楚和恰当的表达这几个核心要素方面。如演讲目的是否明确？有没有提供高质量的信息？演讲内容是否适合听众的兴趣？开头有没有赢得注意力、赢得良好关系？结构平行、主要观点是否清楚？过渡段落引导要点是否合理自然？结论把演讲主题联系到一起了吗？语言清楚、生动、重点突出吗？演讲者听起来充满热情吗？有没有显示出足够的声音表现力？演讲时态势语言自然自若吗？是不是流利大方？……这些问题反复探讨，会帮助演讲者不断提高演讲水平。

项目练习 演讲技巧训练

要提高演讲能力，必须勤学苦练才行，以下演讲的基本功训练必不可少，训练小组可以以分项训练的形式，重点练习一些关键性的演讲技巧。

1. 声音技巧

演讲时，好听的声音不仅能正确恰当地表情达意，而且声声入耳，娓娓动听。声音不佳不仅会影响表情达意，而且会使听众产生厌烦感。如何使我们的声音好听呢？

（1）规范的发音。普通话必须正确规范。发声正确首先要求不能读错字。读准每一个字，读好每一个句子是最基本的要求。演讲者除了闯过普通话这一关之外，还要字正腔圆、准确清晰，而不应是嘴里含着热豆腐。近听，语音纯正、吐字清晰；远听，声音明亮、圆润优美。具体来说，语音字正腔圆包括两方面的含义：一是"真"，字真、音纯、调准，按普通话语音规律发音，不能错，也不能含混，真真切切，利利落落；二是"美"，即发音好听、圆润、优美，富于艺术性。"美"与"真"完美结合，讲话便会字正腔圆。字正腔圆的核心，是要掌握吐字归音的方法。传统的练习方法是绕口令。可从以下几方面进行练习。

唇的训练：一平盆面，烙一平盆饼，饼平盆，盆平饼；倍儿白倍儿白的白被单……

齿的训练：石狮寺前有四十四个石狮子……

舌的训练：东洞庭，西洞庭，洞庭山上一根藤，藤条顶上挂铜铃，风吹藤动铜铃鸣，风停藤停铜铃静。

喉的训练：大红花碗扣着五只大黄活蛤蟆；黑化肥发霉会挥发……

这样的绕口令很多，练习者可以在网上多选择一些，反复练习，渐渐地就会使口齿变得准确清晰，吐字畅达自如。

（2）正确的呼吸。练声先练气，气乃声之源。我们不妨把人体比作一个"簧管"，如果底气不足，"号嘴"发出的充其量也只能是蚊蝇之声，因此演讲者练声之前要先学会用气，学会恰当的呼吸方法。正确的方法应采取胸腹联合呼吸，即肩平颈正，全身放松，然后小腹收缩，胸腰扩张，吸气口鼻并用，呼出均匀平稳，并要用丹田、后胸作支撑。大家可以试着练一下："各位领导，各位朋友，大家好！"当你用此法讲这句话时，就会发现要比"咳嗽式"吸气深、气量足，而且可使声音产生立体感。练习吸气时可体味"闻花香"，练习呼气时可轻轻"吹灰尘"；练气量可数"葫芦"（试着一气连续数20余个葫芦），其中要注意调整气息，学会换气。

（3）良好的共鸣。练习发声要学会用共鸣器。声音自声带发出是微弱的，只有通过口腔、鼻腔、胸腔的共鸣箱放大之后，才能变得洪亮、圆润、高远。其中头腔共鸣高亢响亮，口腔共鸣声音丰满圆润，胸腔共鸣浑厚低沉。练一下"红军不怕远征难，万水千山只等闲"，讲这句话时如只在喉咙上使劲，音量就不会很大，音色也略显单薄。如果使用三个共鸣腔，咬紧字头，发响韵腹，收全韵尾，就会有"撞钟"的效果。

（4）恰当的语气。所谓语气，是由"语"和"气"两部分合成，这是演讲时"神"与"形"的结合体。它就像脸上的表情一样，传达着言外之意，可增强感染力。我们讲语气，就是指用声音气息来表达思想感情。通常来说，爱的感情是气徐声柔；憎的感情是气促声硬；悲的感情是气沉声缓；喜的感情是气满声高；惧的感情是气提声凝；急的感情是气短声促；怒的感情是气粗声重；疑的感情是气细声黏。所有这些感情的表达，都不会是孤立的，在演讲过程中，经常是交错出现或结伴同行的。语气训练时应根据内容来把握，内容庄重，语气应严肃；内容平和，语气应舒缓；感情兴奋，语气要高亢；感情悲痛，语气要沉重。语气的感情色彩不会是单一的。在综合运用中，有主次之分，主要的感情造成主要的感情色彩，主次之间，有交替有重合，在变化中形成色彩缤纷的语气。练习一下："当看到试验田里的小苗都被水淹没了时，我心想；唉，这下全完了！""我们的目的一定要达到，并且一定能够达到！""我深深地爱着我的祖国。"这三句话内容不同，其语气也应不同。前者是失败的绝望，应气沉声缓；第二句表达坚定的信心，要气满声高；第三句表达爱的感情，就气徐声柔。

2. 讲话技巧

苏联戏剧家斯坦尼斯拉夫斯基曾说过："语言即音乐，在舞台上讲话，这种困难并不亚于歌唱的艺术，要求有很好的修养和高超的技术。"这种技术主要表现在以下方面。

（1）演讲一定要体现口语特色，保持口语的朴实风格。演讲是讲给别人听的，这种双边活动要求"讲"与"听"中间不能阻隔，而讲的声音是转瞬即逝的。要想让人听准、听懂就得说听众熟悉而又经常讲的口语。所以表达演练时要学会使用轻声、儿化音、变调及语言的通俗化，使演讲语言平中见奇、浅中见深、寓难以易。口语化要注意以下几个方面：①把单音词换成双音词。单音词声音短促，不容易听清楚；双音词存在的时间长，留给听众的印象深。因此演讲稿中的单音节词要尽量改成双音词，如曾改为曾经；已改为已经，因改为因为，应改为应该等。②把长句改成适合听的短句。演讲的句式应尽量简短，使听众容易把握句子内容。如毛泽东的《关于重庆谈判》中说："事情就是这样，他来进攻，我们把他消灭了，他就舒服了。消灭一点，舒服一点；消灭得多，舒服得多；彻底消灭，彻底舒服。"看上去句式多么简短而又整齐匀称，显得自然流畅，达到了演讲语言的最佳表达效果。③把倒装句改为正装句。倒装句有强调作用，但在演讲中讲起来有些别扭，听众不易把握意思，改成正装句，既顺当又容易把握。例如原句：在开始以前已被打倒，是承认失败的人。改句：承认失败的人，在开始以前已被打倒。④慎用近音词与简称。如果把"坚持十年不歇脚"让人听成"坚持十年不洗脚"会大煞风景。不如改成"坚持十年不停步"。再如"打经办"、"垃协"（垃圾协会）之类的简称，如果听众不熟悉的话，还是不要用，要用全称。⑤在用词风格上，多用通俗生动的现成话，不要文白夹杂。演讲中最忌讳不合时宜的文言夹杂和滥用深奥难懂的成语、典故，因为它不仅说起来拗口，而且听起来晦涩难懂。如有的演讲中讲道："我们都是而立的青年，倘不努力奋斗，成功的希望就化为乌有。"一句话夹杂了"而立"、"倘"、"乌有"等文言词，听起来很不顺。有些人喜欢用一些生僻的成语典故，如"邯郸学步"、"南柯一梦"、"祸起萧墙"之类，不仅听起来别扭，文化程度不高的听众还听不明白。

（2）要注意语调的变化。演讲特别是以鼓动为目的的演讲除了内容要丰富新颖之外，还要以情感人；口语以情动人的主要手段是驾驭自己的语调，使之富于变化。语调的变化，主要表现在速度、重音、升降、停顿四个方面，它与语气紧密相关。表示陈述、庄重、严肃的语气时，一般用平直或降抑调。表示怀疑、反问、惊讶等语气时，则适合由低到高，句末用高升调。当内容一般，语气舒缓时，语调可平一些。采用何种语调是依据内容感情而定的，只要把握适当，就会改变自始至终一副腔调的狼狈与尴尬。在语调处理中，语速的把握也很关键。初学演讲者往往掌握不好语速。有人由于紧张，一上台就放机枪似的三下五除二把"子弹"放完了，有的人则"四两棉花纺细线"，慢悠悠地将人讲得昏昏欲睡。有经验的演讲者会将语速掌握在快速每分钟 200 字以上，中速每分钟 100 字左右。通常的情况是，运用排比、对照、层递等修辞手法时语速加快，表达沮丧、悲哀等感情时可一字一顿，甚至词尾拖长声。总之，要做到快而不乱，慢而不断，快慢相间，过渡自然，以形成"嘈嘈切切错杂弹，大珠小珠落玉盘"的优美旋律。重音与停顿是一种特殊技巧，要根据演讲内容和感情的需要进行演练。

（3）模糊语言的运用。我们说话力求清楚、明白、准确，这是常识。但大千世界千姿百态，瞬息万变，事物之间的关系错综复杂，而且有些概念本身就是模糊的，如程度副词"非常"、"略微"，概数词"较多"、"很少"等。因此，反映客观世界的语言就不可能永远直截了当，毫厘不爽。说话时该准确时准确，该模糊时还要模糊，要学会即兴发挥。如外交询问作答"我们很高兴地接受邀请，将在适当的时候访问贵国"，这种语言都是临时发挥的。又比如在一次记记者招待会上，《纽约时报》记者马克斯·弗兰克向基辛格询问美苏会谈的程序问题："到时，你是打算点点滴滴地宣布呢还是来个倾盆大雨，成批地发表协议呢？"基辛格巧妙地回答："我明白了，你看马克斯同他的报纸一样，多么公正啊，他要我们在倾盆大雨和点点滴滴之间任选一个，所以我们无论怎么办，总是坏透了。"他略停了一下就一板一眼地说，"我们打算点点滴滴地发表成批声明。"他的回答是似是而非的模糊式，把其中的奥秘留给了听众，很有幽默感。这是语言表达的技巧，语言表达的魅力也体现在这儿。所谓模糊语言，是指人们运用语言的若干模糊特征，准确地表达思想、情感并进行交流的一种语言表达方式和表达技巧，这样的表达可以增强语言在交际中的适应性、灵活性和主动性，也有利于提高传情达意的准确性。模糊技巧大都适用于答辩式的交际谈话场合，但在演讲用到自设的提问时或回答一些热点问题时也可使用。

（4）节奏的安排。节奏要适应内容的需要，适应表达感情的需要。抒情段落，描绘的语句节奏要慢一些，相当于慢板；陈述性的段落说明性的语句要适中，相当于中板；表示强烈感情的爱与憎的议论指责应用快的节奏。

3. 态势语言技巧

演讲态势语言包括演讲者的姿态、面部表情、手势等表演活动，它与语意、有声语言一起构成了演讲意义的表达体系，并具有独立的、直观的审美价值。得体的态势语言会使演讲更精彩，更能真切地打动和征服听众。得体的态势语言也要经过仔细揣摩、刻苦训练才能获得。

（1）眼神训练。"眼睛是心灵的窗户"。眼睛是最能传神的，是演讲者与听众交流感情信息的重要渠道，会产生很强的感染力。兴奋、热情的眼光会使听众高兴；和蔼、关切的目光会使听众感到亲切；坚定、自信、充满希望的眼光会使听众受到鼓舞；冷峻如剑的目光会使听众毛骨悚然；充满仇恨的目光会使听众怒火中烧。因此，演讲中应注意运用眼神的变化来表达内在的丰富感情。使用和训练眼神有以下几种方法。

① 环顾法。这是用眼睛环视听众的方法。演讲者要神态自然，视线在全场按一定部位自然地流转，环视全场听众。这种眼神可以控制会场情绪，了解听众反应，检查演讲效果。

但是，头部不可大幅度转动，以免扰乱听众视线，分散听众注意力。

②注视法。这是把视线集中到某一听众或某一区域，只同个别或部分听众交流，以对听众做比较细致的心理调控，启发引导全场听众专心听讲，或制止个别听众在场内小声议论、做小动作等。但注视个别听众目的要明确，时间不宜过长，让听众充分理解演讲者的意思即可。

③虚视法。这是用眼睛似看非看的方法。演讲者要睁大眼睛面向全场听众而不专注某一点，使听众觉得演讲者在注视他们。这种眼神能够控制全场，可以克服演讲时的怯场心理。在回忆和描述某种情景时，还可以表示思考，带领听众进入想象的理想境界，使听众受到优美意境的熏陶和感染。

使用眼神必须注意与面部表情协调一致，与有声语言密切配合，而且反应要灵敏、自然、和谐，不可随意挤眉弄眼，生硬做作。

(2) 表情训练。我们复杂的内心世界，如高兴、悲哀、痛苦、畏惧、愤怒、失望、忧虑、烦恼、疑惑等情感表达，大都是通过面部表情表现出来的。而面部表情主要体现在眼、脸、眉、口四个部分。脸的表情依靠面部肌肉动作和肌肉颜色、纹路的变化。一般来说，"愉快"、"和谐"、"善意"的表情，脸上肌肉动作都向上；"不快"、"悲哀"、"痛苦"的表情，脸上的肌肉动作都向下；若在感情剧烈的时候，脸上的肌肉动作一部分向上，一部分向下，一部分向左右牵扭，失去其和谐性。初学演讲者可以选择一些感情丰富多彩的演讲词，经过认真研读领会之后，带着感情对着镜子训练面部表情，使面部表情能够准确、鲜明地反映出自己内在的真实感情。眉和目相连，眉目联合传情。例如：眉目低垂，表示冷漠；眉目骤张，表示恼怒；双眉锁，表示忧愁；眉飞色舞，表示兴奋……在表情时，眉的动作变化必须和眼睛变化协调配合。口形变化也能表情达意。口角向上，表示"高兴"、"愉快"、"谦逊"；口角向下，表示"忧愁"、"失望"；嘴唇紧闭，口角向下，表示"厌恶"、"不满"；嘴唇微开，口角向下，表示"悲哀"、"痛苦"；口大张，表示"畏惧"、"恐怖"；口角平直而嘴紧闭，表示"警惕"、"坚定"；口角平而嘴唇颤抖，表示"气愤"、"激动"等。表情训练时要注意，演讲者的表情主要在面部，它受到两种因素的制约：一是其对听众的态度；二是其所讲的内容。演讲者对听众的态度，表情的基调应是微笑，它是"招人喜欢的秘诀"；就演讲的内容来说，表情应丰富多彩，喜怒哀乐都可随着内容的变化而出现。

(3) 姿态训练。一名演讲者，要表现稳定优美、舒适自然的姿态，首要解决如何"站"的问题。站立姿势适当，会觉得全身轻松，呼吸畅快，易于旋转，让听众看着顺眼、舒服，体现着一种姿态美、形象美。以下几种站姿值得学习。

①"丁"字式站姿。站立姿势，一般提倡"丁"字步。一只脚在前，一只脚在后，两脚之间呈90度垂直，两腿前后交叉距离以不超过一只脚板的长度为宜。演讲者全身的力量都应集中在前脚上，后脚跟略为提起。其中，右脚在前，左脚在后，可称之为"右势丁字形"；左脚在前，右脚在后，可称之为"左势丁字形"。这种"丁"字站姿用于表达强烈感情的典型演讲，有利于激发听众的兴趣和感情。运用"丁字形"站姿，需要注意两脚不宜紧靠在一起，否则会显得呆板，没有精神；两只脚也不要平行地放在一条直线上，因为两腿所构成的平面与前排听众的视线构成平行状态，如果演讲者身体的重力均落在两只脚上，就会形成机械对称，失去对比，不仅毫无美感，而且直接影响演讲效果。

②"稍息式"站姿。两脚之间任何一脚略向前跨步，两脚之间呈75度角，脚跟距离在16厘米左右。这种站姿要求两腿均须直立，一身力量多半集中在后脚，前脚只有辅助作用。在演讲过程中，也可以根据需要随时变换左势和右势。要改变站姿时，只需要后脚前进一

步，变左势为右势，或变右势为左势即可。"稍息式"站姿在演讲时被广泛运用，说理、达意、传知性的演讲一般都用这种形式。

当然，一些长时间的演讲，也可采取坐姿和站姿相结合。既可减少演讲者的劳累不适，也能形成一种"动静相济"的效果。动静结合更能突出演讲所注重的思想情感。罗斯福因有腿疾，他认为他的演讲技巧在于"亲切、简短、坐着说"。不过"坐着说"比较随便，这对于"拉家常"式的演讲较为适合。此外，演讲者在讲台上应做到收腹挺胸，做到"松而不懈"、"挺而不僵"。要克服不良的习惯动作，如身子东摇西晃、背着手来回走动、以脚尖"打点"、紧张时抓耳挠腮等。

(4) 手势训练。手是人的第二个脸。手的动作是演讲中态势语言的核心。在整个态势语言中，手势使用频率最高，作用也最明显。它不仅能够表情，还能达意。学习演讲一定要重视手势的训练。一般说来，演讲手势活动分为上、中、下三个区域。上区（肩部以上）：手势在这一区域活动，多表达积极、宏大、激昂的内容和感情，如表示坚定的信念、殷切的希望、胜利的欢呼、幸福的祝愿、愤怒的抗议等。如"让我们扬起生活的风帆，向着光明的未来奋勇前进！"演讲时右臂向斜上方打出，表示奋斗的决心。中区（肩部至腹部）：手势在这一区域活动，多表达叙述事物和说明事理，一般表示演讲者比较平静的心情。如"请相信我，我一定会做好这项工作的，我虽没有高超的技术，但我有一颗忠于祖国和人民的红心。"演讲时右臂抬起，手抚心区，表示忠诚。下区（腹部以下）：手势在这一区域活动，多表示否定、不悦、鄙视、憎恶和厌弃的内容和情感。手势在下区（腹部以下）活动，多表示否定的情感。如"'黄、赌、毒'，这些旧社会遗留下来的糟粕，必须彻底清除！"演讲时右后臂挥向胸前，然后迅速向斜下方打出，表示厌恶与憎恨。

手势按照这三个区域活动情况分为情意手势、指示手势、象征手势、象形手势四种。情意手势是演讲者伴随演讲内容的起伏发展而用来表达自身思想感情的手势动作。如指心表示忠诚、抚胸表示悲哀等。指示手势是演讲者在演讲过程中显示听众视觉范围内的事物的动作。如在说到你、我、他和这边、那边时，轻轻用手指一下，使听众产生一种形象化的感觉。

象征手势是演讲者伴随演讲高潮的到来，用来引发听众心理上的联想的一种行为动作。如讲到"同志们，前程似锦，奋斗吧"时，演讲者把手果断地向前方伸出，以示未来，体现着一往无前的精神。

象形手势可以模拟事物形状引起听众联想，给听众一个具体明确的印象。如："什么是爱？爱不是索取，而是奉献！"双臂在胸前平伸，臂微弯，手心朝上，模拟心状物。

此外，手势中手指的作用也是不可忽视的，它可以表示数目，可以指点他人和自己。一位同学在演讲中说："你和我将来会从事同样的工作。"先指向听众，然后再指向自己，一下子拉近了与听众的距离，让大家感到无比亲切。另外，当对某人表示崇敬、赞扬之意时，就可伸出大拇指。

拳头的动作用得比较少，它一般表示愤怒、决心、力量或警告等意思。但不到感情激烈时不要用，而且不可多用。为了使自己的态势语言得体，初学演讲一定要注意以下问题。

一是不能与内容脱节。如一位演讲者在说完"让我们张开双臂，迎接这美丽的春天吧"之后，才生硬地举起双手，这样就破坏了和谐美。

二是不要夸张、表演。无"雕饰"的态势才会给人以美的享受，否则只能产生负效应。如一位演讲者最后说到"我们要勇往直前！"时，前腿弓，后腿绷，右手伸向斜上方来了个造型，使全场哗然。

三是不要过频过滥。在演讲中，表情和姿势毕竟是一种辅助性的手段，决不能喧宾夺主。无目的重复"掏心"动作，不仅没有任何意义，而且会使听众眼花缭乱，破坏演讲效果。

四是不要生硬模仿他人，每人讲话时都有自己的动作习惯，表情姿势的设计要根据自身的条件加工提炼。

为了使自己的态势自然、和谐、优美、潇洒，在演讲前可根据内容对态势语言做个大致的设计，然后再对镜展示、修改。这样多练习多琢磨，就可熟能生巧，等正式登上讲台时就会自然大方，光彩照人。

4. 控场技巧

所谓控场技巧是指演讲者对演讲场面进行有效控制的技能和方法。演讲是一个动态的过程，在开场、中场、收场的整个过程中，都需要演讲者运用一定的技巧塑造良好形象，了解听众反映，集中听众注意力，调动听众情绪，驾驭场上气氛，稳定全场秩序。

(1) 开场技巧。开场相当于其他表演艺术的亮相，一定要达到"镇场"的效果。整个上台亮相过程要给听众传达一个精神饱满、态度热忱、庄重有礼、坚定自信的第一印象。研究显示，演讲者的焦虑水平在头30秒之后会大幅下降。良好的开场将令接下来的演说进展顺利。

演讲者应在开场前做最后的检查，看看是否带齐了所需要的每一件东西，如演讲稿和演讲摘要及其备份、视觉辅助物及其所需的设备。一定要确保能够提早抵达演讲现场，以便让自己有时间适应环境。讲前要找地方做一些发声练习，让声音热热身，以免声音发涩。要提前检查一下话筒、音响、照明等场上设备，确保不会发生故障。在会议主持介绍之后，演讲者要自然起立，以平常的步伐从容、稳健地走上讲台，步幅速度要适中，不要有丝毫的匆忙和慌张。一般应走到前台中间，这样可使演讲者统观全场，也能使处在不同位置的听众看到演讲者。走上讲台站定之后，演讲者不要急于开口说话，要有意识地用眼神环顾全场的每个听众，建立起与听众同步的情感关系。此时的环视有四个重要作用：一是稳定自身情绪，演讲者可借此做一次深呼吸，平静心绪；二是向听众致意，表示对听众的礼仪及对听众前来听讲的谢意；三是帮助静场，起到稳定听众情绪、组织听众的作用；四是体验听众情绪和现场情况，以便于把握好演讲的方式与重点。如果听众人数较多，应先注视中部听众，然后再移目左右前后环视一周。演讲者还可选项定一两个你觉得易于接近的听众，加以较多的关注，这样有助于你建立起与听众交流的信心。当然，要避免过长的目光接触，那样可能激怒别人。在全场安静下来之后，开始问候语和开场白。演讲者要选择切合听众身份的问候语。致问候语时要抬头环顾全场，说完后要停顿一下，以集中听众注意力。声音要响亮，做到"先声夺人"。此时千万不能看讲稿或摘要，否则会减弱开场白的力度。开场后就要一心一意地、大胆地、毫不犹豫地讲下去，使自己的演讲流畅而渐入佳境。

(2) 与听众交流技巧。演讲是一个信息与反馈不断往返的动态过程。演讲者不仅要很好地"说"出自己的演讲词，而且要充分重视"说"的过程中与听众的交流。还要善于采取一定的手段来加强听众与自己的亲密性，善于根据听众反馈准确揣摩听众心理，并据此调整自己的演讲，善于运用各种语言技巧来吸引听众注意，调动听众情绪，创造和谐气氛，以实现成功的交流。首先要学会拉近与听众的情感距离。听众对演讲者及其话题的不同态度直接影响演讲的成效。抱有肯定态度的听众自然会以较积极的态度参与演讲，而持中立甚至反对态度的听众则会与演讲者保持相当的情感距离，以一种不合作的消极态度来对待演讲。演讲者在演讲中要针对听众的不同态度，采取相应的措施，设法拉近与听众的情感距离，改善听的消极情绪。强调共同体验，建立共同立场，运用幽默手段是拉近与听众情感距离的有效方法。演讲开始时，说一些显示你与听众有共同之处的个人经历、家世背景和家庭情况，可以让听众相信你很了解他们，能够理解他们的感情，从而对你产生亲切感和信任感；对听众及他们所属的国家、城市进行恰如其分的赞美可以让听众觉得你以他们为荣，对你顿生好感，适时地采用"我们"而不是"我"的表达方式，可以将听众与自己置于同一立场；使用一些听众所属行业、团体的专门性词语，既引发听众兴趣，又能向听众表明你努力地了解过他们，把演讲的材料与听众的具体情况联系起来，尽量利用听众熟悉的知识来表达自己的观点，通过有针对性的具体比较来说明问题，可以使听众更易理解和接受。运用幽默手段也可以营造和谐轻松的气氛。幽默是一种高超的语言表达能力，演讲中恰当地运用幽默手段可以集中听众的注意力，调动听众情绪，消除隔阂，化解分歧，其引发的笑声可以打破沉闷格局，营造轻松、愉快、和谐的场上气氛。听众大都喜欢具有幽默感的演讲者。一旦你让人发笑，说明听众正在听你讲话，此时你告诉他们任何事情，他们都感兴趣。演讲时要避免使用那些容易让听众生气、发怒的语言，特别是不能使用带有性别歧视、种族歧视、地方歧视的语言，以免引发对立情绪，激化矛盾，导致演讲无法正常进行。吸引听众的注意力，保持听众对演讲的关注度，也是演讲取得成功的关键。演讲者要主动地运用眼神、声音、语言等多种手段引发听众的兴趣和注意力，使听众不易分神。保持密切的眼神交流非常有助于听众集中注意力，整个演讲过程中，演讲者的目光都要在全场不断扫视，以造成演讲者与全场听众之间的交流感。面带微笑，是演讲中与听众交流的不二法宝。上台时表示亲切，讲述时表示理解、欣赏与肯定，面对听众提问时表示鼓励与赞同，面对喧哗时表示含蓄的批评等，演讲者适时的微笑会使演讲魅力无穷。声音响亮，富于变化，也是吸引听众的重要手段。说得清楚响亮，不仅保证观众能听清楚，而且通过语速、语调、语气的变化造成听众的心理反差，以吸引听众的注意。重点之处可提高音量、放慢速度或作必要的重复，以引起听众的重视。停顿也是演讲中一个非常有用的工具，突然的停顿可以使听众感到新奇，从而不由自主地把注意力集中到演讲者身上，并给了听众思考的余地。但停顿要放在一层意思的末尾进行，不要在一个想法的中间停顿，否则听众会跟不上思路，从而分散注意力。设置悬念、巧设提问、运用道具等方法也能引起听众兴趣，调动听众的情绪。

  与听众交流，要读懂听众的反应，时刻保持听众的注意。演讲者一定要设法读懂听众的反应，并根据听众的反馈信息调控自己的演讲，以保持听众对演讲的关注与热情。演讲中听众的反应更多的是通过非语言线索如精神状态和肢体语言等显示出来。可以用眼神的环视法来观察听众的反应。在讲完一个内容或者一个层次，尤其是讲完某些重要内容或某个重要观点后，演讲者要作一个短暂的停顿，环视一下全场，进行现场情况的调查。通过看听众是否精神饱满、是否认真听讲、有无不耐烦举动等来了解听众对演讲的接受程度。如果听众身体向前倾，微笑地看着你，不时地点头，甚至鼓掌，就表明听众对你的演讲很感兴趣，你可投去一丝亲切的目光，表示赞许和感谢；如果听众做出困惑的表情，皱着眉头，或是轻轻地摇头，甚至还嘀咕什么，这表明听众不能理解，就应采取更通俗的方式加以进一步说明，然后再看一下这些听众，征询一下对于调整的满意程度；如果听众情绪呆滞，甚至木然，这是表示对演讲非常冷漠，需要采取一些生动有趣的例子以引起听众注意。如果听众注意力减弱，如交头接耳、看表、看窗外、咳嗽、清嗓子、打哈欠甚至打瞌睡等，表明听众已经失去了对演讲的兴趣，就要通过改变话题和演讲的方式、作一次短暂的停顿、提高音量、改变语调、强调内容的重要性、突然发问要求听众举手回答、走下台请听众参与、说明演讲到了最后一部分等方法，以求重新引起听众的注意。

演讲中，由于多种因素影响，会场有时会出现一些极为不利的过激场面，如骚动、起哄、喝倒彩、谩骂、退场等。而对听众的这些反应，演讲者切勿生气，要理智地控制好自己的情绪，镇定自若地根据不同情况予以处理。既可采取"冷处理"，也可采取"热办法"。所谓"冷处理"，是指现场出现一部分听众的过激反应，只要不过分影响演讲秩序，则可置之不理，不动声色地从容讲述，演讲者不要过长时间地把目光停留在这些骚动之处，否则会影响其他听众的注意力。如台下出现捣乱性的喝倒彩、唏嘘、谩骂声时，演讲者可做出一副见怪不怪的样子冷眼相视，面对恶意谩骂，不必反唇相讥，宽容的态度会令谩骂者自惭形秽，使你赢得其他听众的赞赏和尊敬。如英国首相威尔逊在一次群众大会演讲时，反对者在下面鼓噪，其中一人高声大骂："狗屎、垃圾！"面对听众可能发生的误解和骚动，威尔逊首相沉稳地报以宽厚的微笑，非常严肃地举起双手表示赞同，说："这位先生说得好，我们一会儿就要讨论你特别感兴趣的脏乱问题了。"捣乱分子顿时哑口无言，听众则报以热烈的掌声。"热方法"是针对较多听众出现过激反应时采用的方法。较多听众出现骚动，演讲者就不能听之任之，硬着头皮应付，应立即分析原因并采取果断措施。如果是内容枯燥，要插一些与主题相关的生动有趣的故事或事例提高兴趣；如果是表达太过沉闷、单调，则要提高音量，加快语速，以振奋听众情绪；如果是时间已晚，则要压缩部分内容，使演讲内容更精要些。面对哄闹场面，演讲者不妨暂时停止演讲，等会场安静下来后，再讲述调整过的内容，以使演讲重新引起听众的关注。此时，如果能够巧妙地辅以幽默则可起到迅速缓解紧张气氛、调动听众情绪的作用。

(3) 处理突发事件的技巧。这是演讲者针对演讲中出现的意外情况，敏锐、准确地做出反应，迅速巧妙地排除障碍，以保证演讲顺利进行的方法。在演讲过程中，无论是初涉讲台的演讲者，还是久经沙场的演讲者，出现失误和意外都是常有的事，并不可怕，关键是演讲者要善于随机应变，尽量减少这些突发性事件所造成的不良影响，保持镇静，及时采取适当的措施予以补救，使演讲得以顺利进行。

① 摆脱"卡壳"。"卡壳"在演讲中常有发生，造成"卡壳"的原因有自信心不强、准备不充分、受到听众不良反应刺激、环境干扰等因素。事实上"卡壳"是很多演讲者都曾有过的经历，演讲者不必因此给自己下个不善于演讲的结论。因为"卡壳"是可以通过适当的准备加以避免的，而且即使出现"卡壳"也是可以采取有效手段加以补救的。避免"卡壳"现象出现，首先要使自己始终保持自信、振奋、专注的精神状态。良好的精神状态可以使演讲者有效地抵制来自听众、环境等因素的干扰，保持思绪的清晰、连贯，避免"卡壳"出现。其次要未雨绸缪，学会巧记讲稿。充分准备，熟悉讲稿是避免"卡壳"的根本途径。采用联想记忆法熟悉稿子是消除"卡壳"的好方法。演讲中出现"卡壳"的地方往往是稿子中难以记忆之处，而这些难以记忆之处其实在练习时就已经发现。练习时在经常"卡壳"的地方做上标记，然后采用联想记忆法加以记忆，可以很好地避免"卡壳"。所联想的事物，最好是与演讲现场有关的，在讲台上随时能看到、听到、感觉的东西，这样当演讲"卡壳"时，只要看到、听到、感觉到现场的事物，便会立即联想到被忘却的内容。再就是学会用与练习相同的语速语调进行演讲。在演讲时用练习时已经成为习惯的语速语调进行演讲就不会由于语速语调的突然改变而出现"卡壳"。演讲者一旦发现自己出现记忆不清忘词的迹象，一定要稳定情绪，减慢语速，在"卡壳"之前拿出提示卡片，边看边讲。如果演讲已临近结束，也可以在陷入窘境之前见机打住，"见好就收"，以免出丑，也是一个好办法。如果在演讲中也无可挽回地出现了"卡壳"，也不必惊慌失措、沮丧懊恼，更不能耿耿于怀、信心全无，不堪承受听众的嘲笑而中途退场，你只需要把它视为演讲中的一个小小的失误，保持清

醒、冷静、镇静自若地采取一些及时的补救措施加以挽回就可以了。如采用重复连接法，通过把最后一两句话用加重语气重复一遍，争取把断了的思绪链条在重复回顾中接起来。也可采用插话衔接法，通过插入一些事先准备好的与主题相关的材料如小故事、笑话等，或是向听众进行提问，以避免尴尬，并借此回忆下面要讲的内容。还可用跳跃衔接法，把忘记部分暂且丢开，当机立断地跳跃到没有忘记的部分继续讲述。如果忘掉的内容很重要，后面又想起来了，就巧妙地补进去。如果想不起来就丢掉算了。不必向听众说明、道歉，也许听众根本就没有注意到你的错误。

②纠正"口误"。"口误"是演讲时最普遍的毛病，比如张冠李戴，讲错了词句、数字、年代等。演讲者心情紧张、情绪不高或过激、思想走神、语速过快等都会造成演讲时出现各种"口误"。当演讲者觉察到这种失误时不能置之不理，将错就错，以免误导听众，但也要讲究补救办法。演讲者没有必要立即声明"刚才讲错了"以强化听众的意识。最好的方法是把讲错的话搁置一旁，接着按正确的讲法再讲一遍予以纠正。也可以把讲错的话当作反面论题使用，即兴加进一些话来驳斥以圆场。一些无关大体的错误可以不必纠正。需要强调的是"讲错话"时一定要放慢语速。很多没有经验的演讲者在出错时往往加快语速，以为这样可以不引起听众注意。其实突然变速，不仅更容易引起听众注意，而且大大提高了继续犯错的可能。

③避免"撞车"。在比赛或参加会议时，如果发现自己的演讲主题与他人撞车，内容与前面的演讲者重复太多时就不能原封不动地按照原稿讲述，必须重新进行组稿。打破原有框架，现场重新组稿是对演讲者应变能力的很大考验。如果会议没有限制主题，遇到"撞车"时最好是另选其他自己熟悉的有准备的主题进行讲述。如果主题有限制或者临时准备有困难，也可不改变主题，通过转换切入角度的方法重新组织材料。这一点在专题演讲中尤其重要。演讲者还可以通过抽取原稿中别人没有具体展开阐述的部分进行详尽、深入讲述的方法来避免"撞车"。联系现场情况，巧妙地从前面演讲者令人深思的观点、材料中生发开去，并予以别出心裁的阐述，更是一种避免"撞车"、吸引听众注意的好方法，可给听众留下聪明机智的好印象。例如一次以"爱我中国，振兴中华"为主题的演讲比赛中，前面的选手都激情洋溢地讴歌了伟大的祖国。但由于内容渐趋雷同，听众的情绪也随着慢慢降低。这时一位演讲者一登场就说："前面几位都讲了我们伟大祖国悠久的文明史，讲了雄伟壮观的长城，讲了给世界文明带来飞跃的四大发明。是啊，我们伟大的祖国有了这一切，是够可爱、够神圣的了。但是我认为我们绝对不能以此为满足。历史终究只是历史，景观终究也仅是景观。只有这些还不够，因为……"这段话在审视前面演讲者观点的基础上提出了自己崭新的观点，非常引人注目，赢得了听众的认同。

④应付"难堪"。在演讲中还会遇到一些令人难堪的事情，如听众人数奇少、突然发现衣冠有不整之处、上台时摔了一跤。遇到这些难堪的事件，最好的解决办法是借题发挥，以"变"制"变"。如听众人数很少，演讲应采取主动，通过调整座位、改变交流方式来避免演讲时因听众过少而出现的冷场。如某位总裁在一个产品展销会上发表演讲，他以为会场会有50名听众，结果只来了4名，而且其中两位还心不在焉。他来到会场，待一切安静下来之后他先脱掉了外套，以表现得更加随便。然后，他对听众能来参加会议表示了感谢，并强调演讲中他将充分利用听众少的优势更多地与他们交流，他的这些举动马上改变了场上的尴尬气氛，还吸引了越来越多的场外听众。在1952年的奥斯卡颁奖晚会上，当年的最佳女主角颁给了雪莉·布丝莱，也许是太激动了，布丝莱上台领奖时被台阶绊了一下，险些摔到。在这种场合，在全世界瞩目的舞台上这种失态行为显然令人难堪，但雪莉·布丝莱巧妙地借题

发挥,在领奖之后的答谢演讲中,她说道:"我知道能得到这个奖很不容易,就像我刚才差点摔跤一样,我经历了漫长的艰苦跋涉,才达到事业的高峰"。她的这番话巧妙地为自己摆脱了尴尬,又说出了自己获这个奖是通过艰苦的努力得来的,真可谓一语双关。

⑤ 控制时间的技巧。演讲要考虑时间限制。演讲活动大都规定了时间,即使没有时间限制,演讲也不能太长。经验表明,听众的注意力能充分集中的时间最长不超过 20 分钟。演讲者没有时间观念会降低听众对你的信任程度,也会影响他们对演讲内容的兴趣。听众会很高兴你按时或提前 5 分钟结束演讲,但哪怕你拖延了几分钟,听众也会变得烦躁不安。这就是为什么曾任哥伦比亚大学校长的艾森豪威尔发现会议已经超时就放弃原来准备要做的演讲而立即收场的原因。他只说了一句话:"每篇演讲不论是什么形式,都会有标点符号,今天我就是句号。"可就是仅有的一句话却为他赢得了震耳欲聋的掌声,成为一次为人所称道的著名演讲。由于演讲是一个与听众不断交流的过程,需要不时地注意听众的反应,所以语速没有练习时快。据统计,正式演讲往往比单独练习时要多三分之一的时间,所以掌控时间也是演讲的一个关键技巧。要学会给观众的反应留下足够的时间。如果你精彩的观点、生动幽默的表达引起听众多次的持久的笑声和掌声,你就要减缩一部分原定的内容,而不是生硬地去阻止听众的反应。热烈的气氛本身是你追求的目标。如果需要时间压缩,不能用加快语速的方法来压缩时间,只能删减内容,原先讲五点的,只能选最重要的两点展开,其余三点一略而过,切不可用加快语速的方式试图在短时间内讲完全部内容,这样的效果适得其反,听众因为你过快的语速不仅听不明白你所表达的内容,而且也会看出你的仓促应付之心。当你发现演讲时间不够时,只能删减主体的内容,一定要给结论留下时间。因为没有结论的演讲如同飞行着的飞机突然坠地一般,必须找一个合适的地方停下来,并对讲过的内容作一总结,这样才算平稳着陆。

⑥ 收场技巧。演讲者说完演讲的最后一句话并不代表整个演讲到此结束,演讲的收场工作才刚刚开始,还有很多事情要做。演讲者即使时间再紧,也不能匆匆忙忙收起稿子立刻离开讲台,否则你给听众的印象和影响力将大为逊色。演讲者首先要以积极的情绪、饱满、热情、自信的态度结束演讲,不需要在收场时为演讲中的失误作解释,表示歉意,也许听众对你的失误根本就没有意识到。同时要真诚地谢场,不论演讲的结尾有没有伴有听众的赞许声,演讲者都要对听众听完了自己的演讲表示真诚的感谢。说完感谢之词再行一个短暂的鞠躬礼,一般听众都会报以热烈的掌声。此时,演讲者可再次表示感谢,也可颔首示意。要记住,即使你刚刚作了一个全世界最糟糕的演讲也要表现得好像演讲很成功似的表示感谢,这样做能改善你在听众心目中的形象。离开讲台前要从容地整理好发言材料,面带微笑地最后环视一次听众,像上场时一样稳步地离开讲台。如果用的是挂在身上的或者是无线的麦克风,千万别忘了摘下你的麦克风,否则可能会让你十分尴尬。在回自己座位的路上要对听众报以微笑,如果听众情绪热烈,还可挥手致谢。如果后面还有另外的演讲者,要以热切的、期待的神态等待他的出场,做一名好听众,如此你会赢得人们的尊敬。只要听众在场,你就需要保持适宜的礼仪。

案例学习 表达方式的综合应用

口语表达同写文章一样,也常常是多种表达方式融合在一起交织起来使用的,在练习演讲时,因口语表达中的叙述、描述、解说、评述、抒情等方式各具特点,练习时可以分开来单独训练。

1. 叙述

叙述是述说人物经历和事物发展变化过程的一种表达技能。演讲的叙述要自然真实。叙述人称要清晰，叙述过程要清楚，叙述内容要有详有略，叙述速度要有快有慢，叙述语调要有低有高，这样才能做到波澜起伏，引人入胜。

示例一

让32号从明天开始

朋友们：

我曾看到这样一则报道：某边远山区一个中学生，一天在家复习功课，一旁的已过入学年龄的小弟弟拿他的铅笔在纸上书写着、涂着画着，突然若有所思地仰起小脸，眨巴几下小眼睛，认真地问："哥哥，什么时候才到32号呀？"这位中学生看着天真的小弟弟，笑着逗着："32号你要干啥？""爸爸说，到32号才能送我上学。"中学生望着可爱的小弟弟，内心针扎般难受：父母为了供自己上学，整日操劳，身体都累垮了，哪还有能力再供弟弟上学啊！32号……

（训练提示：我们在叙述这个故事时要注意讲清地点、人物、事件、人物的对话，同时还要注意把小弟弟那种渴望读书的心情以及我内心复杂的感受表现出来。语气朴实自然，语调由轻快逐渐转为沉重。）

示例二

人与路

小时候，路是一条羊肠小道，你在这头，我在那头。

还记得么？那时的我，小小的，瘦瘦的，你从我妈手中接过我说："这孩子，瘦成这样！"于是，你省吃俭用，把攒下来的钱给我买奶粉、买糖葫芦。渐渐地，我胖了，会走路了，一张小嘴甚是乖巧，一有空就跟在你后面，一个劲地叫"奶奶，奶奶"。而你却瘦了，村上人见了说："老太婆怎么这么瘦啊？"你笑呵呵地抚摸着我的脑袋说："千金才买老来瘦啊！"每到周末，你牵着我的手，走过那条羊肠小道来到村口等我妈来接，把我"归还"后你折身就走；耐不住我一再对你的呼唤，在小道的尽头，你转身再朝我挥挥手。我模糊地看到，你用袖子使劲地擦着自己的脸。

那条羊肠小道，如今已铺上水泥了吧？那些你踩过的脚印，早已不在了，可是，却深深地刻在我的心里。

再大些，路是一根电话线，你在家里，我在远方。

就像鹰要成为翱翔苍穹的使者，就必须离开母亲的怀抱，用双翅开拓出属于自己的蓝天，——我离开了家，去远方念书，独自一人。背着沉甸甸的书包和你早就准备好的大袋水果，还有现成的，是你的千叮咛万嘱咐。身处异地，成绩的不理想，以及同学关系的难处，让我屡次垂泪。于是打电话给你，向你倾诉，你的话语如涓涓细流，洗涤着我浮躁的、不安的心灵。慢慢的，我适应了环境，也很少想起你。偶尔打电话给你，听你用高兴而微颤的声音，叫我注意身体云云。我呢，总是用不在乎的口气应和着，老忘了提醒你不要吃热过几遍的菜。我知道，你一直在攒钱，为我。我听到你对隔壁的李婶说过:"俺孙女聪明着,俺现在多攒点钱,供她上大学!"

那根电话线,也许是天下最"窄"的路吧,可它却承载着天下最阔大的爱。

后来啊,路是一张张冥币,你在天上,我在地上。

你说,你要等我回来再走,可是你忍了三天三夜,念叨了一个礼拜,我还是没回来。看到你时,你那双在田间耕作了半个世纪的手凉了。我问自己,上哪找你?唯有借着这些冥币,让它们为我铺一条"心路",寄托我的深情,问候天堂里的你……

(训练提示:叙述这段材料不是简单的背诵,更多是用心去说话。中心要突出,语脉要清晰,根据需要适当地处理详略。围绕叙述的框架,条理清楚,线索分明。表述时要贴近生活实际,将书面语转换成口语。要充分发挥口语表达的直观性优势,使叙述生动形象。可以通过声音的变化,配以适当的态势语言来突出重点,显示内容中的逻辑联系,表达情感。)

2. 描述

描述是演讲者在演讲中通过丰富的想象,具体形象地描绘人、事、景的状貌的一种表达方式。它通过口头表达方式,把看到的人物或事物用生动形象的语言进行一番生动逼真的描绘,使描述的内容在听众的脑子里塑造起形象或再现其经过。描述有人物、景物、场面描述三种,在实际运用中往往是综合表现的。描述以观察为基础,但不是简单地平铺直叙,而要求根据记忆中的情形,通过联想和想象构成形象,并注入感情色彩,把绘声、绘色、绘形的艺术性语言技巧融入其中,使听众如闻其声,如见其人,如临其境。进行描述性训练是培养观察力、想象力,培养敏捷思维能力和迅速组织语言能力的好方法。

 示例一

不能忘却的眼睛

那是一个寒冷的冬天,一个大雪纷飞的上午,我们上第二节课时忽然听见房梁断裂的声音,徐老师喊:"快跑!"可一个吓呆了的小女孩却躲在墙角里不知所措。徐老师奔过去,拉着她往外就跑,谁知刚到教室门口,房梁"咔嚓"一声砸了下来,徐老师猛地把她往外一推,自己却倒在了瓦砾堆中……

(训练提示:这段描写包括人物、景物、场面三个内容,描述时要抓住天气场面的特点渲染,以展示环境的恶劣。接着要突出徐老师果断、坚毅和舍己救人的高贵品质,语速逐渐加快,语调逐渐加强,但最后一句要一字一板地沉重地吐出,以暗示徐老师不幸遇难的情形。)

 示例二

瑞雪图

大雪整整下了一夜。第二早晨,天放晴了,太阳出来了,推开门,一看,嗬!好大的雪啊!那山川、河流、树木、房屋,全部笼罩上了一层白茫茫的厚雪。极目远眺,万里江山变成了一个粉妆玉砌的世界。看近处,那落光了叶子的树上挂满了毛茸茸亮晶晶的银条儿;而那些冬夏常青的松树和柏树上,则挂满了蓬松松沉甸甸的雪球儿。一阵风吹来，树枝轻轻地摇晃着，那美丽的银条儿和雪球儿簌簌地抖落下来，玉屑也似的雪沫儿，随风飘扬，在清晨的阳光下，幻映出一道道五光十色的彩虹。

（训练提示：这段描述要通过声音技巧，抓住景物特征，以声传神，力求将修辞手法的精妙通过绘声绘色绘形的声音技巧表现出来，做到鲜明生动，富有感染力。）

3. 解说

由于在口语交际中会涉及有些内容是观众或听众不熟悉不了解甚至是陌生的，这就需要我们在明确认识、深刻理解的基础上，抓住其特征和本质，运用明晰的甚至是诗化的语言有条理地向人们做讲解，将枯燥的东西趣味化，静止的事物动态化，复杂的程序简明化，深奥的道理通俗化，抽象的事理形象化，做到深入浅出，以使人们听得明白，了解得清楚。培养和提高口头解说能力，不仅可以使人们获得新鲜有用的知识，而且对培养和提高观察能力、思维能力及口语表达的准确性、条理性都十分重要。解说的对象虽然涉及实体事物和抽象事理，范围广泛，但只要因物制宜、因人制宜，采取下定义、解释、分类、分析、比较、比喻、举例、描述等恰当的解说方法，就可很好地达到解说的目的。

示例一

挖井

这是一幅漫画。整个画面的内容是这样的：一个青年头上扣着一顶帽子，嘴里叼着香烟，身穿汗衫。他的右手搭着件衬衫，左手抓把铁锹，裤腿卷过膝盖，正抬脚悠然自得地走着。在他的身后有五口未挖成的井，其深浅不一，但都没有水。他刚挖过的第五口井其实只开了个头。在他所挖的井的土层下面，有着潺潺而流的地下水。那第四口井的土层离地下水已近在咫尺，可惜的是他却没有继续挖下去。现在，他正边走边用毋庸置疑的口气自言自语道："这下面没有水，再换个地方挖。"

这幅漫画构图简单，但寓意颇深。它告诉我们：干任何事情都必须有科学的态度，有坚持到底的毅力，决不能主观武断，浅尝辄止，以致功败垂成。

（训练提示：图画解说，重在交代画面的直观内容，通过解说，使听者大致准确地想象出那幅未曾见到的图画。在解说中，应把图画的内容及布局作为重点介绍清楚，在开头或结尾也可对图画的艺术形式（如漫画）的标题、作者、出处作出说明，并概括地揭示画的主题和作者的意图。解说中要做到条理清晰，重点突出，正确使用上、下、左、右、远、近等表示方位的词语，依序讲清各个部分间的联系。）

示例二

水是什么样的物质

水包括天然水（河流、湖泊、大气水、海水、地下水等），人工制水（通过化学反应使氢氧原子结合得到水）。水（化学式：H_2O）是由氢、氧两种元素组成的无机物，在常温常压下为无色无味的透明液体。水是地球上最常见的物质之一，是包括人类在内所有生命生存的重要资源，也是生物体最重要的组成部分。水在生命演化中起到了重要的作用。人类很早就开始对水产生认识，东西方古代朴素的物质观中都把水视为一种基本的组成元素,水是中国古代五行之一;西方古代的四元素说中也有水。

（训练提示：主要是练习解说的方法。解说的方法有比较法、举例法、分析法、数字法、分类法等多种，这里解说水是什么样的物质，用了下定义、列举法等方法。表达准确，条理清楚，在解说训练中尤其重要。）

4. 评述

评述是对所见所闻进行分析研究，用有声语言发表自己的看法，它是演讲中最重要的表达技能。为了使听众心服口服，演讲者无论从正面或是从反面论述自己的主张和看法，观点必须正确鲜明，有现实意义；根据必须真实典型新颖生动；语气语调必须发自内心，情理交融，这样，才能达到说服、教育和鼓舞听众的目的。评与述往往结合在一起，述是手段，评是目的，演讲时不应重述轻评或以述代评，要述评相连，观点与材料统一，述有选择，评有针对，切忌东拉西扯，述评脱节。

示例一

我的友情观

我对友情的真正认识和感悟，是源于小时候曾经学过的一篇语文课文：《伟大的友谊》。文章描写了伟人马克思与恩格斯为了共同的理想、共同的事业，一同追求、一同奋斗的人生片断，刻画了他们崇高而真挚的友谊。由此，我开始思考，友情是怎样在人与人之间发生的，又是怎样维系和不断发展的。逐渐地，我意识到友情源于共同点——共同的性格、共同的爱好、共同的经历、共同的理想等，也许这就是所谓的"物以类聚，人以群分"吧。发现了共同点，于是有了人生的交汇点，从此这份情感就萌芽、茁壮成长起来！

这个共同点也许很小，也许很隐蔽，一旦人们找到它就会自然而然地拉近彼此心灵的距离。我们都有过或听到过这样的故事：陌生的人在陌生的城市，也许因为是老乡而倍感亲切，这是共同的土壤让友谊扎根；当过兵的人会因为那刻骨铭心的军旅生涯，仿佛一见如故，这是共同的经历让友谊萌生。

共同点越多、共同的话题越多，这份纯洁的友谊也会随之愈加深厚。共同点的获得是建立在交流和沟通的基础上的。如果没有信息的交流，没有情感的沟通，就不会摩擦出火花，那怎么会成为相伴相行的朋友呢？朋友之间是需要经常交换思想、传递心情的。它可以让彼此发现更多的共同之处，产生共鸣，像黏合剂一样，牢牢地维系着这份友情。

当然，寻找共同点并不是一味地"求同"，还应该"存异"。毕竟是不同的人，会有个性的想法和选择，不能为了维系友情而委屈自己和对方，那是换不来真正的快乐的，这样的友谊是留有遗憾的。而且，有了不同，才能给予彼此磨合的机会，这样的友谊会总是充满希望地走在前进的路上。

共同点也不是一成不变的，观念、喜好，诸如此类会随时间的推移而有所更改。而懂得珍惜的人，会通过交流不断地寻找新的或更多的相近细节，珍惜这难得的默契，让友谊细水长流。

（训练提示：评述的方法是"述"与"评"相结合，本段评述先从述开始，讲述对友情的认识，然后归纳概述自己的理解与看法。又列举出生活中人们熟悉的例子，如"老乡"、"军人"等，再来谈自己的看法，用极简约的语言把评说对象讲清楚。）

示例二

"我们今天是桃李芬芳,你们明天是社会的栋梁。"朋友们!中华民族的复兴和强盛需要你我用火热的生命去开创,时代赋予的振兴教育的重任需要你我用年轻的双肩负起!现在,新的生活之路已经开始,任重道远,愿你们勇敢地充满信心地开始你们的壮行!——在远方,有一个成功的美神在等待着你们!

(训练提示:这段评述词生动精彩,具有强烈的鼓动性。表达时要用铿锵的语调、一泻而下的语势,使听众的心灵受到感染和震撼。)

5. 抒情

情感是艺术的灵魂,也是演讲磁力的源泉。演讲者的抒情一定是真情实感的流动、跳跃和燃烧,一定要使听众闻其言,知其声,见其心,达到感情上的融洽,从而产生强烈的共鸣。庄子曰:"真者,精诚之至也,不精不诚,不能动人。故强哭者虽悲不哀,强怒者虽严不威。"只有真情实感,才能叩开听众的心扉,产生征服人心、震撼灵魂的演讲效应。

示例

亲爱的故乡母亲

面对你焦虑的面容,我怎能忘记您的养育之恩。为了您的白发早日恢复青春的光华,为了您疲倦的腰身重新变得挺拔,我要无怨无悔地走进您简陋的校园,登上那寂寞多时的讲台,教孩子们用书声、歌声装饰您的天空,让孩子们背着小书包的五彩身影花朵一样缀满您的田野,让您的脚步也像外面的世界一样早日踏出现代化的节奏——这是女儿应该的报答!

(训练提示:这段演讲词字里行间流淌着一个女儿对故乡教育事业的涓涓深情,演讲时语言一定要生活化,万不可拿腔拖调,给人一种朗诵的感觉。)

6. 综合训练

(1) 根据下面这则故事,先分析从哪些方面入手进行扩展复述,然后一人复述,其他同学评议。

为狼举行洗礼

在一个村庄里,人们决定为狼举行洗礼,要它改恶从善,不再咬死绵羊。狼勉勉强强地同意了,还以它的名誉担保,接受洗礼之后,绝不再吃羊了。

神父被请来了,开始念祷文。突然狼跳起身来,竖起耳朵,凝神细听。神父一愣,问它干什么。

狼回答说:"我听出来了,好像什么地方有绵羊在叫唤!"

(2) 四人一组,每组选择一个成语故事进行复述。第一人用顺序的方式讲述;第二人用倒叙的方式重讲一遍;第三人用第三人称讲述;第四人再把第三人称改成第一人称重讲一遍。四人讲完后请其他小组的同学轮流进行评议。

（3）找一幅画，边观察边进行描述。描述一个场面，如拔河比赛、下课了、热闹的菜场等，要求有动有静。以"假如我设计教室"为题进行想象描述。

（4）用举例法解说"信息高速公路"；用分析法解说"保温瓶为什么能够保温"；用比喻法解说本专业课程中的某一抽象的知识点。用数字法解说本校的规模。用分类法解说本校所设专业的特点。

（5）试为你的家乡或学校写一篇解说词，然后讲给同学听，并由同学评议。

（6）接力描述一个大家都看过的电影片断，比一比谁的语言流畅，内容准确，姿势得体。

（7）现场解说校内一次球赛，并把它录制下来，播放后进行评议。

（8）综合表达方式训练：命题演讲

示例一

如何面对失败

亲爱的老师、同学们：

大家好，今天我演讲的题目是"如何面对失败"。

任何一个成功者都会被人们看做是会做事的人，人们情不自禁地将羡慕的眼光投向他们。可是，你是否想到，几乎他们中的每一个人都经历过失败考验。

爱迪生为了研究，失败过无数次；居里夫人为了镭，遭受过许多挫折；袁隆平为了杂交水稻，经受了难以想象的打击。然而，他们挺过来了，他们微笑着面对，微笑着成功。

所以，如果一个人有着巨大的心理承受能力，他就有了成功的首要条件。

我们努力了，总是想拥抱成功。可是，如果失败了呢？

申雪、赵宏博，两个中国人的名字在爱好花样滑冰的美国都是家喻户晓的。然而，就在几年前，他们遭遇过惨败。那是一次世界级的比赛，在一次抛出转体四周的动作中，申雪重重地摔在了冰面上，金牌与他们擦肩而过。但是，他们并没气馁，微笑着接受了一切。终于，在2003年世界花样滑冰锦标赛上，他们成功了。在华盛顿体育馆中，全场观众起立，掌声为他们响起。

讲到这儿，我想起了唐代诗人杜牧的一首诗："胜败兵家事不期，包羞忍辱是男儿。江东弟子多才俊，卷土重来未可知。"

人生像一杯茶，不会苦一辈子。但，总得苦一阵子。

珍妮是个不幸的人，至少她认为是这样。因为，在两个月中，她经历了家庭的变故及父亲的去世。感恩节到了，虽然情绪十分低落，但她还是忍不住去了花店。在了解了她的遭遇后，花店老板向她推荐了"荆棘花"，这种花很特别，是玫瑰剪掉了花所剩下枝干。花店老板说："人不能乞求一帆风顺，苦难也是上帝送给你的财富，同样的，要感恩！"

微笑着面对失败，不要抱怨生活给予你太多磨难，不要抱怨学习给予你太多曲折。大海如果失去巨浪的翻滚就会失去雄浑，沙漠如果失去飞沙的狂舞就会失去壮观。人生如果只求两点一线一帆风顺，生命也就失去了存在的魅力。

同学们，其实再平的路上也会有几块石头。遭遇挫折是我们每个人成长历程必经的一站，既然我们无法逃避它，就让我们勇敢地面对它吧！

我的演讲完毕，谢谢大家！

示例二

微笑面对失败

亲爱的老师们，同学们：

大家好！

我今天演讲的题目是"微笑面对失败"。生活中，失败是常有的，它是一个考验，也是一个转折点，这个转折点好比是条岔道，这条岔道分出了两条路，而这两条路就需要我们去选择它。如果你选择灰心丧气，这条路将通向彻底的失败，我们应该选择另一条路——微笑面对，它使我们吸取教训，走上奋起拼搏之路。我很喜欢看一部动漫——游戏王，我想大家都会问：这部动漫很好看吗？不就是打几张牌吗？对，正是这样。可这其中的内容却深入人心，正是它教会了我如何面对失败，十代是决斗学校的普普通通的学生，他从小资质就没其他人高，平庸的资质让他在学习中注定要遭到更多的失败，以至于他在无数次失败中成长。可他并没有放弃，他以超越常人的毅力，不断的练习、再练习。在不断的尝试中，他终于成功了。在一次决斗中，他与号称天才决斗家的明日香相遇，这场看似一边倒的决斗，却有出乎预料的结果。自信满满的明日香早把这场决斗当作儿戏，而十代却把这次决斗当作神圣的一战，能和天才决斗家决斗，是多么兴奋的事啊！两人带着不同的心态来到了决斗场。被人们所看好的明日香却眉头紧锁，而早已被注定的失败者——十代，却是镇定自若，满脸笑容。那笑，就像是午后绚烂的阳光，温暖人心。决斗中的十代有如神助，而明日香在强大的十代面前，是那么的微不足道。整个比赛异常顺利，十代以压倒性的优势战胜了明日香。明日香输了，输得很彻底，她不知道自己为什么会输给一个"门外汉"。其实，她就是输在没有经历过失败，没有接受失败的能力。而十代却把每一次失败都当作一笔巨大的财富，累积失败带来的经验，享受失败带来的快乐，最终走向了胜利。十代从什么都不懂的"门外汉"，走向威风的决斗王者的路程是万分艰辛的，他做到了用微笑面对失败，他告诉我们：天才不一定是成功者，而敢于用微笑面对失败的人，一定是成功者！我的演讲完毕，谢谢大家！

示例三

我的选择

如果有人问我，再给你一次机会，还会选择消防吗？我会非常坚定地说，会！

一直以来我对消防部队的认识都源于我的父亲。对于这份特殊的行业，最初我有着许多的不理解，在我的记忆深处，它让我失去了许多与父亲相伴的时光。回忆童年只知道当我呱呱坠地、妈妈忍着剧痛躺在产房时，爸爸却不在我们的身边；只记得每次家长会爸爸的缺席让我小小的希望幻化为失望的泡影；甚至每当新年钟声敲响、合家团聚举杯庆祝时，奶奶总是将那冷掉的饺子热了又热，她那充满期盼的眼里却总也等不到爸爸的归来。其实我多么希望爸爸能常常陪在我们身边，可这希望永远只是希望，在爸爸心中的天平两端，职责与使命总是重于一切，看似平凡的他，眉宇之间总散发着与别人不同的坚毅与刚强。

入警以来，有许许多多的事情在我的身边不断地发生、不断地上演，我也经历了、成长了、收获了，这一切让我渐渐明白了"消防"这个词中所包含的庄严与神圣。

还记得，头顶骄阳烈日、挥汗如雨定军姿的日子，第一次坚持了40分钟，即使全身酸痛，但骄傲和自豪无以言表，懂得作为军人就要有军人的样子。还记得，第一次穿上印有消防二字的战斗服时是那样的兴奋与激动，仿佛自己成为了正义的化身，成为了救世的英雄。还记得，心理行为训练场上，我克服了恐惧与紧张，证明了自己，超越了自己，学会了作为消防警官应有的勇气。

还记得，杨丹、金春明、宋文博、郑忠华，他们用自己的青春年华书写了消防事业的新篇章，用自己的鲜活生命见证了当代消防人的壮志豪情，忠诚可靠、服务人民、竭诚奉献，这不仅仅是12个字，更是每个消防官兵每时每刻身体力行在实践的12字箴言。

记得刚刚到大队实习的时候，每每都被中队的出警铃声吓倒，看着一个个冲出去的消防战士，穿上战斗服，登上消防车，伴着警笛就这样又一次冲进了与火魔的搏斗中，又一次迈向未知的征程。一次亲临火场学习，刚刚达到现场，就看到消防战士将一名被困的老人背了出来，队长放下老人马上又投入到灭火的战斗中，只见老人静静地等在一旁，战斗结束后，中队长从火场走了出来，脱下安全帽，满脸上尽是疲惫与烟灰，老人冲上前去，颤抖的双手紧紧抓住队长，"谢谢，谢谢你孩子，多亏有你们，多亏有你们啊！""您客气了，这都是我们该做的"。回去的路上，队长轻轻说道："别看我们平时总说训练累出警苦，要是真闲着我们才受不了，毕竟人民的认可比什么都强！"虽然满脸的灰尘满身的汗水，但队长脸上的笑容却是那样的灿烂明媚，此刻我明白了作为消防官兵心中的价值与使命。

实习期间，我还感受到了作为消防警官的另一种风采，在服务"大跨越"的过程中，消防监督干部默默奉献，无怨无悔，展现了朴实无华的为民情怀。

我总看见，大队办公室里，前辈们埋头加班看图纸时的疲惫身影。我总看见，在节假日，同志们放弃休息，深入各类场所进行检查，不分昼夜、不知疲倦。我还看见，在一片狼藉的火灾现场，负责火调的参谋们，毫无怨言，认真寻找着火灾原因的蛛丝马迹……

记得第一次参加消防夜查。那次已经结束了一天的工作，准备休息的我突然接到了大队的电话。晚上8点多，我跟着大队其他同志开始奔波在辖区内的各大公共娱乐场所。疏散通道、消控室、消防设施……一层层巡查，一项项确认。一路下来，已经是深夜11点多了，汗水已经湿透了衣背的我，拖着疲惫的身体回到宿舍，这时我才体会到作为防火监督参谋的艰辛，虽然没有冲在灭火救援的一线，但同样默默守护着城市安宁的每一天。

不论是灭火救援一线，还是在防火监督岗位，这一个个最平凡普通的人，比明星还要闪耀。我最亲爱的战友们用质朴的行动默默诉说着消防人对党和人民的无限忠诚，他们用自己的热血之躯履行着全心全意为人民服务的神圣使命，他们用真诚的心抒写着消防人竭诚奉献的英雄赞歌。

刚刚在两肩镶上闪亮新星的我，已然退却了当年的青涩与稚嫩，成为了一名新时期的消防警官。不论是继承父辈的遗志，还是学习先辈们的光辉事迹，更是追逐自己的青春理想，我愿用自己的青春与热血为群众架起一道道生命的彩虹，在平凡的工作岗位上实现自己的绿色梦想。未来还很遥远，困难和挑战也会不断，但作为新时代的消防警官的我们，定能用无悔的青春抒写不愧于橄榄绿色的崭新篇章！

示例四

我的选择

人的一生总在不断的选择，而我面对人生的第一个转折点，选择了教师这一行业。古人云："一年之计，莫如树谷；十年之计，莫如树林；终身之计，莫如树人"，塑造灵魂这一神圣的使命是金钱所无法衡量的，我庆幸命运赐给了我这个职业，我也无悔自己的选择。

七年的工作经历，使我深深懂得，教育是爱的事业，教师的爱不同于一般的爱，她高于母爱、大于友爱、胜于情爱。不是吗？母爱容易出现溺爱，友爱需要回报，情爱是专一、自私的爱。而师爱是严与爱的结合，是理智的科学的爱，是积极主动的爱。这种爱是教育的桥梁，是教育的推动力，是后进生转变的催化剂；这种爱是"一切为了孩子，为了一切的孩子，为了孩子的一切"的博大无私的爱，它包含了崇高的使命感和责任感。一位哲人说过："教师的爱能使犯了错误的学生重新振作起来，教师的爱是用深情溶化学生心灵上久积而成的'坚冰'，教师的爱是打开学生心灵大门的密钥。"在我的工作生涯中，最大的事就是用爱滋润每一个孩子的心田。虽然有时也会因学生的调皮而埋怨，因他们的退步而急躁，因他们的违纪而失态，虽然有时也感到很累、很烦，但心中总会涌起一种强烈的责任感：我是老师，我要给这些寻梦的孩子引路，在他们心里写一本最美的书。这强烈的意识不断激励我以真诚去拥抱每一个孩子。与孩子朝夕相处，我始终想着两句话，那就是"假如我是孩子"、"假如是我的孩子"。这样的情感使我对孩子少了一份埋怨，多了一份宽容；少了一份苛求，多了一份理解；少了一份指责，多了一份尊重。俗话说：教师的活儿是良心的活儿，家长把天真烂漫、聪明伶俐的孩子交给我们培养，这是对我们的极大信任。我又怎么能不全身心地去爱他们呢？

"起始于辛劳，收结于平淡"，这是我们教育工作者的人生写照。我既然选择了这个职业，就会无怨无悔。曾经有人问我："当了这么多年的教师，你最欣慰的是什么？你又得到了什么？"我的回答是："孩子的健康成长，家长的信任支持。"我不是没有想过三尺之外的世界，然而，当清晨走进校园，面对一声声清脆的"老师早"；当走进圣洁的课堂，看到一双双渴求甘霖的双眸，一颗颗等待塑造的无邪的心灵；当课间跟孩子们泡在一起，看到一个个生龙活虎的身影，一张张天真烂漫的笑脸；当夜深人静，回想着孩子们的童言童语、回想着孩子带给我们的惊喜、回想着当自己生病时孩子关心的语言，我又是那么激动、那么满足，终而丢不下九月的承诺，离不开那笑靥的花朵。

"学高为师，身正为范"。今天，网络时代和知识经济的并驾齐驱为教育赋予了全新的内涵，"育人"已不能简单地理解为传授知识，而是要教在今天，想在明天，以明日建设者的素质要求做好今日的教育教学工作。虽然我不可能把学生步入社会后几十年的知识都传授给学生，但我可以培养他们扎实的自学能力、独立思考的能力、探求新知的欲望、动手实践的能力和创造的激情。虽然我不指望能培养出多少"牛顿"和"爱迪生"，但也绝不能让"牛顿"和"爱迪生"在我的手中埋没。正因如此，我愿以一个平凡教育工作者的诚挚，投身于教育改革的风尖浪头，与时俱进，改革创新，不断地丰富自我、完善自我、发展自我，赢得世人的尊敬、社会的肯定，努力实现我真诚的育人理想。

一个人的生命是有限的，而我的事业是常青的。我的生命在学生身上延续，我的价值在学生身上体现。我无悔于我的生命，更无悔于我的选择，在这三尺讲台上，阅历春秋，苦苦耕耘，用我的爱心、诚心、细心、耐心、操心去换取学生的开心，家长的放心，祖国的振兴！

最后就借用汪国真的一首诗，来结束我的演讲：

我不去想是否能够成功，
既然选择了远方，
便只顾风雨兼程。
我不去想身后会不会袭来寒风，
既然目标是地平线，
留给世界的只能是背影。
我只有挖掘自己灵魂深处的真诚，
把握瞬间的辉煌，
拥抱一片火热的激情，
装点生活的风景。

示例五

青春无悔

尊敬的各位老师、同学们，大家好！我今天演讲的题目是"青春无悔"。

什么叫成长，什么叫成熟？台湾作家刘墉是这样告诉他女儿的："成长和成熟是一步步由父母身边走向外面广大的世界，是由家里的小公主、学校的小才女，走入社会，融合在当中，成为社会大机器中的一个螺丝钉或齿轮。"

是啊，年轻的我们总是志存高远、追求卓越，却往往忽略了，其实，我们就是这个社会大机器中的一个小小的螺丝钉，正因为我们拥有了小小螺丝钉的梦想，我们的青春才充满活力，百折不挠，正因为我们拥有小小螺丝钉的梦想，我们才拥有了无悔的青春！

青春是小小螺丝钉的梦想，我的梦不再惊天动地。每个人都有自己的梦，而现实却往往与梦想背道而驰，平凡的生活，平凡的我，只能渐渐隐藏到幕后，支起耀眼星星的舞台。身为小人物，值得提得上青春无悔的事似乎太少了。我们总会发现，机遇并不偏袒自己，在学习上有人超过我，在生活上有人优于我，在活动上有人比过我，甚至常常，我并不比受机遇宠爱的人才能低，却只能作为舞台下那一颗螺丝钉，那就是小小螺丝钉的梦，即使我的青春时时落空，但我依然会坚守执著的梦。

青春是小小螺丝钉的渴望。艺术节的舞台上，同学们忘情的表演，而那些支撑舞台的道具却含着螺丝钉的渴望。我也曾想过登上那个舞台，我也曾熬夜忘情地设计可以演出的节目，而最终看着它一点点被遗忘到角落，那是一种在暗河里流淌的泪水。排练时我是跟着另一个编舞去看审批，她们的努力成了舞台上的辉煌。在另一端，节目被删除的站在台下的我，没有灯光，心底里的渴望却没隐去，是啊，青春里承载了多少小小螺丝钉的渴望啊！

青春是小小螺丝钉的力量。敞亮的舞台并不是我的天地，我积极走向幕后，支持着

> 班级的获奖节目，跑龙套、帮小忙成了必修课。有剧组少道具，我着急寻找；换衣彩排，我跟去拎包。那个上午，为了帮一个剧组找合适的服装，我长途奔波。看到剧组节目圆满，百般滋味涌上心头。走出失败的阴影，我发现世界如此美好，并不是所有的失落都意味着不再拥有，当我感叹面前夕阳西下的时候，总会发现朝阳正在我的背后升起。演出时，我坐在了台下和千千万万同学一样支持着舞台上每一个明星，我同样感受到了小小螺丝钉的力量！
>
> 至此我才明了，青春有泪，泪是青春的溶剂，青春在泪的溶解下而坚强！青春有汗，汗是青春的营养，青春因汗水的浸泡而饱满！只要有着对胜利的执著、对自己的自信以及坚持不懈努力，成熟前我这颗小小螺丝钉也可以流泪，但那泪的名字一定叫——青春无悔！

一般说来，叙述的表达方式要选准视角，清楚准确，张弛有度。只要求说出事态的基本过程和人物的基本经历，使听话者有一个基本的整体了解。它有三种形式，一是概括叙述，只对人物、事态做粗略的叙说，只着眼于全貌，省略局部细节。二是详细叙述，既把人物事态说清楚，又把某些局部细节说得真实具体真切。三是夹叙夹议，在叙述的过程中，同时表明叙说者对人物、事态的立场、观点、态度，边叙说边议论，这是一种事、理、情的高度结合。

描述的表达方式要求运用生动形象的语言，把人物事件再现出来，给听众一种如见其人、如闻其声、如临其境的逼真感。它有现场描述，即直接面对对象作的描述，边看边说，把所看到的人和事及场景直接转换成话语，迅捷直观。有回忆描述，这是对事过境迁的人或事所作的描述。有想象描述，这是凭借某种理念、某种情感、某种史料、某种提示，运用想象，使之成为具体的、形象的、鲜活的情景、画面。描述要处理好叙述与描述的关系，叙述着眼于整体，说出人物、事态的经历、来龙去脉；描述着眼于局部、细节。描述要注重细节还原。描述要有真情实感。

解说和评述着重摆事实讲道理，重在揭示事物的本质规律。由事说理，强调事、理、情高度结合，在说话或演讲的一瞬间，产生强烈的震撼力和穿透力。举例释理，针对在说理的过程中，有些观点、有些道理，在一瞬间不为听从所理解，常常采用举例的方式，来强化观点，加强说服力，达到深入浅出的目的。类比推理，即是打比方，利用事物与事物之间相似相通之处，使人从另外一个事物中领悟和理解其中的道理。对比显理，即是以对比的方式或者是正反对比、或者是同类对比，造成反差。这是口头说理，引发思维，显现道理的一种有效手段。至理警句，也是一种极好的说理技巧，但说理要注意"雅与俗、实与虚、理与趣的关系"，不能过火。

抒情的表达方式，讲的是说话或演讲都要注意抒发感情。情是心理感受的反映，是无形的只可意会难以言传的技巧。抒情就是要把这种无形的难以言传的心理感受与反映真实准确、生动细腻及时地传导出来。可以态势传情，通过动作、表情等态势语言表达出说话的态度和心情。可以声音传情，通过说话的声声、语气、语调、节奏等真实地传导出说话或演讲者的情感。情感是无形的，也是变化莫测的，很难用言辞说出来，尤其是多种情感交互，就更难说。然而人们在说话或演讲中总能用言辞恰当地说出来，通常使用态势、言辞、声音等抒情方式，三者交互使用，由此而构成事、理、情和谐统一的整体。

项目辅导　演讲稿的记忆

要具备好口才，除了思维敏捷、灵活之外，还必须做好充分的准备工作，而充分准备主要是指对说话内容的熟悉，这就不可避免地涉及记忆，不仅要记忆讲话的素材、语言，还要记忆你精心设计的讲话结构。只有从内容到形式都记熟了，才能有条不紊、脉络分明地表达出来。可见，熟悉和背记讲稿在演讲者的演讲思维乃至整个演讲心理活动中占据突出地位，这是演讲活动取得成功的必不可少的条件。可以这样说：不熟记，无以演讲。要脱稿演讲，使口语表达收到最佳效果，必须对讲稿反复熟记、反复演练。其主要技巧如下。

（1）诵读法。记忆讲稿时，一遍一遍地念，大声朗读，直至倒背如流，烂熟于胸。人们接受外界信息时，由于接收的感觉器官不同，记忆的保持率也不同。专家试验证明：在接受知识时，如果用眼耳结合的"视听法"，三小时后能保持85%；三日后可保持65%。可见，诵读法能明显提高记忆力。记忆讲稿时，一遍一遍地高声朗读，不仅能增进记忆，也是一种演讲的"彩排"。通过这种方法，演讲者锻炼了口才，也能体会到演讲的临场效果。

（2）纲目法。所谓纲目法，就是指抓住讲稿的大体内容，只记住"骨架"的方法。比如在记忆议论型讲稿时，可以从内容和结构方面，按照提出了什么问题、采取了哪些分析的方法、提出哪些解决问题的办法和思路，提纲挈领地记忆。又如在记忆叙事型讲稿时，一般都不离开事件发生的时间、地点、原因、结果、个人知识等要素，记忆时，只要提纲挈领地抓住这几个要素，就能快速、高效地记忆讲稿内容。发表长篇讲话，可从主题和结构入手，列出讲稿纲目，即首先抓住主题，然后围绕主题，列出有逻辑联系的内容纲目，并用简明扼要的语言按顺序标出来，使之一目了然，以便进行提纲挈领的记忆。

（3）默念法。一般人的记忆特点，都是形象记忆能力强。默念时人的注意力集中，大脑思维活动活跃，眼、手、口（默念）等多方密切配合，记忆内容就能很好地巩固。在演讲记忆实践中，采用默念法的主要方式是边念边记。

（4）机械记忆法。事物缺乏内在联系，靠简单重复强行记忆的方法叫机械记忆法。在一般情况下，记忆人名、地名、书名、日期、电话号码、门牌号码、数学公式等都是运用此法。在机械记忆中，也可以自创一些办法，借以提高记忆的效果，如对照法、顺序法、抓特点法等。还可以运用谐音、押韵、会意等方法，缩小记忆对象的信息量，灵活巧妙地进行记忆。

（5）口诀法。把本身联系很少的材料，根据其内容要点，编成整齐对称、偶句押韵、朗朗上口、便于记忆的语句，使之富于趣味性。这种记忆方法称为口诀记忆法。口诀记忆法应用广泛，如许多农谚、节气谚语、珠算口诀、九九乘法表等，都是采用此法，使人们能快速、方便地记忆，又不易忘记。

（6）重复法。遗忘使记忆痕迹不断淡漠或消失，采用重复记忆法，可以加深大脑皮层的痕迹。复习不仅有修补、巩固记忆的作用，还可以深化对知识的理解。通过重复能逐渐达到知识的条理化、系统化。

（7）形象法。也称为"图画法"，即用图画的方式启发记忆。根据心理学研究，具体的形象具有熟悉性、情感性，容易引起注意和联想，同时也不易忘记。

（8）联想是记忆不可缺少的因素，也是一个重要的记忆方法。联想法最适合用来记住"卡壳"的地方。其方法是：在练习和试讲时，把经常"卡壳"的地方作上标记，然后采用联想法。

总之，记忆的方法很多，要提高口语表达能力，就要不断加强增强记忆力的训练。要记熟讲稿，以下步骤可供参考。

（1）听审。将讲稿认真讲一遍并录音，复听时检查有无疏漏，有无不妥之处，估计一下这么讲能不能出效果，包括语音是否和谐、语言的分寸感是否恰当等。听审的重要性在于，构思讲稿时流动于脑子的思路、思维的语言被写在纸上时，经常会出现变异，诉诸听觉做审视性检查，可以做修改，也可加深印象，便于记忆。

（2）分记。千万不要强记、死记，将稿子"背"进头脑里去。用死记硬背的方法准备，上台后你会因怕忘记而更加紧张，面对观众，因为要想词，你的眼睛会失去光彩。所谓分记，就是分段大声朗读，读一段，然后用自己的话讲一遍，讲时录音并复听，然后再读、再录音、复听。如此循环往复，一段一段地进行，使演讲内容包括引文语句印入自己的脑子里，并带入自己自如性的语流之中。

（3）尝试。先将各段串起来，自言自语地说一遍，然后独立进行试讲。这时大镜子和录音机是最好的"批评者"，演讲者将自己的语言和态势不断作校正。试讲范围要逐步扩大，可在家人、友人、同学中讲，听取意见再作修改。最后穿上演讲上台时的服装，想象面前有许多听众，再大声地试讲几遍。

（4）临场。可以先做一些记忆信号的定格工作，即将演讲各段开头写明，以备急需。上场前再听一遍自己的演讲录音。如能提前半小时到现场，在无人的现场大声地说一段或说一遍，则更好。

自信，是演讲取得成功的一种心理优势，也是增强演讲记忆力的一种重要的心理素质。一位演讲者，倘若在还未登台之前就对自己的记忆力丧失信心，担心记不住卡壳怎么办，那么一上台必然会紧张，甚至怯场。这样一来，原本记住的演讲内容就会忘到九霄云外去了。相反，对自己充满信心的人，即使初次参加演讲，也会尽快稳定情绪，排除消极的心理干扰，在记忆力正常发挥作用的情况下顺利进行演讲，并取得良好的效果。

实际行动　怯场心理的克服

有过公众演讲经历的人都知道，很少有人能心情平静信心十足地登上演讲台。大多数人在公众面前做重要的事情之前都会有焦虑的倾向，如演员表演前紧张、音乐家演奏前紧张、运动员在重大比赛前也会紧张，有调查显示76%的演讲者上台前都会怯场。怯场的症状包括：心跳加速、手发抖、掌心出汗、坐立不安等。几乎每个演讲者都曾有过这些症状，大多数人都会心中忐忑不安，一遍一遍反复问自己：我是否已准备充分？听众会喜欢听吗？我会不会一上台便把演讲的内容忘得一干二净？造成怯场心理的原因多种多样，也因人而异。但下面几点原因却带有极大的普遍性。

（1）评价忧虑。这是造成怯场心理的最主要的因素。现代心理学认为，在任何存在评价的场合，人们一般很难发挥自己原有的水平。大多数人对自己在初次约会中的表现不十分满意。在演讲中，由于评价是单向的，也就是说听众在"裁判"演讲人，所以演讲者的忧虑更多，心理负担更重。

（2）听众的地位。如果我们面对的听众比我们的地位高，或者我们认为比我们重要，我们讲话时便感到特别紧张。求职者在评估小组面前的表现往往很不自然，这一方面是因为评价忧虑，另一方面也无疑是因为评估小组"大权在握"。

（3）听众人数。一般人都愿意在"小范围"内讲话。如果听众人数很多，演讲者便会倍加谨慎。因为他们觉得一旦出错或表现不佳，"那么多人"一下子都知道了。过分的小心谨慎加大了怯场的可能性和程度。

（4）对听众的熟悉程度。大多数人在"熟人"面前讲话比较自然。面对陌生的听众我们之所以紧张是因为我们对他们几乎一无所知，而他们在几十分钟甚至十几分钟内便会对我们作出评价。

（5）听众的观点。如果你知道听众或大多数听众所持观点和你的观点一致，那你便会信心十足。反之，你便会有很多担心。

（6）准备是否充分。若演讲者自己心里觉得自己对演讲准备得不充分，觉得有"出丑"的可能，那他的自我保护意识很可能使他更加紧张。

事实上，演讲者的怯场情绪主要来自于对未知的恐惧。你对演讲了解得越多，这种恐惧的威胁力也就越小。即使你在参加某场大赛之前没有什么演讲经验，也会在经历首轮比赛之后逐渐增加信心。固然，通往自信的道路有时还是崎岖不平的。学习如何演讲与学习任何其他的技巧相似——都是在不断的尝试和失误中逐渐长进的。你积累的经验越多，对演讲的恐惧感也就逐渐消退，直到最后你的恐惧感会被演讲前一种健康的紧张感所代替。以下一些消除怯场的经验与方法可供实际行动时作为借鉴。

（1）做好周密准备，以免心中无数。就像演员需要反复排练一个角色直到满意为止，你演讲的信心也会随着你所做准备的充分性而提升。事实上，一位演讲顾问曾评估说，充分的备战可以消除75%的怯场感。试想，比赛到来的时候，你有一个很好的已备演讲题目，并已把它研究得非常透彻；经过反反复复的撰写和修改，你的讲稿如今已像一颗精心打磨的宝石一样光彩熠熠；你已经练习过太多遍，可以流利、充满感情地表达出来，并且伴有很好的眼神交流；在这种情况下，你又怎能不对自己的成功充满信心呢？为你的演讲做好充分的准备，是克服怯场取得成功的重要保障。

（2）保持积极的心态，增强自信心。当你坚信自己能做成某事，你通常就会成功。从另一个角度讲，如果你总是预测注定的失败和灾难，你几乎永远会得到这样的结果。对于演讲来说这尤其是事实。那些否定自己的演讲者比那些肯定自己的演讲者更容易被怯场情绪所击败。下面一些方法可以帮助你在准备演讲的过程中将消极思想积极化。

消极的思想：我并非一个伟大的演说家。积极的思想：人无完人，我的演讲水平在一次次的演讲中不断提高。消极的思想：我一演讲就紧张。积极的思想：谁都会紧张，如果别人能应付自如，那我也能。消极的思想：没有人关心我说什么。积极的思想：我有一个很好的话题而且准备充分，他们当然会感兴趣。将消极的思想转化为积极的思想虽不能彻底赶走紧张情绪，但却可以帮助你控制紧张情绪，使你集中注意力来表达你的思想观点，而非担心自己的恐惧感和焦虑感。

（3）利用视觉化的力量在脑海中想象你成功演讲的画面：视觉化是运动员、音乐家、演员以及演讲者们都在使用的、在压力下提高表现水平的有效方法。视觉化的关键是在脑海中创造一个自己成功演讲的生动形象。想象你站在礼堂里即将演讲，看到自己镇定、自信地站在讲台之后注视着观众，用坚定、清晰的声音开始你的演讲。观众逐渐被你演讲的内容深深吸引，而你的自信也随之提升。演讲结束的时刻到来了，你自认已将最佳表现呈现给观众，想象此时此刻你的心中充满了成就感。当你在头脑中想象这些情景的同时，也不能脱离现实，但要将注意力集中于你演讲中表现出色的方面，保证它们不被想象中失败的景象所侵蚀。如果演讲中的某一部分让你觉得困难，就想象自己没有任何磕绊，流利、顺畅地完成这一部分的演讲。你脑海中的画面越是清晰，你就越容易取得成功。就像你需要一遍遍实际操练你的演讲一样，这种脑海里的演练也要在发表演讲之前的几天多加反复。虽然，这并不能保证一切按你预想中的情景发生，但和其他克服怯场的方法一起使用，的确可以帮你有效地控制紧张情绪，成功发表演讲。

（4）掩饰紧张情绪，尽力表现平静。谨记你内心所感受到的大部分紧张情绪是很难被他人察觉的。"你的神经系统可能带给你身体极大的冲击力，"一位经验丰富的演讲者说，"但观众只能看到很微弱的一些表象。"即使你掌心冒汗，心跳加快，你的听众也恐怕也很难意识到你有多么紧张，尤其当你尽力保持镇定和自信的时候。大多时候，当参赛学生袒露自己演讲感受时，都会说："我太紧张了，我以为自己快要死了。"这样的描述使观众惊讶不已。在他们眼里，那位选手看起来异常冷静、自信。了解这些会有助于你更加镇静、自信地面对观众。因此，不管你内心多么紧张，都要尽力做出十分自信从容的样子。由于人们在紧张时都会出现一些习惯性的小动作，所以演讲者要借助良好的态势语言等手段掩饰自己内心的紧张。如果你在紧张时常会用手指摸脸或者擦鼻子、抓嘴唇，你可以把手摆成"塔形"放在自己的前面，或者放在讲台上；如果紧张时你会不时地踱步，那么在你靠近听众时请停一会儿，再接着往别的地方走；如果紧张时你会不停地想喝水，你就不要带大罐的水，用玻璃杯装少量的水，以减少饮用的次数；如果你的手到时会不停地颤抖，你就把稿子写在卡片上而不是在一页页稿纸上，因为卡面较重，可以掩饰手的颤抖。

（5）调节心绪，放松自己。演讲前要有意识地做一些调节心绪、放松自己的工作，保持轻松的精神和生理状态。在等待上场的时候，静静地拉紧、放松你的手或腿部肌肉，这会帮你释放多余的肾上腺素，减缓紧张感。演讲前慢慢深吸几口气，深吸气可以帮你打破紧张周期，使你紧张的神经平静下来。着重准备你演讲的引言部分。研究表明，演讲的时候随身携带一件你熟悉的物品，可以让人感到舒服并能减轻紧张心理，当演讲开始三十秒后，演讲者的紧张情绪会得到大幅度的缓解。一旦你完成引言部分，会发现剩下的航程更加一帆风顺。演讲开始后要将注意力集中在与观众思想的交流而非对自己紧张情绪的担心上。倘若你完全沉浸于演讲之中，你的观众也会如此。

（6）专注演讲目标，不要追求完美。过高的期望值、过强烈的成功欲都会让演讲者患得患失，增大心理压力，导致怯场。很多演讲者往往因此对自己吹毛求疵，出现一点点失误或听众有些不耐烦就慌乱不已，认为演讲已经失败，甚至决定放弃而中途退场。事实上，听众是准备与你进行交流的朋友而不是苛刻的欣赏者或裁判，听众并没有用完美的尺度来衡量你，他们最大的希望是你能够把思想准确、清晰地表达出来，出现一些小的失误并不会影响他们对你的评价，很多时候听众甚至都不能发现你的错误，比如说你遗漏了一节、背错了稿子等。因此，你只要专注你的演讲目标，不要担心犯错误，更完全没有必要因为说错一句话或做了一个不当的手势就沮丧。放下追求尽善尽美的心理负担，信心百倍地走上讲台就会容易得多。

分享与交流 构筑成功演讲的艺术真谛

有些人认为，一次成功的演讲主要在于演讲的技巧，事实不然。学演讲应从骨子里学，临场发挥才会心有灵犀、左右逢源，如万斛之泉，激情的源流一倾而出，语言表达才会流利顺畅。一般说来，演讲作为一个交流活动的整体，由以下基本要素构成。

1. 演讲者的主体要素

演讲者的主体要素即对演讲者的一般要求。

（1）身体健康，思维正常，没有演讲所忌的生理缺陷。

（2）思想先进，品德高尚，在群众中有好感有威信。

（3）有一定的认识能力和学识修养。

（4）有掌握听众适应对象的能力。

（5）有良好的仪表风采，端庄诚恳的态度。

（6）有良好的生理物质基础（嗓子、道具）。

演讲者是演讲活动的中心，是演讲内容和形式的发生者和体现者。演讲者个人的可信度、态度、知识、表达能力、准备等都对演讲活动的成败起决定作用。

2. 演讲者的客体要素

（1）听众。包括愿意听的、不愿意听的、守中立要听不听的。听众是接受演讲信息的人，演讲是以听众为中心的活动，演讲者总是抱着某一影响听众的特定的目的进行演讲。因此，听众不仅是演讲内容的接受者，也是演讲活动的参与者，更是演讲水平的最终评判者。听众决定了演讲目的是否能够实现以及实现的程度，演讲者必须认真调整自己的演讲信息，使其适合听众的经验、兴趣、知识和价值观。

（2）环境。要求庄重典雅艺术化、整洁卫生令人悦目。环境同样影响着演讲者对演讲内容的组织，如演讲是在户外进行还是室内进行、是对一群人还是对少数几个人、时间是白天还是黑夜、排序如何等都会对演讲内容、演讲效果产生一定影响。

3. 演讲的内容要素

（1）演讲要有深刻的思想和独到的见解。

（2）演讲要有真实的思想感情。

（3）演讲的表达要有鲜明的记叙、生动的隐喻、幽默的描写等。

（4）演讲要有时代性、独创性、深刻性、真理性。

（5）演讲要有生动典型的事例。

演讲内容是实现演讲目的的载体，是演讲者所传达的思想感情、知识信息。演讲就是要将你想传达出去的内容（即说什么）通过一定的表达形式（即如何说）交流出去。

4. 演讲的形式要素

（1）有声语言形式：包括普通话、音质、语调、语速、停顿等，是演讲活动最主要的一种表达手段。它以流动的声音运载思想情感，直接诉诸听众的听觉器官，产生效应。演讲对有声语言的要求是：吐字清楚、准确；声音清亮、圆润、甜美；语气、语调、声音、节奏富有变化；要注意形式美和内容美。演讲的有声语言还具有时间艺术的某些特点，是听众听觉的接受对象和欣赏对象。

（2）态势语言形式：包括站姿、眼神、手势、表情等。它是流动的形体动作，辅助有声语言运载思想和感情，诉诸听众的视觉器官产生效应。态势语言是流动的，因此它存在于一瞬间，转眼即逝，这就要求它准确、鲜明、自然、协调和优美，要有表现力和说服力。这样才能使听众感受形式美的"表演"，从而在心理上引起美感，并得到启示。它具有空间艺术的某些特点，是听众理想的接受对象和欣赏对象。然而，态势语言虽然加强着有声语言的感染力和表现力，弥补着有声语言的不足，但如果离开了有声语言，它就没有直接地、独立地表达思想感情的意义。

在把握这些演讲要素的同时，还必须了解演讲艺术的特点。从古至今、由中到外，无数著名的演讲家的演讲艺术虽然各显风采，但是它们有着共同的本质的艺术真谛。

（1）演讲目的的真理性。人们登台演讲都受制于一定的动机，诱发于一定的目的。但是，不同的人从不同的立场、角度出发，就会有不同演讲目的。真正成功的演讲，其目的在于讴歌真理，在于激发人们去追求真、善、美，即富有真理性。一篇好的演讲辞，在于它的认识的价值——教人求真；在于它的道德价值——教人求善；在于它的艺术价值——教人求美。所以成功演讲的目的，就是要追求真、善、美，鞭笞假、恶、丑，演讲只有为真理而演讲，为呼唤真理而演讲，才有真正的生命力，才会经得起时间与历史的考验，才会有利于社会的进步、事业的发展。一切违背真理的"咆哮"，终将被真理所抛弃，最终以不得人心而告终。

（2）演讲观点的共鸣性。任何演讲都离不开谈观点、讲理论，但这不能盲目进行，在注意观点正确的同时，必须高度重视听众的可接受性。只有听众接受、形成共鸣，才能取得演讲的成功。所以演讲者阐述观点必须考虑听众所处的时代、场合，必须根据不同的对象、不同层次的听众选择不同的观点和语言表达方式，最终实现演讲者与听众心理相容、观点和鸣。成功的演讲要求把句句话说到听众的心坎上，或让听众点头称是，或让听众激动不已，甚至让听众无法控制自己而爆发出阵阵笑声和掌声，这就使演讲者与听众融为一体，形成共鸣。这种共鸣源于演讲者善于抓住听众的所思、所想、所言的困惑，并且能加以突破。成功的演讲注重演讲选题，使之具有时代性；注重观点选择，使之符合科学、符合实际、符合听众且富有新意。老生旧说不行，不顾对象瞎说不行，不分场合乱说不行。相反，要老生新论、因人而说、因地而讲、因事而谈，实现演讲者所言、所语、所感、所悟、所举、所动与听众达成最佳的交流，形成最强烈的共鸣。

（3）演讲思维的哲理性。成功的演讲都能给人留下难忘的言语、深邃的思考以及人生美好的启迪。这种外在的成功离不开内在的工夫，即演讲者哲理性的思维。演讲者无论对本人或他人的经历、事迹、教训、感想，还是对事物、事件的评价、感受，都应进行缜密的思维、提炼，使之具有哲理性。虽然听众不可能记下演讲者的句句话语，但经过演讲者千锤百炼而成的哲理性语言，能打动听众的心，能给听众无穷的思考和深远的启示。

（4）演讲形象的人格性。不论是谈论自己，还是抒发他人、他物，演讲者都要有形象的塑造，这个形象是以"人格化"为基调的。演讲者人格形象的树立，事实上就是形成演讲者的人格魅力与磁性。演讲者有了这种魅力与磁性，就为演讲成功营造先入为主的意境。演讲者的人格不在于美丽的外貌和华贵的装饰，而在于具有坚定信念、优良品行、刚毅果敢、一身正气、热爱祖国、忠于人民、无私奉献、光明磊落、实事求是、坚持真理以及充满活力、蓬勃向上的品格。这种品格也是演讲的一种无声语言，它会自然吸引人，产生感染力。

（5）演讲语言的多样性。演讲者与听众的信息交流是通过演讲语言来实现的。离开了语言，演讲就不复存在。演讲语言是个丰富多彩的王国。既有意美以感心的内部语言，又有音美以感耳的口头语言；既有形美以感目的态势语言，也有物美以感人的道具语言；既有诗词的熟练背诵，又有名言警句的灵活运用；既有抑扬顿挫，又有轻重缓急；既有高昂的语调，又有低沉的声音；既有严肃的格调，又有诙谐的幽默等。成功的演讲正是能够适时、适度、适情、适意、灵活自如地综合运用这些语言。综合运用多样性语言，就是让听众接受多方的语言刺激，从而调动听众"听"的积极性，强化演讲主题，给听众留下深刻印记，为演讲成果服务。用贫乏枯燥的语言、用单一乏味的言辞演讲是很难获得成功的。

（6）演讲选例的典型性。演讲离不开举例，举例的目的是为佐证或导论。但是，选择何种事例、选多少事例必须依据演讲主题、观点的需要而定。不可多选,也不可少选。多选常常给人以事例堆砌、讲解故事之感;没有事例则又给人缺乏说服力之感。成功的演讲选例要具有"典型性"。一方面,选用的事例必须同阐述的观点紧密相连,必须能说明问题,不能说明问题的事例绝不可牵强附会,否则会适得其反。另一方面,引用的事例必须具有代表性、时代性,偶发的事例不能作为本质认识的依据。因此,选例的典型性就在于"精"、"实"、"新",同时所选之例应能感动人、吸引人、折服人。

(7)演讲神形的情感性。演讲贵在打动人心,而要打动人心离不开演讲者情感的注入。无论在演讲的开始、过程,还是推向高潮乃至结束,演讲者的神形都应随着演讲情节的变化而变化,富有情感性。可以说,成功的演讲者都是情感丰富者,这种情感来自演讲者的内心,表现出爱憎分明、喜怒分辨、苦乐无界。没有演讲者的情感投入,就不会有听众的情感付出。没有演讲者的情感变化,也就难以激起听众的层层情感波澜。

(8)演讲效果的鼓动性。说服和鼓动是演讲最为重要的特征,也是演讲的根本目的。演讲者态度鲜明,或褒或贬,或赞扬或批评,泾渭分明,毫不含糊。演讲者的演讲不仅要切合听众的需要,还要给人启迪,给人激励。通过演讲实现激发人的正确动机,引发人的良性行为。所以演讲者在演讲时总是饱含炽烈的情感,他要以自己的心声去呼唤听众的心声,以自己的感情火花去点燃听众的感情火花,激发听众对现实的关注与思考。同时因为演讲是演讲者与听众面对面的交流,演讲的直观性也加强了现场效果的鼓动效果。古往今来,成功的演讲无不是催人奋进的进行曲。

总之,精彩的演讲既有相声般的幽默、诗歌般的激情、戏剧般的表演、报告般的条理、谈话般的亲切、论辩般的反驳魅力,又有优美的态势动作,是有声语言的综合艺术。把握演讲艺术的主要特征和艺术性所在,对学习演讲、把握成功演讲的艺术真谛很有帮助。

布置作业　即兴演讲综合训练

1. 采用四人一组淘汰赛的比赛方式,进行"一分钟竞聘感言"即兴演讲比赛。要求能即时即景地表现出所见、所闻、所感。时间不得少于一分钟。

2. 每小组竞赛获胜者进入下一轮即兴演讲综合训练比赛。

附　表

命题演讲项目考核评分表

班级_____ 姓名_____ 学号_____
考核时间:_____
项目名称:_____
项目评分:

评判内容		评分标准(每一项评分以行为表现为准,不合要求者均扣一分,扣完为止)	扣分	备注
个人形象语言(20分)	举止仪表(4分)	着装打扮、举止礼仪、上场下场、进退得体		
	声音响亮(4分)	大声清楚、说普通话、表达准确、语气自然		
	自然大方(4分)	不做作、不退缩、没有话头、没有多余的小动作		
	自信平和(4分)	不胆怯、不自负、正视听众、表情自然		
	积极进取(4分)	精神乐观、态度主动、表现积极、风格自然		

续表

评判内容		评分标准（每一项评分以行为表现为准，不合要求者均扣一分，扣完为止）	扣分	备注
有声语言（30分）	语音面貌（5分）	音质自然、吐字清晰、气息均匀、共鸣效果好		
	语调处理（5分）	正确把握作品、有感情、有语调变化、变化自然		
	语速节奏（5分）	轻、重、缓、急、抑、扬、顿、挫，自然流畅		
	说普通话（5分）	字音准确、语法规范、连贯流利、一气呵成		
	表现主题（5分）	针对性强、目的性强、鼓动性强、艺术性强		
	综合效果（5分）	好，不扣分；中，扣1分；差，扣3分；极差：扣5分		
态势语言（20分）	眼神（4分）	正视听众、反应灵敏、交流自然、不生硬做作		
	表情（4分）	和颜悦色、眉目传情、表情协调、配合内容		
	姿态（4分）	稳定优美、舒适自然、有动有静、与内容相符		
	手势（4分）	能够表情、能够达意、自然大方、光彩照人		
	控场（4分）	与听众有交流、不冷场、不出现噪声、不骚动		
思维能力（10分）		内容有针对性、表达有条理性、修辞有艺术性、处理有时间性与临场性、结构有完整性、语言应用有丰富性、作品连贯有顺畅性		
应变能力（10分）		反应敏捷、不冷场、了解听众、能处理突发事件、能应对特殊问题		
风格修养（10分）		勇敢自信、简洁精练、明快大方、生动形象、幽默风趣、有良好的气质风度		
综合得分				

项目三 即兴演讲

[教学目标]

通过本项目训练，培养学生因时因地、因人因事地凭借自己的知识阅历、自信和睿智即兴驾驭演讲内容的能力。使学生能准确地抓住表达题，能快速地构架语言材料框架，能准确地表现出自己的思想感情，表现出良好的自信素质和临危不惧的勇敢态度。

[能力目标]

"会说，并说得精彩"。

1. 能准确地抓住表达主题，快速地构架语言材料框架，准确且有针对性地完成一分钟即兴演讲。要求表达自然流畅，态度自然大方，临场气氛有影响力。

2. 能够扣题而讲，内容新颖，重点突出，构思迅捷巧妙，语言简练生动，材料鲜活典型，条理清楚自然，表达情理并茂，一气呵成。

3. 能够展示较好的快速应变能力与大胆自信、临危不惧的良好公众形象。

[知识目标]

1. 了解即兴演讲的特点、基本要求及其语言特色。
2. 掌握即兴演讲在准备、开场、出错补救等方面的基本技巧。
3. 了解即兴演讲的经典成功案例,从中汲取一些关键性的技巧经验,丰富即兴演讲的理论与实践。

[素质目标]

1. 拥有一颗平常心,表现出临危不惧、从容不迫、自然得体、落落大方的气质风度。
2. 拥有热情、积极、自信、勇敢、平静和谨慎的良好心态与个性特质。
3. 拥有与人交流的亲和力与感染力。

项目描述 即兴演讲综合训练

1. 即兴演讲强调"即兴",指事先无充足时间准备而进行的演讲。本项目综合训练突出"即兴性"、"临场性"。实际演练题目由每位演讲者临时抽签决定。小组项目练习以"竞聘演说"为训练项目,采用四人一组淘汰赛的比赛方式,进行"一分钟竞聘感言"即兴演讲比赛,要求演讲时间不得少于一分钟,演讲者能即时即景地表达出现场竞聘的所见、所闻、所思、所感。每小组竞赛获胜者进入下一轮即兴演讲综合训练比赛。

2. 综合训练比赛采用"命题测试"即兴演讲比赛方式。参赛选手从教师准备好的即兴演讲题目中任意抽取题目,作一分钟命题式即兴演讲。因题目临时抽签抽到,演讲者来不及深思熟虑、字斟句酌,所以这就需要考验演讲者敏锐的观察力、丰富的知识储备、良好的综合概括分析能力和思想观点的快速组合能力。演讲者要具备随时随地准备演讲的心理状态。

3. 即兴演讲综合训练比赛采用当场亮分与赛后现场综合点评的形式。教师和学生代表组成评判团按照演讲综合测试评分表现场打分,列出参赛选手比赛成绩排名。由教师指定一名同学担任比赛主持,按比赛规则组织比赛程序,当场报分,安排评委代表现场点评,公布比赛成绩。

项目准备 如何应对即兴演讲

随着人们交际范围的日益扩大和演讲水平的不断提高,即兴演讲已经广泛应用于公务活动、人际交往及日常生活中。作为学习演讲提升口语表达能力与水平的必然途径之一,本项目将介绍口语表达的高级形式——即兴演讲的基本特点与技巧。

即兴演讲是一种事先无充分准备,而在特定的场景和主题的诱发下或由他人提议而临时决定的演讲,是演讲者在毫无准备情况下临场构思起来的"讲几句话",人称"脱口而出的艺术"。在纷繁复杂的日常交际活动中,如集会、讨论、访问、会谈、参观、致贺、作吊等,都要用到它。即兴演讲有两种情况:一是演讲者身临其境,有所见,有所感,有所想,产生强烈的兴致而做的演讲,这是主动的即兴演讲。二是演讲者受邀请,遭"袭击"而被迫发表的演讲,这是被动的即兴演讲。

较之一般的演讲,即兴演讲有其特殊性,主要表现为以下四个方面。

(1)话题明确,针对性强。即兴演讲一般着眼于眼前的情况有感而发,这就使话题的内容在一定的范围内显示其鲜明的针对性,所以所选讲的内容比较集中,议论求准、求精。

（2）态度明朗，直陈己见。即兴讲话是在有限的时间内对现实话题所作的快速反应，所以一般是直截了当地表明自己的看法，很少山高水远绕弯子。

（3）有感染力，有说服力。即兴演讲重临场发挥，要求讲到点子上，以内容的深刻精辟和无懈可击的逻辑力量令人信服，要求贴近生活实际，以饱满的热情感染听众。

（4）短小精悍，生动活泼。即兴演讲以简明扼要而显其力度，并以亲切生动的表述给听众留下深刻印象。它要求言之有物，信息密度大，应体现思想性、知识性、趣味性的统一，从而显示出一种"磁性"。

即兴演讲要取得成功，关键在于运用语言思考的能力，要在头脑中进行快速构思，其基本要求体现在以下几个方面。

（1）要有明确的目的。由于场合、气氛、主题各不相同，当演讲者站起来说话时，要紧扣主题，并尽可能与场上的气氛相一致。在喜庆的场合，要有喜庆的气氛，不说丧气话。在庄严的场合，要有庄重严肃的气氛，不说玩笑话。一定要围绕主题，有一说一，有二说二，切忌东拉西扯，摸不着头脑。

（2）要有敏捷的思维。准备要讲的内容应迅速筛选，挑选与之有关的材料来讲，其他的内容要"忍痛割爱"。对在场听众的反应也不可等闲视之，即便在讲的过程中也要通过"察言观色"体察听众的反应和场上的气氛，并对要讲的内容、语气、节奏等做出相应的调整。

（3）要快速组合材料。在中心和材料确定后，先讲什么，后讲什么，要做到心中有数。一边讲，一边用语言去充实，使之条理清楚，内容充实。一般说来，是先有思维，后有语言，二者之间有那么一点点间隙，反应迅速就能心到口到，一气呵成。

（4）要讲出有见地的内容。即兴讲话要求讲话人反应迅速，不论是主动演讲还是被动应付，都能就地随时产生出思想，找到话题、资料和语言，并有机地组合起来，在口头上如声应响地表达出来，所以即兴演讲的演讲者注意力要高度集中，其睿智常在此时迸发，深邃敏捷的思考能给听众以极大的启迪。即兴演讲虽然没有过多时间做充分准备，但不等于说可以草率处之。其实，就是一两分钟的讲话也应有新的见解，争取引人入胜。因此，在别人说话时要留心听，对别人的意见或观点要认真思考。到自己发言时，或补充发挥人家的观点，或另辟蹊径，提出新的观点。千万不要重复别人讲话的内容，若真那样，听者会反应冷淡，自己也自讨没趣。

（5）要表达顺畅流利。发言者要在极短的时间内迅速展开思维，组织材料，形成较完整的腹稿，立即从容地表达出来。表达内容要条理清楚，具有逻辑性。整个演讲结构完整，有开头，有主体，有结尾，过渡自然，联接得体。

要做到这几点，要求演讲者在即兴演讲前做好充分的思想准备。设问一下自己该讲些什么，用些什么材料。可以事先打个腹稿，列个简单的框架。只有心中有数，才能沉着镇定，侃侃而谈。机敏的思考能力、流畅的即兴语言表达能力是即兴演讲应具备的素质。这需要加强平时积累。即兴演讲是上什么山唱什么歌，入乡随俗。没有思想，缺乏积累，很难完成漂亮的即兴演讲。只有博闻强记，不断丰富自己的知识，才能应对不同的场合，才能到什么场合都有话说，且能说得精彩。

项目练习　一分钟竞选演说

即兴演讲通常分为生活场景即兴演讲和命题测试比赛式即兴演讲两种形式。练习项目

"一分钟竞选演说"是个生活场景式的即兴演讲。这种演讲是根据现实生活场景中的中心事件和听众对象即兴而发，是在特定的场合中，以特定的身份，针对特定的事情和特定的听众对象而言的。要成功地进行这种场景式即兴演讲，必须做到以下几点。

（1）把握现场气氛，善于即景生情。生活是五光十色的，不同的场景有不同的色彩和情势，各种特定场合有各种不同的气氛，或庄重严肃，或轻松欢快，或喜庆热烈，或悲伤惋惜等，演讲者的即兴演讲一定要与场合气氛相一致，才能使听众产生好感，反之就会使人难堪，自己的形象也会大打折扣。例如竞选演说就是为了实现竞聘的目的而发表的演讲，它是竞选者表明立场、阐述观点、宣传自我、说服并争取听众支持的一种演讲活动，现场气氛庄重严肃，为了实现竞选目标，即为了说服听众、击败对手、获得成功，即兴演讲的目的性非常强。最大化地争取听众，赢得支持，是竞选取得成功的关键。如何吸引听众，不仅需要在语言表达形式与技巧上做好文章，更大程度上还依赖于演讲内容自身的真实性和客观性、鼓动性。"惟真"、"惟实"是竞选演说内容上的基本要求，也是竞选者诚信可靠品质的体现。自吹自擂、夸夸其谈、言之无物、随意随便的演讲都将失去听众的信任。

（2）了解听众，把握讲话分寸。在各种场合的即兴演讲中，有时听众的构成比较单一，有时听众的构成比较复杂，了解他们的身份、年龄、职业、知识修养、思想感情等方面的差异，才能出言得体，分寸适度，恰到好处。竞选演讲要争取听众的支持与投票，更要投其所好，赢得听众的支持与信任。

（3）突出重点，借题发挥。不同的事情有不同的意义。即兴演讲因事而发，就必须有的放矢，把握住事情的实质性意义。竞选是个优胜劣汰的过程，竞选演讲是一种自荐性质的演说活动，带有强烈的功利色彩，它为竞选者提供了一个充分展示自我、表现自我、推销自我的舞台。在竞选演讲中，不论是介绍自己的基本情况还是陈述施政纲领，都要将自己的竞争优势突显出来。但突显优势并不意味着将自己的优点一一罗列，而是要有重点、有针对性，用事实说话，强调"人无我有"，"人有我强"。

（4）层次分明，逻辑严谨。即兴演讲在追求动之以情、晓之以理的同时，也一定要注意演讲词自身的谋篇布局、结构完整。竞选演讲不仅有其既定的表达模式，而且各个部分要详略得当、层次分明、逻辑严谨。"言之无序"、语无伦次的演讲会给人一种思路紊乱、表达不清的不良现象。

综合训练项目采用"命题测试比赛式"演讲，这种演讲实际上是一种命题式的口头作文。它比场景式即兴演讲所受的制约要大一些。因命题测试式演讲受到所抽题目的制约，所以这种演讲形式的关键问题，在于处理好现场气氛和听众对象的制约外，还要处理好审题和取材两大环节。审题是"命题测试式"即兴演讲的第一步，也是最为重要的一步。审题出了偏差，整个演讲就会因不合要求而失败。一般来说，这类即兴演讲的题目分为两类，一类是论题式题目，一类是论点式题目。如《欢迎你到我的家乡××来》这个题目就是论题式题目，作者审题时抓住"家乡××"这一题眼围绕家乡的特色、优势来展开就不会跑题了。如《谈美》，就是一个论点式题目，必须提炼一个对美的理解的观点来展开。由于准备的时间很短，所以即兴演讲最困难的环节还在如何迅速组织充分、精当的材料来说明问题。不管是抽到论点式的题目还是抽到自己立意的论题式题目，它们都体现了"主题先行"的原则，先行的主题是取材的基本尺度和聚焦点。命题测试式即兴演讲取材的方法一般有三种。

（1）纵向扫描法。即扣住所讲的题目，从历史发展的角度看问题，以前怎样，现在怎样，将来又会怎样，或者对问题进行由浅入深的考察，主要着眼点在于事物的发展与变化。

（2）横向拓展法。即根据事物的多面性，从相互联系的角度看问题，从不同的方面来考察这一事物，或者从此事物与其他同类事物的异同出发来揭示这一事物的独特之处，主要着眼点在于事物的特征。如《欢迎你到我的家乡××来》这个题目，在确定"突出家乡优势"这个主题之后，对自己头脑中所储存的有关家乡的历史沿革、风俗人情、山川河流、名胜古迹、交通物产、经济文化、名人轶事等进行搜集，并根据演讲的主题用一分钟时间将这些材料排序，然后开始演讲。

（3）正反对照法。即从对立统一的角度看问题，把所谈问题和事物的正反两方面进行对照。如《谈美》这个题目，在确定"美是到处存在的，关键是缺少眼睛去发现"这个主题之后，演讲者可归类看到的美景、美物、美人，并用对比法——对应其丑的现象，通过美与丑的对比，表达作者对美的发现、对美的认识与追求。

案例学习 即兴演讲说些什么

示例一

物业公司副经理竞聘讲稿

各位评委、各位代表：

大家好！今天，我怀着一种不平静的心情，走上了这个特殊的舞台。首先感谢各位领导给我提供了一次难得的学习锻炼和参与竞争的机会。在此，我将以良好的心态，积极参与这次竞争，勇于接受挑战。

我叫××，现年××岁，中共党员，大专文化，助理工程师，现任××办公室主任。××年从某潜艇部队退伍，当过××年的农村供电所所长，负责局办公室工作××年，无论工作在哪个岗位，我都以饱满的工作热情和积极的工作态度去努力，在辛勤的工作中不断地进步。"十年磨一剑"，而今的我很自信地站在了大家的面前——竞聘物业公司副经理。

物业管理自20世纪80年代初在我国深圳、广州起步，至90年代，特别是小平同志南行讲话后，在房地产建设热潮的推动下，迅猛发展。初期在住宅小区小心翼翼尝试的专业管理很快推及到商业大厦、大型购物中心、公寓别墅，且正在向福利房、直管房、单位自管房等领域全面渗透。各类物业管理书籍的出版、物业管理进入高等教育系统，标志着物业管理已由感性认识世界进入到理性认识世界，已进入竞争时代。作为"省级优秀物业管理企业"，常电物业如何在守住"根据地"的基础上参与竞争、对外扩张，力争更多的地盘，实现规模效益，力争三年内创"全国物业管理优秀示范项目"称号，已经摆在了公司决策层的面前。根据物业管理副经理职位的性质和职能要求，我觉得自身具有一定的优势，愿意竞争这个岗位。主要理由如下。

其一，我热爱这项工作。虽然这项工作繁杂，又是本人未开垦的一片荒地，需要付出很多，很辛苦，但特种兵出身的我有充分的思想准备，有投身这项工作的良好愿望和热情。

其二，我受党的培养教育多年，有"认认真真办事、实实在在做人"的作风和一颗忠诚于党的事业、服务于人民群众的责任心。这是我做好一切工作的前提和保证。

其三，从生产岗位到营销岗位到综合协调岗位，从生产人员到技术人员到管理人员的工作经历，让我基本具备了本职位所要求的思想政治素质、开拓创新意识和管理协调能力。

其四，我有"以人为本、人格至上"的现代行为理念，处事公道正派，待人热情诚恳。能始终围绕"人文关怀"这四个字来做文章、办事情，努力去打造"常电物业"品牌，使领导满意、同事拥护、业主放心。

其五，更主要的是，有领导的关心、爱护和鼓励，有同事的帮助、协作和支持，为我做好工作创造了有利条件，增强了勇气和信心。

假如组织和大家信任，能给我一个施展的平台，我有决心有信心担当此重任。

示例二

教师竞聘上岗讲稿

课堂是什么？课堂是知识传递的交接地，它广阔、渊深，它严谨、活泼，它应该是一个神圣而亲切的字眼。但是，长久以来旧的教育观念扭曲了课堂的本来面目，使多少学子不堪回首。时代需要一个全新的课堂，让我们抖擞起精神，把课程标准的理念、方法迎进课堂，改造它、更新它，让我们的孩子接受它。

如果说课堂是孩子们汲取知识的海洋，那它必然应该是水波浩淼、气象万千的。可走进某些课堂，我们看到教师的教案上永远有一个标准答案，学生的思维永远有一个牢不可破的框框；我们看到模式墨守成规、方法一成不变；我们看到无上的权威、严厉的说教，以及无条件的接受和战战兢兢的服从。于是，孩子们失去了海洋。课堂，是指向过去的世界，还是面向未来的时代？是以人类已经积累的知识为本，还是以人的发展为本？是以单通道方式向学生进行灌输，还是引导学生学会关心、学会学习、学会动手、学会发展、学会探究？每一个答案都是后者，每一个答案都要求我们完成第一种改造：变"死"的课堂为"活"的课堂。

课堂是教师耕耘的责任田，但更是学生收获的庄稼地。课堂的主人是学生，你我都不能取而代之。可我们常常看到教师为主角、学生成道具的戏剧时时在课堂上演。我们何必高高在上？我们何必板起脸孔？我们何必去牵着学生的鼻子？我们何必永远只会说指令性的话语？难道面对前人知识、文化、智慧的精华，教师与学生是不平等的吗？这样的教师角色，体现不出教师劳动的创造本质，也贬低了你我的生命价值。其实，在课堂里，老师、文本、学生之间应该是一种平等的对话。我想，学生欢迎这样的教师：闻道有先、授业有道、解惑有法；学生喜欢这样的课堂：平等、民主、自由。所以让我们一起来完成第二种改造：变"教师的课堂"为"学生的课堂"。

"课程标准"指出："学习资源和实践机会无处不在、无时不有"，"读万卷书不如行万里路"，"书中乾坤大、笔下天地宽"。前人早就告诉我们书本和实践是不能割裂开来的。我们要完成的第三种改造便是：变"书本的课堂"为"生活的课堂"，让家事国事天下事伴随着风声雨声读书声走进寒窗；让书本上的铅字跳跃成大自然的花红柳绿、鸟兽虫鱼；让孩子们求知若渴的目光穿越过去和未来，关注个体和社会。不可想象：教育如果远离了学生鲜活的生活世界，怎能走进他们的内心世界！抛弃那些无聊的让孩子讨厌的练习吧，多读、多写、多实践，让我们营造一个真正的"大课堂"！

我们在课堂里辛苦跋涉，从冬到春，从秋到夏，且行且思，知道唯有改造课堂才具有生命的活力！

作为一名教师，也许你也曾想：我的工作有什么意义，我上的课、我在课堂上滔滔不绝的话语、我给学生做的一张又一张的试卷，它们到底能给孩子带去什么。当学生因此而惧怕课堂，我们真的会黯然神伤。我们会想起自己做学生的时候，也曾接受过这样的教育，也曾在这样的课堂里累积应试的知识。我们必须对这段生活有所反思。

课堂是学生成长的摇篮，是教师实现人生理想的地方，它应该成为师生向往的智慧乐园、人生殿堂。时代的发展需要我们用崭新的视角去审视课堂，未来人才的培养需要我们用全新的理念去改造。标准就是一盏明灯，它指引着我们课堂改革的方向！改造势在必行，改造刻不容缓，行动起来吧，在课堂里，我们将与新课程共同成长！

示例三

团委委员竞聘讲稿

尊敬的领导、评委，亲爱的伙伴们：

晚上好，首先，我非常感谢领导和同伴们对我的信任和支持，让我有机会站在台上展现自我，我为能参加此次团委竞聘而感到自豪。我竞聘的职位是团委委员，我今天的演讲内容分为三个部分：一、我的工作经历。二、我参加竞聘的理由。三、我的工作设想。

一、我的工作经历

我叫凌欢，来自行政部，现在的工作岗位是部门秘书，中共党员，大专学历，今年25岁，未婚。我活泼开朗，有较强的上进心，自信热情、有创新精神，喜欢面对挑战。我从高中起一直从事团的工作，并在18岁读高三的时候光荣地加入中国共产党。

在1994—1997年读高中期间，我曾任市第三中学团委委员、学生会主席、团支部书记。参加过市团代表大会。

在1997—2000年读大学期间，担任系团总支书记、校学生会主席、系列主编。

五年来，在组织的锻炼下、在从事团的工作中，我提高了自己的组织管理协调能力，成功组织策划了多场文化活动与大型活动，提高了自身素质。最难忘的是大学期间参加学生会竞选，虽然我只是一个相貌平平的女孩子，但我却以我的信心与能力，成为了历届以来第一位女学生会主席。21世纪需要的是复合型的人才，因此我不断自我增值，参加工作后，我更严格要求自己。我曾经进修过形象设计学、心理学、成功潜能学和营销学。我已有三年社会工作经验。我一直以高度的责任心与使命感对待我的工作，在工作中学到许多经验的同时也受到不少的教训，更激励我在以后努力工作。

二、我参加竞聘的理由

多年来，我坚持学习马列主义、毛泽东思想和邓小平理论，努力提高自己运用党的基本理论、基本路线、基本方针分析问题、解决问题的能力，养成了以身作则、勇于开拓的工作作风和组织纪律观念。

我有5年的团工作经验，在团工作过程中，结合青年人的特点，开展形式多样的活动，加强了团组织的凝聚力，鼓动起广大团员青年的工作干劲。

第三单元 演讲与口语表达技巧  169

　　我曾先后获得市优秀团员、市宣传报道先进个人奖、"优秀党员"称号、"优秀团干部"、"优秀学生干部"称号，多次获得三好学生、奖学金的奖励。

　　我有饱满的工作热情，良好的心理素质，有并肩作战的团队精神。

　　我爱公司这个大家庭，我爱公司的兄弟姐妹，我愿用我的心去为伙伴们做更有意义的事。

三、我的工作设想

　　假若我能竞聘成功，我将以四心"责任心、热心、信心、耐心"认真做好团的工作，全心全意为大家服务。认清形势，把握大局，切实加强团员青年的思想教育工作。围绕公司的中心任务开展工作，充分发挥团组织的助手作用。鼓励青年进行技术和业务创新，为团员青年的成才提供"舞台"；组织创建共青团营业窗口活动、创建青年文明号活动、争当青年岗位能手活动和青年突击队活动；组织广大团员青年积极开展公益活动，树立联通青年的社会形象；组织电信业务应用推广活动，照顾青年特点，开展各种文体活动，并注重解决青年实际问题。通过活动吸引和团结广大青年，并通过活动增添团的自身活力。团委也将与其他部门合作，定期组织团员青年开展各项文体、娱乐活动，通过组织丰富多才的活动寓教于乐，陶冶情操，帮助青年树立正确的世界观、人生观和价值观，并增强青年的集体凝聚力和集体荣誉感。积极开展社会公益活动，树立联通青年的社会形象。动员广大青年以志愿服务方式为社会多做好事，多办实事，奉献爱心。并组织青年通过及时满足社会的所急所需开展各种便民、利民的义务性服务。

　　最后，这次竞争无论结果如何，我都会正确对待，接受组织的考验，胜不骄、败不馁。我相信，有领导和同志们的支持，再凭自己的信心、能力和努力是能够胜任团委委员这个岗位的。请大家投我一票。

　　我的演讲完毕，谢谢大家！

 示例四

精彩竞职讲演稿（政府办公室主任）

　　各位领导、同志们：

　　大家好！

　　我叫××，今年××岁，大学毕业，1995年5月从东明县农业局选调到县检察院，××年通过"一推双考"被任命为办公室副主任，同时主持办公室工作。今天我本着锻炼自己、为大家服务的宗旨站到这里，竞选办公室主任一职，希望能得到大家的支持。

　　大家都知道，办公室工作具有综合性、广泛性、从属性、服务性和琐碎性等特点，头绪繁杂，任务艰巨。刚才参加办公室主任竞选演讲的几位同志，每个人都有自己的优势。那么，我的优势是什么？我要说，我的优势就在于两个方面。

　　（1）我1997年6月开始主持办公室工作，至今已两年有余，在这里，我不想大谈特谈我院办公室如何在1998年全区检察系统办公室综合评比中获得第一名的好成绩，因为荣誉属于大家，成绩代表过去，我只想说，两年多的工作实践使我熟悉了办公室的工作特点，使我增强了工作能力，使我积累了一定的工作经验。如果我能当选办公室主任，所有这些都将有利于我尽快进入角色，适应工作要求。

（2）我一向勤勤恳恳、作风正派，有一颗全心全意为大家服务的心。虽然我不善于说一些美丽动听的话，但我敢说实话，能办实事。在我主持办公室工作期间，不管是领导还是同事，我都做到了一视同仁，这一点大家是有目共睹的。

优势固然重要，但仅有优势也难以在工作中做出成绩。要使办公室工作开展得有声有色，还必须有自己的思路和设想。我的主要目标概括起来就是以下四个方面。

一是献计献策，当好"咨询员"。办公室作为联系上下左右、前后内外的桥梁纽带，是各种信息的集散中心。如果我能当选办公室主任，我将积极主动地站在全局的角度思考问题，为领导决策提供信息、出谋划策，当好"咨询员"。

二是立足本职，当好"服务员"。为领导服务是办公室主任义不容辞的职责，领导交办的事要不折不扣地完成，但是为领导服务的出发点和落脚点是为群众服务。因此，如果我能当选办公室主任，我一定会密切联系全体干警，积极倾听大家的呼声，了解和关心大家的疾苦，力争为大家当好"管家"，做一名合格的"服务员"。

三是搞好关系，当好"协调员"。办公室处在我院的枢纽位置，需要处理内部和外部的各种关系。如果我能当选办公室主任，我一定会注重团结、顾全大局，与其他副主任一道协调好各种关系，以确保我院的各项工作正常运转。

四是加强管理，当好"管理员"。办公室工作面宽事杂，只有加强管理才能保证工作面宽但不推诿，事杂但不零乱。如果我能当选办公室主任，我一定会加强管理，完善政治、业务学习等各项制度，为办公室人员定岗定责，做到责任明确，任务具体，充分调动每个同志的积极性和创造性，使办公室形成一个团结协作的战斗集体。

各位领导和同志们，最后我只想说一句话，那就是：给我一次机会，还您一个满意！谢谢大家！

项目辅导 取得即兴演讲成功的因素

即兴演讲是事先无准备、临场发挥的演讲，它要求演讲者既能快速构思，又能流利表达。怎样才能达到这样的境界，取得即兴演讲的成功呢？以下三个方面的把握是个关键。

一、材料的准备

作为即兴演讲，临时构思必须有素材，现场表达必须有内容。倘若脑袋空洞无物，即使嘴皮子再灵，也免不了犯"无米之炊"之难，受"思路枯竭"之苦。可见，储备材料是关键所在。材料不是天上掉下来的，而是从平时的学习（也包括向生活学习、向社会学习）中积累起来的。一个人的知识面越宽、阅历越广，他的素材就越丰富，思路也就越开阔。当然，"积累"必须以"观察"、"多思"为基础。如果看书走马观花、听广播看电视过而不留、对生活现象熟视无睹、对社会新闻充耳不闻，讲话构思还是免不了"搜索枯肠"。积累，就是要把观察所思储存起来。积累的东西方方面面，但归结起来不外乎两大类：一是典型事例；二是理性思辨。前者使我们说话有"凭据"，后者使我们分析有"道理"。需要时，可信手拈来，使其为某一论题服务。当你用一根思想红线把材料的珍珠穿起来时，一篇有理有据的"腹稿"就形成了。例如下列两条材料的准备。

（1）我国赴美进修、研究乙肝疫苗取得重大突破的年轻女科学家何葆光，拒绝美国某研究机关每年 3200 万美元高薪的聘请，毅然回国，将知识献给国家人民。

（2）产品有规格，商品有规格，为人有"人格"。产品规格有优劣，商品价格有高低，为人之格也分高下。

上面第一条社会新闻是关于"人格"这一论题的典型事例，第二条是关于"人格"论题的理性思辨，它们都可以拿来为"为人应该有高格"这一中心（主题）服务。由此看来，我们平时就要留意观察人生百态，潜心分析社会经纬，将头脑这个"材料仓库"丰富起来。这样，即兴讲话就不会思路枯竭了。

二、构筑框架

材料有了，怎样迅速构筑起演讲的框架呢？请熟练掌握以下一些构架方式。

（一）开头部分

"好的开头往往是成功的一半。"即兴演讲一般时间不会太长，精彩而有趣的开头就显得更为重要。以下两种基本开头方式入题快、吸引人，可供采用。更多的精彩开头方式，可以在实践中摸索总结，因人而异。

1. 直入法

演讲开头直接进入论题，亮出观点。这样的开头干净利落，醒人耳目，而且无需费时费心去找寻其他的"影子"。使用这种方法切忌含含糊糊，要求观点明确，态度明朗。例如，列宁同志于 1918 年 8 月 23 日在《阿列克谢也夫民众文化馆群众大会上的讲话》中是这样开头的："今天我们党召开群众大会来谈谈这样一个题目：我们共产党人为什么而奋斗。对于这个问题，可以作一个最简短的回答：为了停止帝国主义战争，为了社会主义。"

2. 借景法

这是指演讲者利用当时的环境特点来调节气氛、激发听众热情的一种演讲方法。这种方法灵活生动，富于情感。但是，描绘的环境特点必须与主题思想相吻合，切不可牵强附会、卖弄风骚。鲁迅先生曾在厦门中山中学做过一次演讲，开头时说："今天我能够到你们学校来，实在很荣幸。你们的学校，名叫中山中学，顾名思义，是为了纪念孙中山。中山先生致力国民革命四十年，结果创造了中华民国。但是现在军阀跋扈，民生凋敝，只要'民国'的名目，没'民国'的实际。"鲁迅先生从自然环境中的学校名称讲起，一针见血地指出了名与实之间的巨大反差，从而激发了中山学校的师生们为完成中山先生未竟事业而奋斗的革命热情。

（二）主体部分

主体部分是用来展开演讲内容、充分阐释自己的观点和见解的部分。它的构架方式多种多样，最基本的方法有如下几种。

1. 并列式

把讲话的主体分为几部分分别阐述，这几部分的关系是并列的。例如某个指导教师在"儿童口才培训班"结业汇报会上的讲话就采用了这种方式。(1) 领导的支持坚定了我们搞儿童口才培训事业的决心——向领导致意；(2) 家长的信赖与配合给予我们无穷的精神力量——向家长致谢；(3) 小朋友们在培训班这个集体中刻苦练习、切磋琢磨，充分展示了自己的才能——向小朋友祝贺；(4) 希望大家随时随地练口才，将来做一个口才棒棒的栋梁之材——喜候小朋友进步佳音。

2. 连贯式

按事情发展经过和时空顺序来安排讲话的层次，各层次间的关系是连贯的。例如以"家乡变奏曲"为题做即兴演讲，就可采用这种构架方式：(1) 昨天，这里是一片荒凉；(2) 今天，一片新绿在眼前；(3) 明天，从这里走向辉煌。

3. 递进式

把讲话主体分为几个层次，层次与层次之间是层层深入的关系。例如对"网络成瘾"问题发表意见就可以这样构架：(1) "网络成瘾"问题的现状；(2) "网络成瘾"的实质与危害；(3) "网络成瘾"问题的根本治理。

4. 正反式

主体部分是正、反两方面的内容构成的，一方面围绕着正面阐述，另一方面围绕着反面论述。例如论证必须给企业"放权"的问题：(1) 企业没有自主权时，举步维艰；(2) 企业有了自主权时，效益可观。两方对比，既条理清晰，又易连贯成文，不易忘稿。

以上介绍的是几种最基本的组合方式，实际运用时可综合交错使用。

（三）结尾部分

好的结尾犹如撞钟，响亮而有余音。以下几种方式可根据需要选择。

1. 祈愿式

表达（可用借境、作比等方法）良好的祝愿。如："祝中、尼（尼泊尔）两国人民的友谊像联结我们两国的喜马拉雅山冈那样巍峨永存。"

2. 感召式

或抒发真挚、激越的情感，或展望光明美好的前景，或发出鼓动性的号召。如："让我们用创造性的劳动去迎接新世纪的到来吧！"

3. 理喻式

用寓意深刻的道理（可引用哲言、警句等）启发听众去深思、探索。如："'世有伯乐，然后有千里马'。人才辈出的时代首先是'伯乐'辈出的时代。"

4. 总结式

用简洁的语句总结全篇、点明题意。例如："说一千道一万，归根到底还是这句话：扭转社会风气，要从'我'做起。"切忌"泄劲"式的结尾。如："我讲得不好，耽误大家时间了，请原谅。"

三、完美展说

对即兴演讲来说，选材料、立框架是在瞬间完成的，而材料只是以一些片段的、轮廓式的、提纲大意的内容语言形式储存在头脑里。要把这样的内容语言转化为连贯的、具体的、有血有肉的外部语言，演讲者还必须具备一种"展说"能力，即把提纲大意"展说成一篇内容具体、前后连贯的演讲词"的能力。怎样来"展说"呢？

首先，要把"框架"中的每一层次看作是一个"意核"或一个"中心句"，心中把握住几个意核的顺序及内在联系。然后，不慌不忙地从第一个意核开始，围绕着它，或举例，或回忆、联想，或比兴、引申，或补充、发挥……把意核这个"中心句"扩展为"句群"。待这个意核充分发挥后，再进入第二个意核，也把它扩展为句群。这样仿"扩展"下去，一篇内容具体、逻辑严密的即兴演讲就顺理成章地完成了。如果某个意核的含量太大，还可以把它分解为几个"小意核"，按顺序把它们逐个展开。这种"扩句成群"的"展说"能力是即兴演讲者的必备能力。很多人在心中打好了"腹稿"的前提下，说出来去吭吭哧哧，前言不搭后语，就是因为缺乏这种"展说"能力。没有或缺乏这种能力，内容语言就很难顺利、迅速地转化为外部语言。因此，我们平时就应该有意培养这种"展说"能力。

以上三个方面，前两步立足于"快速构思"，第三步着眼于"流利表达"。既能快速构思，又能流利表达，你就是一位成功的演讲家了。

实际行动　一分钟命题即兴演讲比赛

一、参考题目

以下是事先准备的即兴演讲题目，参赛选手抽签选择，依次进行一分钟即兴演讲。学生代表与教师组成的评判团依据演讲比赛综合评分表给予评分。参考题目如下。

（1）作为员工代表参加公司春节联欢晚会上的讲话。
（2）参加学校第二届学生代表大会上的讲话。
（3）在班组讨论"评优提干"会上的讲话。
（4）在父母七十大寿寿宴上的讲话。
（5）在学院"道德杯"辩论赛开赛会上的讲话。
（6）在班长竞选会上的讲话。
（7）在迎接评估专家欢迎会上的讲话。
（8）在欢送你班同学张力光荣入伍欢送会上的讲话。
（9）在主持评估专家专题研讨会上的开场讲话。
（10）在大学毕业典礼上的讲话。
（11）在庆元旦班级联欢会上的讲话。
（12）在参观烈士陵园后在烈士墓前的讲话。
（13）在获得省作文竞赛一等奖后颁奖典礼上的讲话。
（14）在同学王丽生日宴会上的讲话。
（15）在参观访问某大学城后的讲话。
（16）在单位（公司）庆典大会上的讲话。
（17）在走向工作岗位第一天单位迎新会上的讲话。

(18) 在成人宣誓仪式上的讲话。
(19) 在竞选班长成功后的讲话。
(20) 在庆祝第十五个教师节大会上的讲话。
(21) 在参加礼仪竞赛颁奖大会上的讲话。
(22) 在迎接新同学欢迎会上的讲话。
(23) 在20年后同学聚会上的讲话。
(24) 在单位递交辞呈后与昔日同事离别会上的讲话。
(25) 在观看某部电影（举一部你熟悉的电影）观后感座谈会上的讲话。
(26)《为了一个美丽的梦》
(27)《我的心灵是个广阔的世界》
(28)《我的心灵测试答卷》
(29)《答案是丰富多彩的》
(30)《让理智战胜情感》
(31)《诚信》
(32)《用"心"选择》
(33)《人生也是一张答卷》
(34)《采撷世界最美的》
(35)《近赤者赤，近墨者黑》
(36)《驾驭自己的生活小舟》
(37)《我的第一次……》
(38)《规则与道德》
(39)《理由》
(40)《我的求职信》
(41)《请跟我来——Follow me》
(42)《我无悔的选择》
(43)《梦在这里放飞》
(44)《感悟生命》
(45)《走出人生的沼泽地》
(46)《威信从何而来？》
(47)《寻找幸福》
(48)《我的长处与短处》
(49)《把握人生的航向》
(50)《我的未来不是梦》
(51)《成长的心情与快乐》
(52)《品味我的大学生活》
(53)《我永远年轻》
(54)《感动》
(55)《平平淡淡就是真》
(56)《假如生活欺骗了你》
(57)《相信我，没错的！》
(58)《照亮我心灵的一盏灯》

(59)《我本平凡》
(60)《形象》
(61)《我心中的天平》
(62)《有志者事竟成》
(63)《我的信念》
(64)《我的昨天、今天与明天》
(65)《我心中的老师》
(66)《假如我是班主任》
(67)《我经历中最有意义的一件事》
(68)《我最喜欢的一本书》
(69)《我的情感世界》
(70)《美是到处存在的》

二、快速进入"一分钟即兴演讲比赛"的状态

1. 学会实例引导

即兴演讲的开始便举例，有三个好处：第一，演讲者可以从苦苦思索下一句需要讲什么中解脱出来。第二，可使一开始的紧张立刻消除，使演讲者有机会把自己的题材逐渐温热起来，渐渐进入演讲的情景。第三，可以立即获得听众的注意，因为事件——实例是立刻摄取听众注意力万无一失的好办法。听众凝神谛听演讲者所举出的饶富情趣的实例，可使自己在演讲开始后的极短时间里，对自己的能力获得肯定。沟通是一种双方面的过程，能捉住注意力的演讲者马上就会感知到这一点。当演讲者注意到接纳的力量，并感受到那种期盼的目光如电流般在听众头上交射时，他就感受到有种挑战要他继续讲下去。演讲者与听众之间建立的和谐关系，是一切成功演说的关键所在，没有它，真正的沟通就不可能发生。这就是为什么要以实例开始演讲的原因。尤其是在别人请你说上几句话时，举例最为管用。

2. 要充满生机与活力

演讲者若拿出力量和劲头来，外在的蓬勃生气便会对其内在心理过程产生极有益的效果。身体的活动与心理的活动关系极为密切。身心交流，可使演讲产生最佳效果，慷慨激昂，侃侃而谈，很快便使演讲说得头头是道了，从而也开始引起听众的注意。一旦使身体充起"电"来、充起蓬勃的生气来，正如威廉·詹姆士说所：我们就能很快地使心灵快速展开活动。

3. 要善于联系现场

即兴演讲时，首先，演讲者向主持人致意，说上两句，这样可以有个喘息的机会，然后最好便发表与听众有密切关系的言论，因为听众只对自己和自己正在做的事情感兴趣。有三个来源可供演讲者摘取意念，作为即席演讲之用。

一是听众本身。为使演讲轻松易行，千万要记住这一点：谈论自己的听众，说说他们是谁、正在做什么、特别是他们对社会和人类做了什么贡献，使用一个明确的实例来证明。

二是场合。可以讲讲造成这次聚会的情况缘由，是研讨会？表彰大会？年度聚会？还是政治集会？

三是前面人的演讲。善于演讲者往往也善于倾听，在听的过程中受到提示和启发，以此激发自己的演讲灵感。对前面的演讲话题，后面的演讲者或者可以拾遗补缺，或者可以转换角度，甚至可以因某个事、某句话的启发构思一篇精彩的演讲。例如：某大学中文系一次毕

业生茶话会上，首先是系党总支书记讲话，3分钟的即兴演讲主要是向毕业生们表示祝贺。然后是彭教授的讲话，他讲话的主题是希望同学们继续努力学习，还引用了列宁的名言。第三个讲话的潘教授朗诵了高尔基的《海燕》片段，以此勉励同学们学习海燕精神。第四个讲话的系主任希望同学们永远记住母校和老师们。紧接着，毕业生欢迎王教授讲话。王教授一字一顿地说："我最希望说被人说过的话。（笑声）第一，我要祝同学们胜利毕业！（笑声）第二，我希望同学们'学习、学习、再学习'！（笑声）第三，我希望同学们不要忘记母校，不要忘记辛勤培育你们的老师们！（大笑、热烈掌声）"王教授通过对前面四人演讲的主题的简练概括，完成了一次机智、风趣且具有个性特点的演讲。

4. 要牢牢抓住中心

即兴演讲不是即席乱说，手中无稿并非心中无谱、不着边际的胡扯瞎说，这样既不合逻辑，也不会成功。因此，必须围绕一个主题来把自己的思想合理归纳，而这个主题就是演讲者所要说明的，演讲者所举的事例要与这个主题一致；同时再强调一次，若能抱着至诚的态度来演讲，演讲者一定会发现自己所表现的主题的充沛活力和无穷效力是有准备的演讲所不能企及的。

5. 要有一些必要的准备

著名演讲大师卡耐基说：无任何准备的演讲只是信口开河，根本不是真正的演讲。因此，即兴演讲虽不像一般演讲那样需要有充足的时间来进行准备，但也应在尽可能的条件下进行准备。

（1）心理准备。在参加一个会议或活动之前，可以先设想一下：自己是否有可能需要讲话？如果讲，讲什么？怎么讲？在心理上做好准备。有了这种心理准备，可避免突然被"点将"后的那种吃惊、慌乱、尴尬或恐惧心理，能够迅速实现角色转换，由配角转向主角，由听者转向讲者，快速进入演讲状态。

（2）材料准备。如果已经知道会议或活动的主题或演讲的题目，可以简单地梳理一下相关资料，临时扩大知识储备量以充实自己的大脑。这样，在被突然"点将"或轮到发言时，演讲者就能集中精力对某一问题旁征博引，讲得头头是道，从而使听众对自己刮目相看。

（3）酝酿腹稿。如果有时间和情况允许的话，演讲者还可以酝酿一下腹稿，形成一个大体框架，如迅速概括一下演讲的主题、组织一下演讲的结构等，明白自己要讲一个什么问题，如何讲清楚，先讲什么，后讲什么，如何结尾，把要讲的内容提要有条理、有层次地组织起来。值得注意的是，这个腹稿并不是一成不变的，随着演讲内容的逐步深入，可能讲话过程中会随时改变或打乱原先的设计。

（4）临场准备。有时，演讲者可能在毫无思想、心理准备的情况下被突然"点将"，或者抽签轮到第一个上场，这时就要尽量争取临场准备时间。临场性准备的时间虽然短暂，却为演讲会者提供了宝贵的思考空间。临场性准备以拖延时间为目的，主要有以下两种办法：一是动作拖延，利用某种动作来拖延时间，在施展动作的同时，让大脑快速进行工作，然后再开始讲话。比如：端起茶杯喝口水、拉拉椅子、向听众点头或招手致意等。这些动作拖延的时间虽然很短，却给了演讲者一个喘息的机会，让大脑进行紧张快速的思考，同时调整了自己的心理状态。二是语言拖延，语言拖延就是先说些与主题关系不大的、无须深入思考、易于表达的题外话，以便大脑迅速组织材料、确立讲话的主旨、中心等，然后再慢慢切入主题。这样就可避免演讲中冷场的尴尬。比如，在一次演讲当中，忽然有人向演讲者提了一个挺刁钻的问题，这位演讲者用语言拖延方法解围："这位听众问了一个很好的问题，我想大家也一定像他一样，很想知道我对这个问题的看法。那我就给大家做一下解答……"这样，在说这段话的同时，演讲者就可以使自己的大脑迅速活动和思考；等这段话说完了，他的答案也就组织得差不多了。

分享与交流　即兴演讲的语言表达技巧

一、即兴演讲的语言表达特色

即兴演讲独特的时境状态和交际氛围，决定了它必然具有区别于其他演讲的语言特色。这种语言特色归结起来有以下特点。

1. 符合情景

即兴演讲是演讲者在特定场合、有感而发的演讲。因此，激起蓬勃兴致的情景就成了产生即兴演讲的一个不可缺少的重要因素。这种客观情景，不仅能对演讲者的心理予以强烈的刺激，促使其产生说的欲望和思维的快速进展，而且会对演讲者的语言产生影响与感染，使其口头表达表现出鲜明的情境特色。例如一个教师在面对参加春游的学生整队待发时即兴演讲说的一段话："同学们，我们每天看到的都是白墙黑板灰泥地，我们应该去饱览一下那透着生命力的绿色，去欣赏一下蓝天下的红花绿柳、赭石褐土、青山白水，去领略一下大自然的风采，去谛听一下泠泠作响的激石泉水和嘤嘤成韵的百鸟争鸣！不然，高考的硝烟快要把我们烤焦了，单调的作息时间表快要把我们驯化成机器人了。明天，就是清明，山明水秀，地清天明，让我们到水光潋滟的姥山去度过令人心醉的两天——出发！"演讲者置身校园这个让人感到枯燥单调的现实环境，面对充满期待的年轻人，心中禁不住涌出了一股激情。这激情拓开了广阔的精神世界，在想象的情景中，生动地描述了春天大自然美丽迷人的风采。应当说，正是这一段极富情境色彩的形象化语言，一下子激发了同学对大自然的热切向往和美好憧憬，产生了强烈的心灵感召力。

2. 口语表达

演讲是一种口语表达活动。在背稿演讲中，演讲者就不能不注重它的口语色彩。同背稿演讲相比，即兴演讲更具有鲜明的口语特色。实践经验表明，演讲者只有运用通俗明快、朴实自然的口语表情达意，才能在即兴演讲中创造一种观众喜闻乐见的现场气氛。例如："对一个人，不同的人有不同的感觉。我的下属看见我就觉得可怕。他们想到的不是魅力，就可能是恐惧。南方有句话，叫'空谈误国，实干兴邦'。我每天工作到午夜，不是我勤快，是事情逼到这份儿上了。我对干部说，我一天工作十几个小时，你们干8个小时能干好？现在讲潇洒，讲休息，我就不信这话。我说不把干部们累死我不甘心，不过这两年先别累死，还得让他们干活呢。"这是一位市长听了记者称赞他给人"感觉非常好"、"很有魅力"之后的一段即兴讲话。由此可见，这位政府官员讲话既不带官腔，也不事雕琢。他善于运用前线的词语、灵活的句式和变化的语气坦诚直言，给人以朴实亲切的感觉。正是这种通俗易懂、切实感人的口语，体现了一个勤政为民的领导干部平易近人的作风和求真务实的精神。

3. 简洁鲜明

即兴演讲是在特定的场景中进行的。一个明智的演讲者，不会毫无顾忌地喋喋不休。因为这种饶舌，不仅会给人以啰唆之感，令人讨厌，而且由于准备不充分，说多了也难免出现口误。倒不如讲得少而精，讲得多些见解，表达效果反倒会好些。例如：

"你们好！此时面对大家，我真的有些紧张。我在想，你们能接受我吗？

我是一名医学硕士研究生。传统观念里，人们常常把研究生和书呆子联系在一起。在这里，我要用自己的实际行动告诉大家：研究生同样有优美的理想、美的追求，同样热爱美的生活。

作为一名未来的医生，我从未后悔过对救死扶伤这一崇高职业的选择；作为一名现代女性，我更珍惜拥有充实多彩的人生。

在此，我要以勇敢参与的实际行动来证明：春城的小姐不是花瓶，而我们女硕士研究生也不是书呆子。"

这是一位女研究生在礼仪小姐决赛场上的即兴演讲。演讲者走上台来，并不奢谈本次竞赛活动的重要意义，也不畅叙本人求学成功曲折经历。短短几句话，中心明确，层次清晰，不仅陈述了自己现场的真实心境、参赛的独特动机，而且表达了自己崇高的职业理想、远大的人生追求，给听众以强烈的感染和深刻的启发。如此简洁、鲜明的语言特色还是即兴演讲所追求的。

4. 幽默风趣

幽默感，作为一种特定的审美态度，是演讲者人格魅力的生动体现。演讲心理学研究表明，在即兴演讲中，激发演讲者产生说的欲望的"兴"，不仅可以成为幽默语言的心理触媒，而且能够增强语言幽默的现场效应。因此，演讲者应当根据现场实际需要，善于运用多种艺术手段，表现出语言的幽默特色，使即兴演讲充满情趣性和感染力。例如："唱爱情流行歌曲？这倒是没有的精神准备。不过，假如我唱上一段'这就是爱，稀里糊涂～'岂不是对我一辈子严肃认真执著专一爱情的亵渎么？老伴听了，岂不要抗议？（掌声，笑声）假如我喊上一嗓子'悄悄蒙上我的眼睛，让我猜猜你是谁'，不得把在座的少男少女们吓怕下么？（掌声，笑声）假如我唱上一段'让我一次爱个够，给你我所有……'诸君岂不要将我送进疯人院么？……（掌声，笑声）对于这些爱情流行歌曲，我既没有相适应的年轻与潇洒，也缺少那软绵绵、甜丝丝的嗓音儿，是不能也，亦是不为也。为此，美好的爱情歌曲，还是留给风华正茂的年轻朋友唱吧。"这是一位老同志在某市新闻界举办的新春联欢会上即兴演讲的一段话。面对观众"欢迎老汉唱段现代'爱情'流行歌曲"的热情呼喊，他不是用生硬粗俗的语调严词拒绝，而是以幽默风趣的话语婉言谢绝，既含蓄地表达了对某些"爱情"流行歌曲的批判意向，又巧妙地避免了自己顺应要求而勉为其难的尴尬。如此富有幽默的讲话，显然强化了联欢会的喜悦气氛，突出了即兴演讲语言幽默的特色。

二、即兴演讲的开场艺术

即兴演讲是一种最能反映思维敏捷程度和语言组织能力的口头表达方式。在极短的时间里构思出一次成功的演讲，开场白就显得尤为重要。下面介绍几种即兴演讲开场艺术。

1. 自我介绍

自我介绍适合于演讲者与听众初次相见，后者对前者的身份、工作和生活经历不很熟悉的情况。演讲者介绍的情况应是听众想了解的或是与演讲主题内容相关的。如某乡党委书记一到任就深入某村搞调研，正值村召开青年大会，进行形势教育，于是他就即兴讲话。他是这样开头的："大家可能不很熟悉我，因为我到这工作的时间不长。我姓余，当然我不希望我今天的讲话对大家是多余的。我参加工作五年，一直在农村度过，打交道的对象主要是像你们一样的农村青年。我的老家距这里几十华里之远，在座的大多数同志可能到过那里，因为驰名中外的屈子祠就坐落在我家的门前。"接着，他便从屈子祠讲起，转入了爱国主义教育的正题。

2. 综合归纳

综合归纳是指演讲者对其他人已经发言的内容进行综合，分析其特点，进而表明自己的观点或态度的一种演讲方法。如一位领导者应邀去参加一个"领导干部与市场经济"的研讨会，在听取大多数同志发言后，他这样开始他的讲话："以上很多同志做了发言，有的从宏观的角度谈了领导干部怎样去适应市场经济，有的结合工作实际从微观的角度论证了领导干部在市场经济中如何去搞好服务。前者具有较强的理论性，后者具有较强的针对性和操作性。我认为都讲得很好，至少可以说明，在'领导干部与市场经济'这个新的课题中，确实有很多新问题值得我们去思考、去探讨。今天我要讲的是……"

3. 提出问题

演讲者根据活动的主题思想有针对性地提出一些问题，进而进行解答。使用这种方法关键在于所提出的问题是否与主题思想相关、是否带有倾向性或争议性、解答问题时是否有明确的立场观点和充分的理由。在一次对青年人进行就业观教育的会议上，一位演讲者是这样发言的："为什么一些年轻人总是想着进大城市、进大机关，而不愿去企业工作？为什么一些年轻人不发挥自己的一技之长去创业，而甘愿闲居家中，眼睁睁地盯着父母那几个血汗钱？我认为，这主要是我们年轻人，包括一些年轻人的父母还没有破除就业观念。"

4. 故事启发

演讲者首先讲一个故事，然后从中启发性地提出问题，进而亮出自己观点。使用这种方法应注意两个问题：一是讲的故事要短小精悍，并且具有趣味性或新闻性。二是这个故事的内容与会议主题相吻合，提出的问题应与会议的目的相吻合。在一次防腐倡廉的座谈会上，某与会者的发言是从一个古代故事讲起的。故事讲的是："春秋时代，孙子带着兵书去晋见吴王，吴王看后要孙子演习他的带兵方法。于是孙子挑选若干宫女分为两队，并挑选两名吴王的宠妃为队长。演习中尽管孙子三令五申，宫女们仍不听指挥，结果孙子置吴王命令于不顾，认为'臣即已受命为将，将在外，君命有所不受'，硬是将吴王的两名宠妃杀了。之后，宫女个个乖乖听话，无人抗命……"从这个故事引出了其发言的主题：要取得反腐的阶段性成果，关键在于不畏权势，敢于碰硬。

5. 借物寓意

借物寓意，即在事物寓于象征的意义上借"兴"而发。有的演讲者在开场白中采取以物证事的方法，借用某种具体事物，达到暗示事理的目的。

在上海市"钻石表杯"业余书评授奖会上，在众人的即兴演讲中，《书讯报》主编贲伟同志的演讲独具一格，他的开场白尤为精彩："今天，我参加'钻石表杯'业余书评授奖会，我想说的是一句话：钻石代表坚韧，手表意味着时间，时间显示效率。坚韧与效率的结合，这是一个人读书的成功所在、一个人的希望所在。"贲伟同志的开场白超脱了恭维话的俗套，以"钻石"象征"坚韧"、"手表"象征"时间"的修辞手法，给人的是力量、启迪与深思，语义深刻，言简意赅地提示了读书求知、读书成才的道理，令人回味无穷。

6. 话题承转

话题承转，即在演讲主旨上借"兴"而发。演讲者巧借会议司仪的某个话题，转入演讲的主旨，提出自己的观点。

抗日战争时期，陈毅率领抗日游击队打日寇。有一次，部队在浙江开化县华埠镇休整，有一抗日组织请陈毅讲话，司仪主持会议时说："今天请一位将军给大家讲话。"陈毅同志这样开场："我姓陈，耳东陈的陈；名毅，毅力的毅。称我将军，我不敢当，现在我还不是将军。但称我将军也可以，我是受全国老百姓的委托将日本鬼子的军。这一将，一直到把他们将死为止。"话音刚落，爆发出雷鸣般的掌声。陈毅同志这段十分精彩的开场白，在演讲主旨上做了发挥，洋洋洒洒，气势磅礴，为深化演讲主旨做了铺垫，有力地鼓舞了抗日群众的斗志。

7. 借题发挥

群众性演讲有特定的地点、特定的内容以及各不相同的气氛。演讲者即兴演讲的开头可以当场捕捉住这特殊的气氛，借题发挥，烘托气氛。

上海市新闻工作者协会主席、原《解放日报》总编辑王维有一次出席上海市企业报新闻工作者协会成立大会。这次会议是在上钢三厂新建的俱乐部会议厅召开的。他即兴演讲的开头说："我来参加会议，没有想到有这么好的会场，市企业报记者、编辑参加这个大会，它说明企业报的同仁是热爱自己的组织、支持这个组织的。没有想到今天摆在主席台上的杜鹃花这么美丽，鲜花盛开，这标志着企业报记者协会也会像杜鹃花一样兴旺、发达……"他的演讲激起阵阵掌声。这一开场白在会场、工作人员和鲜花上做文章，把三者巧妙地联系起来，提示了企业报的齐心协力和雄厚的经济实力，表达了对企业报的美好祝愿。

三、即兴演讲的出错补救

即兴演讲中语言出错也是一种常见现象。解决这个问题的途径是：一方面，通过长期的实践锻炼，不断提高自己即兴演讲的心理素质和表达水平，尽可能减少这种失误。另一方面，要掌握和运用一些必要的应变方法，以避免或消除因语言出错而可能造成的消极影响。

1. 将错就错

即兴演讲是在某种特定的现实场景中进行的，现场效果要受演讲者和听众两个方面的制约。无论是主观因素还是客观条件，一旦发生干扰，就可能造成演讲者无法预料的语言差错，而使自己陷入尴尬的境地。倘若出现这种情况，演讲者不妨将错就错，来一番即兴发挥，就会消除窘困，获得意想不到的现场效果。例如：一位节目主持人参加海南省狮子楼京剧团建团庆典，当她用充满激情的语言介绍京剧、介绍剧团、介绍来宾的时候，由于事先不了解情况，错把原本是花白头发的老汉——海南师范学院党委书记南新燕介绍成"小姐"，面对"全场哗然"的意外，她先向被介绍人真诚地道歉，然后侃侃而谈："您的名字实在是太有诗意了。我一见这三个字，立即想起了两句古诗：'旧时王谢堂前燕，飞入寻常百姓家。'这是一幅多么美丽的图画。今天，这里出现了类似的情景，京剧一度是流行在北方的戏曲，而现在，京剧从南到北，跨过琼州海峡，飞到了海南，而且在这里安家落户，这又是一幅多么美好的图画啊！"这位主持人的应变能力实在让人叹服。她在表示"对不起，我是望文生义了"的歉意之后，语意一转，就即兴发挥起来，由自己的语言失误引出活动的话题，并进行了富有诗意的生动描述。这一将错就错的补救方式，赢得了全场观众异乎寻常的热烈喝彩。

2. 巧妙辨析

实践表明，在即兴演讲中，演讲者有时会因为过于紧张或过于激动而造成一时的口误。在这种情况下，演讲者既不能为了面子而置之不理，也不能因为自尊而掩饰错误。"最好的办法是按正确的讲法再讲一遍"（邵守义语），也就是把错误改正过来。倘若能够根据现场的实际情况，有针对性地将正误对照起来巧作辨析，给听众的印象反而会更加深刻。例如，一位师范学校的班主任在新生入学后的第一次班会上即兴演讲。他说："同学们，大家好！你们从四面八方来到这所师范学校，开始了新的学习生活。我相信同学们一定会刻苦学习，不断进步。将来希望每一位同学们能成为合格的小学教师。因为这希望是现实的，它表达的是我此刻的真实心情；而你们将来才会真正走上讲台，开始从事太阳下最辉煌的职业……"这位老师在即兴演讲中凭敏锐的语感发觉了一句话的语序错误，并在迅速改正过来后，进行了巧妙地辨析。这样，既表明了语言的毛病，又解释了改正的原因。不仅没有造成语言失误的尴尬，反而强化了表达效果，实在是一种高明的补救方法。

3. 自圆其说

在即席讲话中，演讲者一旦觉察自己的语言错误，往往会因为心理紧张而产生思维障碍，以致无法讲下去。倘若出现这种情况，演讲者应立即针对自己的失误，进行一番合乎情理的阐释，只要能够自圆其说，也不失为一种化错为正的补救方法。例如，在一次婚礼上，主持人热情地邀请来宾讲话，一位职业中学的教师上台即兴致词。他说："今天，是职业中学的夏明先生和经贸公司的叶红小姐喜结良缘的好日子……也许有人以为我说错了，夏先生和叶小姐不是同在一个公司上班吗？是的，夏明从商了，但一个月前，他还是职中的一名优秀教师。在我们心目中，他永远是我们的好同事。我借此机会，代表职中全体教职工，向一对新人表示最真挚的祝福！"显然，这位来宾由于一时激动，把新郎现在供职的单位介绍错了。也许他从听众异样的表情上觉察了自己的口误，于是稍稍停顿之后，巧妙地进行了阐释。听了此番入情入理的言词，谁还会责备他语言上的差错？演讲者这一化错为正的表白，不仅可以自圆其说，而且增强了抒情的真切感，产生了独特的现场表达效果。

4. 随机应变

进行即兴演讲，有时会出现这样的情况：演讲者自己不知为什么，竟说一句错话，而且马上意识到了。怎么办呢？倘若遇上这种失误，演讲者不妨采用调整语意、改换语气等接续方式予以补救。只要反应敏捷，应变及时，就可以收到不露痕迹的纠错效果。例如，一位公司经理在开业庆典上发表即兴演讲，这样强调纪律的重要性："公司是统一的整体，它有严格的规章制度，这是铁的纪律，每一个员工都必须自觉遵守。上班迟到、早退、闲聊、乱逛、办事推诿、拖沓、消极、懈怠，都是违反纪律的行为。我们允许这种现象的存在——就等于允许有人拆公司的台，我们能够这样做吗？"这位经理的反应力和应变能力是很强的。当他意识到自己把本来想说的"我们决不允许这些现象的存在"一句话中的"决不"二字漏掉之后，马上循着语言表达的逻辑思路，续补了一句揭示其后果的话，同时用一个反问句结束，增强了演讲的启发性和警示力。这样的续接补救，真可谓顺理成章，天衣无缝。

参 考 文 献

[1] 汪玉凯主编.公务员录用考试教材通用版:面试方略.北京:中共中央党校出版社,2009.
[2] 张波主编.口才训练教程.北京:机械工业出版社,2002.
[3] 叶晗主编.大学口才教程.杭州:浙江大学出版社,2004.
[4] 张韬,施春华,尹春华编著.沟通与演讲.北京:清华大学出版社,2005.
[5] 张岩松,刘桂华主编.现代演讲学.青岛:青岛出版社,2005.
[6] 李元授,白丁主编.口才训练.武汉:华中理工大学出版社,1999.
[7] 沈启编著.学好口才闯天下.哈尔滨:黑龙江美术出版社,2005.
[8] 欧阳友权主编.口才学.长沙:中南大学出版社,2002.
[9] 邵守义编著.演讲学教程.北京:高等教育出版社,2003.
[10] 唐树芝主编.口才与演讲.北京:高等教育出版社,2004.
[11] 应天常主编.口才训练术.上海:上海文艺出版社,2004.
[12] 潘肖珏编著.公关语言艺术.上海:同济大学出版社,2003.
[13] 沈杰编著.沟通无处不在.北京:新世界出版社,2009.
[14] 罗鲜编著.这样说话最招人爱听.北京:中国物资出版社,2007.
[15] 方军编著.别让口才毁了你.北京:中国华侨出版社,2006.
[16] 王沪宁,俞吾金主编.狮城舌战.上海:复旦大学出版社,2003.
[17] 张德明主编.青春对话:第六届中国名校大学生辩论邀请赛纪实.上海:复旦大学出版社,2002.
[18] 张德明主编.百辩成才:第七届中国名校大学生辩论邀请赛纪实.上海:复旦大学出版社,2002.
[19] 张德明主编.激扬才智:第八届中国名校大学生辩论邀请赛纪实.上海:复旦大学出版社,2003.
[20] 肖祥银著.说话的艺术.北京:中国华侨出版社,2013.
[21] 卡耐基著.卡耐基口才的艺术与人际关系.马剑涛,肖文键译.北京:中国华侨出版社,2010.
[22] 孙路弘.讲话的力量.杭州:浙江人民出版社,2013.
[23] 姜英俊著.好工作需要好口才:求职者面试超级口才训练100题.北京:人民邮电出版社,2015.